国際政治学の誕生

―E・H・カーと近代の隘路―

西村邦行 著

昭和堂

国際政治学の誕生——E・H・カーと近代の隘路

◉目　次◉

序　論　1

第一章　カーの思想とその文脈――5

はじめに　5

一　カーと国際政治学　6

二　文脈の問題　11

（一）修正史研究の限界　11

（二）カー研究の限界　16

おわりに　19

第二章　思索の開始――初期の文芸・社会評論――20

はじめに　20

一　知識人における文学と政治　21

（一）緩やかな専門化　21

（二）教養主義との結合　24

（三）過渡期としての大戦間期　29

二　仮象の剥奪　33

おわりに　40
第三章　問いの発見——『ドストエフスキー』——43
はじめに　43
一　心理学者ドストエフスキー　45
（一）非合理性の問題　45
（二）ロシア的人間　53
二　預言者ドストエフスキー　61
（一）想像のロシア　61
（二）原初のロシア　67
おわりに　72
第四章　起源への遡行——ロマン主義者とマルクス——76
はじめに　76
一　ゲルツェンとロマン主義の悲劇　77
（一）困難な愛　77
（二）問題の継続　82
二　バクーニンと悲劇の再現　87

（一）生来の反逆児　87
（二）人格の政治　94
三　マルクスの反ロマン主義　102
（一）感傷の欠落　102
（二）科学と狂信　106
おわりに　113

第五章　時代との対峙――『危機の二〇年』――　117
はじめに　117
一　道徳科学としての理想主義　118
二　批判哲学としての現実主義　123
（一）歴史主義の革命　123
（二）形而下への接近　132
三　危機の構造　137
（一）理性の荒廃　137
（二）意味の喪失　143
四　新たな理想の創出　150
（一）個の再生　150
（二）定められた進歩　157

五　過去への後退　160
おわりに　169
結　論　171
注　179
あとがき　233
文献一覧　*vi*
索　引　*i*

凡例

本文中で繰り返し言及したカーの著作については、書誌情報を以下の略号で示した。

DO=*Dostoevsky (1821-1881): A New Biography* (Allen &Unwin, 1931)(松村達雄訳『ドストエフスキー』筑摩書房、一九六八年)

RE=*The Romantic Exiles: A Nineteenth-Century Portrait Gallery* (Victor Gollancz, 1933)(酒井只男訳『浪漫的亡命者』筑摩書房、一九五三年)

KM=*Karl Marx: A Study in Fanaticism* (J. M. Dent & Sons, 1934)(石上良平訳『カール・マルクス』未来社、一九五六年)

MB=*Michael Bakunin* (Macmillan, 1937)(大沢正道訳『バクーニン(上)・(下)』現代思潮社、一九六五年)

TYC=*The Twenty Years' Crisis: An Introduction to the Study of International Relations* (Macmillan, 1939)(井上茂訳『危機の二〇年』岩波文庫、一九九六年)

BR=*Britain: A Study of Foreign Policy from the Versailles Treaty to the Outbreak of War* (Longman, 1939)(原田禎正訳『イギリス最近の外交政策』生活社、一九四一年)

AU="An Autobiography," in Michael Cox (ed.), *E. H. Carr: A Critical Appraisal* (Palgrave, 2000), pp. xiii-xxii(中嶋毅訳「自伝的覚書」『思想』、九四四、二〇〇二年一二月、五〇頁~六一頁)

Carr Papers=E. H. Carr Papers, University of Birmingham, Special Collections

引用に際しては［略号（原書頁番号：訳書頁番号）］の形で頁番号を明記し、頁番号が振られていない箇所を指示する必要があった場合はn/a、原著・邦訳の一方のみを指示する必要があった場合は言及の無い側の頁番号を-で記した。この際、ほぼ全ての訳文に対して、適宜変更を加えてある。また、本書で行った全ての引用に共通することとして、邦訳書があるにも拘わらず原著の書誌情報も示している場合は、訳文を変更している。なお、『危機の二〇年』については、本書原稿の入稿後、原彬久氏の新訳が岩波文庫から刊行された。

序論

死を三カ月後に控えた一九八二年の夏、友人のタマラ・ドイチャーへ宛てた手紙において、E・H・カー（一八九二年～一九八二年）は次のように記していた。「盲腸切除のため六月より延期されたエドワード七世の戴冠式、それから八〇年。私はエクスマスへ家族で休暇に出ていましたが、その時の装飾と花火を覚えています。私たちは何故、あの無垢な世界で、いつまでもいつまでも生きていくことができなかったのでしょうか」(1)。これより二年前、同じドイチャーからの依頼で書かれ始めていた自伝草稿において、この感慨は今一つ別の表現を与えられていた。「実に、今日の形における西欧社会には、必ずではないがおそらく劇的な崩壊で幕を閉じる、没落と衰退以外のいかなる展望をも見て取ることができない。それでも、我々には未だ想い描くことのできない形の新しい力や運動が、ここかしこで表面下から芽を出しつつあるのを、私は信じている。それが私の検証しえない理想である」(2)。「極端な時代」というのは、第一次世界大戦の勃発から冷戦の幕引きに至る時期を描いた歴史家エリック・ホブズボームの表現である(3)。それに先立つ世界を少しく見た上で、同じ変動期の終わり間近までを生きたカーは、取り戻せない郷愁の過去と新たに出ずるべき希望の未来との間にあって、そのいずれでもない現在に引き裂かれていた。実に、この時代は、「西欧の没落」（シュペングラー）と「精神の危機」（ヴァレリー）を叫ぶところから開始されたのであった。早くも大戦前には、ニーチェが形而上学への反抗を開始する一方で、ピカソとブラックがキュビスムの最初の成果を生み出し、後にアインシュタインが確立する相対性理論にはプランクが先鞭をつけていたとして、今日モダニズムとまとめ称されるこれらの動きに共通していたのは、既存の思考・様式を否定し、過去に反逆する、破壊的な志向性であった[4]。

理性崇拝から自由主義までのあらゆる伝統的な思潮に疑いが差し挟まれていた時代、大量殺戮兵器の発明も近代合理主義の帰結の一つに過ぎなかったとすれば、第一次世界大戦とは、破滅の原因という以上に結果であった[5]。危機の根源は、素晴らしかったはずの過去の方にある。だからこそ、「あの無垢な世界」は戻りえない「昨日の世界」(ツヴァイク)としていよいよ遠いものに見えてくる。晩年のカーにとってもその始まりであれば未だ懐かしく回顧しえたエドワード期の精神風土について、サミュエル・ハインズは次のように述べている。「支配的な雰囲気は入り混じったものであった。つまり、過去を振り返る者たちの郷愁と未来へ向かう者たちの不安と[6]」。

国際政治学は、第一次世界大戦の衝撃から生まれた学問であると言われる[7]。事実、一九三六年にカーが就任したウッドロウ・ウィルソン教授職にしても、世界で最初の国際政治学講座としてウェールズ大学に開設されたのは、大戦終結直後の一九一九年のことであった[8]。ただ、ここでの衝撃とはいかなるものだったのであろうか。一つの文明の瓦解と共に誕生した国際政治学は、その端緒において、独特な思想史的意味を帯びた営為を指し示してはいなかったであろうか。

本書は、国際政治学の祖とされてきたカーの政治思想を、歴史的な視座から再検討に付す試みである。そして、そこから、国際政治学の端緒に横たわっていた思想的な問題意識を明らかにする試みである。具体的には、カーの主著『危機の二〇年』(一九三九年)がいかなる文脈から現れたかを焦点に、同書とそれに先立って記された四つの伝記研究――『ドストエフスキー』(一九三一年)、『ロマン的亡命者たち』(一九三三年)、『マルクス』(一九三四年)、『バクーニン』(一九三七年)――との間に認められる連続性に光を照らす[9]。本書の最終的な目標は、これら五つの作品を軸に展開されていた一九三〇年代のカーの知的営為が、大戦間期のヨーロッパに現れた一つの思想的な問いに対する一貫した取り組みであることを明らかにし、国際政治学の意義と射程を改めて捉え直すことである。

議論の概略は次の通りである。上の四つの伝記研究を記したカーは、近代以降のヨーロッパの変遷をめぐる自身の観点を築き上げると同時に、そこに現れた問題群について明確な理解を形成することとなった。この中心にあったのは、人間の非合理性とそこから生まれる虚無的な政治風土であった。ただ、伝記著作において検討された一九世紀のいずれの思想家も、その乗り越えの手段を彼に教えることはなかった。

そうした同時代の問いに一つの解を示したのが、他ならぬ『危機の二〇年』であった。伝記研究での議論を踏まえることによって、西欧文明の展開過程に関するカー独特の見識がひとたび理解されたなら、『危機の二〇年』は、それまでの世界に広く見られた合理性への信頼が揺らぎを示し始める中、なお何らかの共同性を確立しようとした試みとして浮かび上がってくることとなる。同書は、戦間期の諸事件に対する直接的・具体的な処方箋を供することだけを目的とした作品ではなかった。ましてや、国際政治に関する抽象的な分析枠組みを打ち立てようとするものでもなかった。従来のヨーロッパ的な思考・生活様式が転換し始めた時代に、そうした変化に関する一つのまとまった像を提示することこそが、カーの探究の中心であった。

次章では、まず、カーに関する近年の研究を整理する中から、彼の政治思想を読み解くにあたって既存の国際政治学の外に出る必要性を指摘する。その上で、第二章では、何故特に伝記諸作品が重要なのかを明らかにする。具体的には、一九世紀後半から二〇世紀前半のイギリスにおける専門化の進展と、その中における知識人の変遷とに着目し、一九三〇年代のカーにおいても文学と政治とが関連づけて捉えられていた点に着目する。続く第三章と第四章では、実際にカーの伝記諸著作を読み解き、そこでの議論が彼の政治観との間に持っていた関係と、そこから浮び上がってくる彼の近代ヨーロッパ史に対する理解とを、二つながらに検討する。こうして、カーの四つの伝記研究が彼の国際政治理論をいかに準備していたかを確認した上で、第五章では『危機の二〇年』を読み解き、上述のようなカーの思想史的問題認識を剔抉する。最後に、国際政治学に対してカーがどのような貢献を為したか、彼の議論が現代にどのような意義を有しているかを軸として、本書の知見を整理する。

第一章　カーの思想とその文脈

はじめに

一九世紀末のイギリス、その首都ロンドンの郊外にカーは生まれ落ちた。中流家庭の出でありながらパブリック・スクールへの入学を果たし、さらには名門ケンブリッジ大学へと進む中、彼は自身の学問的能力を開花させた。当初は、古典学の研究者になることを考えていた。しかし、まもなく第一次世界大戦が勃発し、外務省で臨時職員として奉仕することを余儀なくされた。戦争が終結して以降もしばらくこの仕事を続けた彼は、同時に様々な評論活動を手掛けるようになっていった。その後、一九三六年にウェールズ大学の国際政治学講座へ迎え入れられると、同分野の発展を推し進めていくことが仕事となる。第二次世界大戦後、彼は母校ケンブリッジへと戻ったが、一九八二年にこの世を去るまで精力的に執筆活動を続け、特にソヴィエト史の領域で業績を残すこととなった。(1)

こうして二〇世紀の人文・社会科学に独特の足跡を標したカーであるが、本書が試みるのは、その彼が一九三〇年代に経た初期の思想形成の歩みを辿り、そこから、国際政治学の起源を掘り起こすことである。このように述べた時、まずはカーを国際政治学の祖と捉える根拠を明らかにしておく必要があろう。彼が国際政治学の礎を築いたという見方は、二〇世紀の半ば以降、大いに広められてきた。しかし、近年では、こうした見方にも異議が提出されるようになっている。また、過去四半世紀ほどの間を通じて、カー自身に関する再検討も急速に進められてきた。だとすれば、今さらそこにつけ加えるべき新たな知見があるのかということも問われなければなるまい。そこで、以下、本書もまた、一般的な学術的探究の作法に則り、既存の研究の中で自らの立つ位置を明らかにするところから議論を開始することとしたい。

一　カーと国際政治学

冷戦の終結以後、世界が大きな動揺を繰り返すのと並行して、国際社会の諸現象を扱う国際政治学も、新しい思考様式の導出を迫られてきた。そこで一つ注目を集めてきたのが、学説史の研究である。というのも、将来を見定める上では過去の成功と失敗を理解することが不可欠であり、学説史が持つ機能の少なくとも一つは、ある学問の行く末をその来し方との関係から明らかにすることだからである。[2]

国際政治学の研究者が同分野の歴史を記述するにあたり、これまで一般的に採用してきたのは、いわゆる「大論争」史観であった。[3] この見方によると、同分野の発展は次のように捉えられる。まず、一九三〇年代から四〇年代にかけて、国際政治の在るべき姿を展望する理想主義者と、その具体的な在り方を分析する古典的現実主義者との間に「第一の論争」が生じ、後者の勝利を経て、国際政治学は産声を上げることとなった。続いて、一九六〇年代には、行動論の隆盛から、自然科学と社会科学の方法論的な一元化を唱える科学主義の流れが勢いを増すと、一九六〇年代には、その提唱者と古典的現実主義者との間で「第二の論争」が繰り広げられた。結果、国家間の関係をめぐる諸法則の剔抉こそが国際政治学の中心的な目的と見なされるようになっていったが、一九八〇年代までには、こうした思潮に異を唱える種々の認識論的な立場が台頭することとなった。ここに開始されたのが「第三の論争」であり、現代の国際政治学もその結果生じた分裂の中にあるとされる。

このような歴史描写は、図式的でわかりやすく、研究者の間に共通の土台を提供する上では多大な貢献を為してきたと言える。しかし、一九九〇年代以降は、こうした理解が果たして現実の歴史を十分に反映したものか、疑問が投げかけられるようになってきた。中でも、とりわけ活発な議論の対象となってきたのが、物語の始点の「第一の論争」をめぐる諸論点である。

掻い摘んで述べるならば、以下のような見解が提示されてきたということである。ノーマン・エンジェル、アルフレッド・ジンマーン、ギルバート・マレイといった理想主義派の知識人たちは、政治の現実を見ない空想的な思想の持ち主とされてきた。しかし、実際に彼らのテクストを精査してみると、そこには、社会の変動を引き起こす偶然的な要素や集団行動がもたらしうる非合理的な結果について、現実主義者らのそれに勝るとも劣らない先鋭な認識が埋め込まれている。加えて、彼らは、決して一枚岩な集団ではなく、社会民主主義への期待という点においてのみ共通するような、個々独立の論客であった。したがって、大戦間期、明確に分かたれた一群の現実主義者とまた別の一群の理想主義者とが単一の論争を展開していたなどという事実はない。当時の論壇に認められたのは、資本主義と戦争との関係といったより個別的な争点をめぐる、いくつかの立場のぶつかり合いでしかなかった。[4]

こうした議論の広まりを受けて、近年、「第一の論争」を、後代の視点から創られた一つの神話に過ぎないとする見方が有力になりつつある。他方、理想主義と対峙させられてきた古典的現実主義についても、この動きとある程度まで並行する形で再検討が進められてきた。ここで特に注目を浴びてきた理論家の一人が、「第一の論争」の火つけ役とされていたカーである。[5]

従来の理解によると、カーは、政治を権力の闘争とする現実主義理論の代表的論客ということになる。こうした見解は今日まで根強く、例えば、現代の主要な国際政治学者の一人であるジョン・ミアシャイマーなども、理想主義者に抗した現実主義者としてカーを捉えている[6]。同様の理解は、この半世紀、いくらかの揺れを含みつつも、多かれ少なかれ維持されてきた。例えば、一九六九年、現代にまで高名を馳せている理論家のヘドリー・ブルは、「カーの立場の中心にある困難は、行動のための道徳的源泉を探求することに乗り出しつつも、自身の相対主義的・道具的な道徳概念によって有効な道徳を見出すことを妨げられていることにある」としつつ、カーは結局のところ現実主義者であるとしていた[7]。このブルの議論と前後して現れたウィトル・ジョンストンの解釈でも、『危機の二〇年』が道徳主義的な主張を含んでいることは指摘された上で、それゆえにカーは現実主義者として矛盾していると理解されていた[8]。一九七四年にはカーの業績を称えた論文集が出版されているが、その中で国際政治理論に関する章を担当したロジャー・モーガンも、カーが道徳的な問題を全く考えていないわけではないと断った上で、「しかし、彼の主たる関心は、効果的な権力なしに道徳的な合意で何でも達成できるという、一九三〇年代の幻想を破壊すること」にあると述べていた[9]。一九八〇年にカーの略歴とその業績とを俯瞰したケネス・トンプソンともなると、「国際政治学に対するカーの主たる理論的貢献は、政治的現実主義の基礎を築くことにあった」と、より割り切った言い方をしている[10]。それから数年後、カーの死後まもなく、『危機の二〇年』への関心を改めて喚起したウィリアム・フォックスも、カーは基本的には現実主義者であって、規範的な議論を終始回避していたとの結論に至っている[11]。一九八六年になると、古典的現実主義全般に対するマイケル・スミスのよく知られた再評価も現れるが、そこでも、カーの理論は、ちょうどブルがそう論じていたように、相対主義的で特定の倫理的基礎を有していないものとされるであろう[12]。

こうして、カーに対する従来の解釈は、究極的には彼を政治的現実主義者と捉える点で共通していた。これらの間に完全な一致が見られたわけではないし、例外を成すような見解が全くなかったわけでもない。一九七五年、『危機の二〇年』から『平和の条件』(一九四二年)、『ナショナリズムとその後』(一九四五年)へと続くカーの著作を検討したグラハム・エヴァンズは、そこに独特の道徳観を擁護する理想主義的な要素が通底している点こそを重く見ていた[13]。ただ、その後の議論の流れを見る限り、このエヴァンズの論文が当時広く読まれた形跡はない。

風向きが目に見えて変化したのは、一九九〇年代に入ってからである。まず、ケン・ブースとポール・ハウのそれぞれによって、カーの理想主義的な側面が真っ向から取り上げられることとなった[14]。さらに、それから数年後には、カーに関する研究書として一人の著者の手になるものでは最初の作品が、チャールズ・ジョーンズによって記されることとなった[15]。同書の主たるテーゼは、カーにとっての現実主義が理想主義を擁護するためのレトリックであったというものであり、ここにおいて、カーは、根本的に道徳主義的な志向を備えていた知識人と捉えられるようになった。

『危機の二〇年』の序論では、社会学者カール・マンハイムの『イデオロギーとユートピア』に賛辞が掲げられているが、ここからカーとマンハイムの思想的な近さに着目したジョーンズは、個人と社会の相互影響関係を強調する現代の構成主義にとって、カーの理論が一つの先駆けを成しているとの主張をも提示していた。八〇年代以降、新たに台頭してきた解釈学的な国際政治理論の支持者たちは、科学主義への反発を示す中で、過去にその敵対者であった古典的現実主義の理論家を再評価し始めていたが、ジョーンズの議論もこうした流れに棹差すものであった[16]。そして、この頃から、カーをポストモダニストと捉えるティム・ダンやマーク・ギズモンディの議論、あるいは、むしろフランクフルト学派に近い批判理論の思想家と解釈するアンドリュー・リンクレイターの論考なども見られるようになっていった[17]。

この中でも、特にリンクレイターは、『国民国家の将来』(一九四一年)や『ナショナリズムとその後』など、カーの著作の中でも従来見過ごされてきたものを重視し、そこから共同体の変遷に関するカー独特の理解を掘り起こすこととなったが、こうして『危機の二〇年』の特権的な位置を相対化していこうとするのも、近年見られるようになってきた傾向の一つである。『危機の二〇年』から『新しい社会』(一九五一年)までを検討し、そこに協調の思想と対立の思想のせめぎ合いを看取したショーン・モロイの研究などは、そうした動きを象徴する好例と言える。[18] また、カーと理想主義者との対抗関係についてはやや従来的な見解を維持しているが、他方で『危機の二〇年』と『平和の条件』の連続性を指摘しているポール・リッチの議論なども、ある程度までこれと同列に並べることができる。[19]

これら諸研究の脇では、カーの知的背景についても検討が進められてきた。従来は、文学、政治学、ロシア研究のそれぞれの分野の専門家が、各々異なる著作に焦点を当ててカーを論じていたため、彼の全体像は十分に理解されない嫌いがあった。カーの知的遍歴を、その連続性と不連続性との両面に注意を払いつつ描き出したジョナサン・ハスラムの一九九九年の伝記研究は、この穴を埋める作品であった。[20] 同研究は一九八〇年代には既に着手されていたものの、そこで示されている具体的なカー像は、上に挙げてきた近年の研究のそれと相当程度に親和的なものである。また、カーを政治史的状況との関係から読み解いたマイケル・コックスの議論なども、このハスラムの研究をいくつかの面で補完するものである。[21]

以上のような英語圏での展開に比して、日本の国際政治学の場合、カーの道徳主義的な側面は早い段階からより広く認められており、彼の思想に関する研究もやや独自な流れをとってきたように思われる。[22] 理論研究が主流を成していないという背景も与ってか、彼の視角を構成主義やポスト実証主義に引きつけるような傾向は、今日に至るまでとりわけ弱い。ただ、それでも、日本の研究と英米の研究との間には、なお一定の並行関係が認められる。

まず、一九五〇年代から一九六〇年代に書かれた論稿を眺めわたして見れば、そのいずれにおいても、カーは基本的に現実主義者であり、その上で理想主義との統合を図っていたと捉えられている。[23] 八〇年代の末になると、より踏み込んだ評価が提示され始めるであろう。この時期、三輪宗弘は、理想主義および現実主義の概念定義自体を問い直し、それぞれの背後に自由主義とマルクス主義の思潮があることを指摘すると共に、両者の統合から現れてくるカーの計画経済論にもいくらかの検討を加えている。[24] 九〇年代に入ると、カーが理想主義者との間に有していた近さもより大きく注目されるようになってくる。例えば、理想主義に関する先駆的な研究をそれ以前から陸続と発表してきていた吉川宏は、『国民国家の将来』を焦点として、カーがエンジェルらに近い相互依存論の圏内で議論を展開していたことを明らかにした。[25] また、二〇〇〇年代に入って、やはり理想主義と現実主義を思想史的伝統との関係から問い直した岡安聰や遠藤誠治も、ジョーンズらの成果を参照しつつ、カーの道徳的な側面を従来以上に強調するに至った。[26] 並行して、カーの具体的な秩序構想にも再検討が加えられるようになっていった。「新しいヨーロッパ」論をカーの理論的両面性の主たる現れの場と見た山中仁美の研究、カーの立場を同時代の絶対平和主義との近さから検討した三牧聖子の研究、カーの国益観を詳細に検討した角田和広の研究など、若手研究者による最新の成果は、いずれもこうした潮流を示す顕著な例を提供している。[27]

二　文脈の問題

（一）修正史研究の限界

以上、第二次世界大戦後今日に至るまでのカー研究の動向を概観してきた。ここにおいて、彼及び彼の周辺を扱った研究は、概ね二つの組を成してきたと言える。一つは、カーの学説史上の位置をめぐるものであり、理想主義者らが彼に接近させられることで、国際政治学の起源に関わる従来的な理解が相対化されてきている。もう一つは、カー自身に光を当てたもので、彼の諸著作や歴史的背景へと目を向けるところから、彼の理論の幅の広さとその現代的意義との発掘が試みられてきている。

その上で、カーの主著『危機の二〇年』が書かれたのが――現代の国際政治学にとってもはや主要な研究対象とは言えない――第二次世界大戦前であることに鑑みれば、今日の我々にとって特に重要なのは、彼が歴史上に占める位置であろう。この点について、以上で触れてきた諸研究は、我々の理解を確かに向上させてきた。しかし、同じくこの点においてこそ、いずれの研究にも未だ大きな限界が認められる。以下、既存研究が有している問題を指摘していくこととしたい。

まず、上述のように、理想主義に焦点を当てた近年の研究からは、カーを国際政治学の祖とする見方に疑問が呈されている。この点は、近年の修正史研究を牽引してきた論客の一人、ルシアン・アシュワースの議論にとりわけ明確であり、彼の最初の著書は、理想主義こそが現代国際政治学の源泉であるという、まさにその主張を裏づけることに捧げられている。一八世紀および一九世紀の国際主義を受け継いだ上で、集団としてのまとまりをいち早く持ち始めていた戦間期理想主義者たちこそ、同学問の礎を真に築いた人々だったというわけである。(28)

ただ、注意しなければならないのは、この立論の前提である。つまり、その背後では、カーを読み解く最適の文脈が現実主義と理想主義の間の論争にあり、カーの主たる意図が理想主義の棄却にあったと考えられているということである。理想主義者の現実主義的側面が発掘され、現実主義者カーの理想主義的側面が暴き立てられたとしても、このような想定がなければ、彼を開拓者の位置から引きずり下ろすことなどできはすまい。

しかし、アシュワースが理想主義者とカーとを並列して論じる際に、両者の議論の意義が同じ基準の下で評価されているのかは、必ずしも判然としない。実のところ、理想主義の先駆性に関して意見を共にしている他の修正史家らも、この問題に関して始点を共有しているとは言い難い。例えば、アシュワースにとってはイギリスの文脈こそが中心的な関心対象であるとすれば、ブライアン・シュミットが注目するのは、アメリカの国際政治学における歴史学や社会学の系譜である[29]。また、理想主義の起源をどこに求めるかに関しても修正史家らの間には違いが認められ、アシュワースが一八世紀後半にまで遡るとすれば、シュミットが扱っているのは主として一九世紀であるし、トービョーン・クヌッツェンによれば、国際関係をめぐる言説の増え始めた一八九〇年代が転機である[30]。

こうした隔たりは、各論者の関心の違いからくるものであろう。ただ、問題は、彼らの議論がいずれも、「第一の論争」の神話を破壊することに向けられており、カーに異議を申し立てるという点では共通していることである。カーを国際政治学の唯一の開拓者と見なすことは誤りであるかもしれないし、彼に先立つ国際主義者らの意義が問い直されることは、それ自体として有益であろう。しかし、そうした国際主義の系譜に属する思想家たちが、国際政治学の創設者としてカー以上にふさわしい位置にいるかどうかは、また別の問題である。フーコーの名を持ち出すまでもなく、全ての起源は少なくともある程度まで想像の産物であり、歴史の中で忘れられてきた人物の数だけ、起源もまた存在するのかもしれない[31]。しかし、それだけに、目下起源の座についているものからその権威を剥ぎ取るにあたって、直接的な理由を見出すことは、しばしば困難である。国際政治学の起源をめぐって現在論争の的となっているのは、カーの言説そのものではなく、その価値を判定する基準の方かもしれないのである。

「第一の論争」を問い直す中で修正史家たちが行ってきたのは、国際政治学の起源を神話と述べ立てることであったが、その時、彼らは、まさにこの基準の問題に関して誤りを犯している。というのも、彼らが「第一の論争」を神話と断じる時、その神話を形成した『危機の二〇年』が位置づけられるべき文脈は、彼らがその存在を否定した当の「第一の論争」に求められているからである。「第一の論争」の虚構性を暴き立てる修正史家たちは、理想主義者の議論に詳細な検討を試みる一方、カーの議論には等閑にしか目を向けていない。結果、彼らは、理想主義者の見解に対するカーの理解の粗雑さばかりを批判の俎上に載せることとなる。しかし、この時、カーが理想主義者を退けたという点については、彼ら自身、従来の「大論争」史観に乗りかかる形で議論を進めているのである。

ここにおいて、理想主義をめぐる修正史的な見解は、近年のカー研究の知見との間に齟齬を生じてすらいる。上に見た通り、現在の理論史研究者の多くが理想主義者たちの現実主義者的な性格を指摘してきた一方、カーの議論を再評価する研究者たちは、――「保守的な目的のための急進主義」というピーター・ウィルソンの要約が端的に示しているように――彼の思想が、根底において、理想主義者たちのそれに近い自由主義的な色彩を帯びていることに注目してきた。[32] 結果、理想主義者たちがカーに接近させられてきたのと同時に、カーも理想主義者たちに接近させられてきたと言える。だとすれば、次のような問いも提出されてしかるべきであろう――理想主義への攻撃は、そもそもカーの主張の核だったであろうか。

カーが戦間期の複数の知識人に呵責ない批判を投げかけていたのは確かである。ただ、その批判がどこに向けられていたかという点には、注意が必要である。例えば、理想主義の代表的論客と捉えられることの多いエンジェルについて言うと、『危機の二〇年』で取り上げられている彼の著作は、第一次世界大戦前に書かれたものばかりである。[33] アシュワースなどもこの点に気づいているが、その上で、彼はやはり、戦後の理想主義者らが空想論者ではなかったと述べ、カーの批判が不当であるとの結論に至っている。[34] しかし、アシュワース自身も別のところで指摘している通り、カーが「個別の著者たちというよりは一つの思潮を批判していた」とすれば、このような結論は必然ではない[35]。カーが論難を浴びせていた思潮が、初期のエンジェルには含み込まれていたのに対し、後期のエンジェルからは消えていたものだったという可能性も考えられるからである[36]。

他方、カーが理想主義という語で同時代の思潮ばかりを指していたかも疑問である。上に触れたのとは別の論文で、アシュワースは、理想主義と現実主義とが戦間期に主たる対抗軸を成す言葉ではなかったと指摘し、そこに最初に二項対立を持ち込んだのがカーだとしている[37]。そして、続く箇所、アシュワースは、再び、カーがエンジェルの戦後の著作を無視した点を強調している[38]。しかし、当時、理想主義と現実主義という言葉で二つの異なる思潮を指すことが一般的でなかったとするならば、既存理解の枠外にある概念を持ち出し、批判相手の議論を捻じ曲げつつ、なお周囲の人々を納得させるということを、カーはいかにして達成しえたのであろうか[39]。

カー自身に理想主義的なところがあったという知見に従えば、彼はそもそも理想主義を一括して否定するなどといったことを意図するはずがなかった。そして、ピーター・ウィルソンによれば、カーを批判したエンジェルやレナード・ウルフといった理想主義者たちは、『危機の二〇年』について過度に単純化された理解しか有していなかったという[40]。この二つの事情を併せ考えた時、理想主義者たちは攻撃しなくともよい相手を攻撃していたかもしれない、との推論を得ることができるであろう。「第一の論争」が神話であったとして、それも――部分的には――理想主義者らの側から創られた神話だったかもしれないのである。

以上の疑問は、あくまでも修正史家らの議論を取り巻く問題点として浮かび上がってくるものであり、本書でも、これらの全てに明快な解答を提示するだけの用意はない。差しあたって重要なのは、理想主義者らばかりを再評価する一方でカーを断罪するという彼らの議論が、一面的なものに止まっているということである。確かに、カーの議論の複雑さや曖昧さは、読み手の混乱を増幅させたかもしれない。しかし、だとすれば、修正史家たちが真に検討すべきは、カーの中から現実主義的な側面ばかりを拾い上げた後代の研究者らの議論であり、彼らのカー解釈を許容した知的風土のはずである。そうした問題を取り上げない修正史家らが代わりに行っていることはと言えば、理想主義者たちの一体性を疑問に付しつつ、カーとの関係においてだけはその一体性を認めるという、極めて矛盾した論理を展開することなのである。その時、彼らは、自らの意図に反して、神話の維持・再生産に一役買っていると言わざるをえない[41]。

(二) カー研究の限界

このように見れば、カーが国際政治学の祖であったという説は、依然としてその意味が内在的に問われるべきものに止まっている。一つ断っておくならば、本書の著者自身、カーがそれほど独自な思想の持ち主であったとは思わない。ただ、彼が新しい学の創成に立ち会っており、そしてその新しい学の性格が彼の議論において象徴的に示されていたという可能性は、想起されてよい。カーの議論をより大きな思想史の流れの中で捉え、そこにどのような歴史の画期が認められるかを明らかにすることは、今なお、国際政治学の起源を検討するための適切な接近法の一つと考えられる。

その上で、以上の議論に鑑みれば、理想主義か現実主義かという枠組み自体が、この試みを阻む危うさを含んでいる。それはちょうど、「第一の論争」を一つの神話と見る修正史家たちの視角それ自体は妥当であることの裏返しと言えるが、ここで我々は、カーの議論をいかなる文脈の上に載せるべきかという問いに直面することとなる。

一般的に言って、どの学問分野も、何を考察対象とするのか、その対象を考察するにあたってどの方法を用いるのかといった点について、いくつかの異なる立場を内に含み込んでいる。そこにおいては、ある時点で主流を成す立場も、複数の潮流がせめぎ合う中で半ば偶然的に浮かび上がってきたものであることが常である[42]。国際政治学の場合も、その分析の対象が何であるべきかをめぐっては、しばしば意見が戦わされてきた。軍事的な事柄ばかりが問題なのか、経済現象まで含まれるのか。環境、情報技術、文化といった争点はどう扱われるべきか。こうした議論が、とりわけ安全保障研究において盛んに交わされてきたのは、周知の通りである。[43]

カーの議論を国際政治学の起源との関連で見る場合、この種の問題は、ことさらに論争的なものと捉えられる必要がある。「第一の論争」はあったのかなかったのか。カーは現実主義者だったのか理想主義者だったのか。それともその統合者だったのか。これらの問いは、カー以降の時代における国際政治学の発展を念頭に置かねば発し難い性質のものである。

カーの主眼が戦間期の理想主義者らを批判することにあったかどうかが検討を要する問題であるのならば、カーの主たる関心が国家間の政治の具体的な展開自体にあったかどうかもまた、問われねばならない。国際関係に対する彼の関心は、より深い次元での何らかの別な問題意識から派生したものかもしれないのである。実に、『危機の二〇年』の最初の頁には、同書の目的が、「災厄の直接的・人的な原因ではなく、基底にある重大な原因を分析する」ことにあると明記されている。[44] そして、そこから出てきたのが――本来の書名として想定されていた――「理想と現実」という象徴的な標語であり概念の組であった。[45] これらの点を踏まえた上で、この書物の全体を見わたしてみるならば、国際政治学の専門家に向けられた作品と言うのに同書がやや不適当なことは、容易に理解されるであろう。ジョーンズも指摘しているように、『危機の二〇年』とは、「国際関係入門」というその副題にも拘わらず、国際関係に関する文字通りの意味での入門書を探している人々にとっては、あまりにも多くの哲学者らが顔を出すがために面食らうような代物なのである。[46]

カーの国際政治思想を余すところなく理解する上では、狭い意味での政治に関する議論だけを追うのでは不十分である。逆説的ながら、国際政治学者としてのカーを理解するためにこそ、個別の専門領域の枠を超えた文脈に着目せねばならない[47]。

しかし、こうした問題意識は、カーに焦点を当てた既存の研究においても、未だ明確に打ち出されるには至っていない。カーをポストモダニストと呼ぶギズモンディやダンの議論、あるいは批判理論の論客と位置づけるリンクレイターの議論において、この点は明確である。上述の通り、学説史が持つ機能の一つが、当該学問の来し方・行く先を示すことであるとするならば、彼らの立論には、批判的国際政治理論の論客にとって、自身の見地に正統性を付与するといった効用があるのかもしれない。ただ、それだけに、そこで提示されている結論は、カー以後に現れた理論枠組みを土台としており、時代錯誤の感を免れないものがある[48]。

政治史的な文脈を重視するコックスの議論などは、こうした意味での現在中心主義から免れている。ただ、国際政治学が主たる対象とする現象を、素朴日常的な意味での政治と捉えている点、カーが学説史上に占めている位置との関係から見た場合には、端緒を成す問題の設定が不十分である。カーの歴史的位置を探るという視座からすると、彼の見た国際政治がそもそもいかなる意味を帯びた事象であったか、というところまでを問う必要がある。同様のことは、吉川、山中、三牧、角田らの各研究についても言え、いずれの探究も、具体的な政治問題に関するカーの議論を精査し、それ自体として示唆に富む歴史学的な分析を提示しているが、その議論が国際政治学の誕生に関して投げかけている思想史的な意味を問うものでは必ずしもない。

三輪、岡安、遠藤、ジョーンズ、モロイのそれぞれの研究は、一九世紀的なイギリスの自由主義とヘーゲルに代表される大陸哲学の流れという、より広範な思想的伝統を背景に据えている点、こうした問題までをも克服しているように思われる。ただ、彼らの研究も、そうした諸伝統を扱う際、関心対象を狭い意味での政治思想に限定しており、カーが思想史的な附置の中で占める場を指し示すには至っていない。

おわりに

以上、既存研究の成果と限界を指摘してきた。カーの国際政治学上の位置を知るためにこそ、国際政治学の枠外へ出る必要がある。しかし、この試みは、未だ成し遂げられずにいる。

その上で、本書が注目するのが、伝記著作である。一九三〇年代の大半をカーが伝記研究に捧げていたという事実は、それ自体、その後まもなく『危機の二〇年』を記すこととなる彼が、国家間で展開される具体的な政治過程についてばかり考えていたのではないことを示唆している。その意味では、カーの伝記著作がほとんど顧みてこられなかったということ自体、既存の研究が特定の学問領域の枠にとらわれていることを示している。

ただ、ある議論と別の議論とが共に一人の人物によって同時期に展開されていたからといって、両者の間に知的な連続性が存在するという保証はない。狭い意味での政治を離れた論考が重要としても、何故伝記なのか。次章では、一九三〇年代の知的状況を検討し、当時のカーの思考体系に伝記が占めた位置を明らかにすることで、具体的なテクストを読み解いていくための準備的な考察を行うこととしたい。

第二章　思索の開始――初期の文芸・社会評論

はじめに

自身の国際政治思想を築き上げようとしていたカーにとって、伝記の執筆が特殊な意味を有していたかもしれない、と考えるに至る契機は、ごく些細なところまで含めていくつか存在する。例えば、彼の伝記研究が全て一九世紀の思潮を扱っているという点は、一つ注目に値する。現代の国際政治学が持つ思想史上の出自を辿った際、現実主義、自由主義、マルクス主義といった代表的な思潮はいずれも、この時代にその萌芽を見ている。(1)

加えて、現代の国際政治学者たちも、カーの伝記研究を完全に等閑視してきたわけではない。カーの理論をロマン主義的現実主義と呼ぶジョーンズは、その思想的源流がゲルツェンやバクーニンにある可能性を示唆している。(2) また、フレッド・ハリデイやジーン・ベスキー・エルシュタインも、カーの思考においてはロマン主義研究と国際政治研究とが結びついていたかもしれない、との印象を披露している。(3)

確かに、これらいずれの論者も、自身の主張をカーのテクストの解釈から裏づけるには至っておらず、概ね思弁的な推測を提示するに止まっている。さらに、伝記作品の重要性については、より懐疑的な見方もある。例えば、ハスラムによれば、ヴィクトリア朝的な世界観からカーを解き放ったのは他ならぬドストエフスキーであったとしても、その影響力は「ある程度のものでしかなかった」という。[4] このような評価はコックスも共有しているところであり、曰く、各種伝記研究は、西欧に対するカーの批判的態度が形成されていく上での「促進要因でしかなかった」。[5] ただ、こうしたハスラムやコックスの議論もまた、具体的なテクスト解釈を交えたり、当時の知性史的な文脈を踏まえたりする形で提示されているわけではない。

カーにおける伝記と政治との結びつきという論点は、ぼんやりとした形で認識されつつも、具体的な考察を欠いたままでいる。この問題に取り組むべく、以下では、一九世紀後半以降のイギリスで知識人がいかなる変遷を遂げていったかを検討し、カーが知性史上に占めた位置を探っていく。ここからは、一九三〇年代のイギリスにおいて人文的素養と政治的思惟とが切り離し難く結びついていたこと、それはカーの思考様式においても同様だったことが明らかになるであろう。そして、この文脈を背景としつつ、彼が記したいくつかの評論へと目を向けるならば、伝記というジャンルがカーと彼の時代に有していた独特の意味もまた、自ずと浮かび上がってくるのである。

一　知識人における文学と政治――

(一) 緩やかな専門化

第二次世界大戦前のイギリスにおいて、国際政治学と他の文化諸領域との間には、どの程度の距離が存在していたのであろうか。ダンカン・ベルによれば、国家の生き残りの学が成立するには、国家を実際に消滅させられる力を持つ核兵器の登場が必要であったし、そうした兵器の開発が可能な段階へと自然科学が発達を遂げるまでは、国際政治学を一つの科学として精緻化しようという誘因も社会に存在しなかったという。[6] 第二次世界大戦後のアメリカの国際政治学に限って言うならば、この見方にはかなりの妥当性が認められるものと思われる。

ただ、自然科学への接近の度合いといった質的な点はひとまず措くとすると、事情はやや異なってくるかもしれない。序論でも触れた通り、世界で最初の国際政治学講座は、早くも第一次世界大戦直後に現れていたのである。さらに先行する時代へと目を向けるならば、一九世紀とは、学問の専門分化が大いに進展した時代であった。理性への信頼を基礎として普遍的な知の構築が試みられた一八世紀には、フランシス・ハチスンからアダム・スミスへ至るスコットランド学派の啓蒙哲学者らによって、統一的な道徳科学としての政治経済学が創り出された。[7] 他方、続く一世紀には、歴史学などいくつかの学問がそこから順次枝分かれしていくと同時に、社会学や心理学といった新たな分野が台頭してくることとなった。二〇世紀初頭のイギリスに登場した国際政治学も、ひとまずは、こうした流れの中に形作られたものだったように思われる。

だとすれば、同分野は当初から一つの専門科学を志向しており、他の人文社会科学から早晩切り離されていくものであったということになろう。ただ、ここで注意せねばならないのは、イギリスの特殊性である。同国において、専門分化の流れは、他のヨーロッパの国々におけるのとやや違った形をとっていた。

まず、イギリスでは、専門化の進展速度が比較的緩やかであった。ハロルド・パーキンによると、専門主義の普及は、社会形成の核が物的な富から人的資本へと移行することを指す以上、ある種の平等主義を基礎とする。しかし、平等に価値を見出す理念が二〇世紀初頭までのイギリスで容易に拡大を見なかったことは、一八八六年から第一次世界大戦へと至る時期の自由党の凋落を見ても明らかであった。[8]

こうした状況は、学術界の動きにも反映されていた。各大学の門戸は、広い層へはなかなか開かれていかなかったのである。[9] 教育の拡大は、一九世紀半ば以降、確かに一つの流れを形成しており、一九一八年の教育法ともなると、一四歳までの国民に対して一律に義務教育を課すに至っていた。しかし、そうした義務教育の後に来る中等教育へと目を向けたならば、そこには早くも明確な階級分けが存在していた。つまり、グラマー・スクールが各種事務職に就く中流階級のための教育機関であったとすれば、上流階級の人々をケンブリッジやオックスフォードに送り出す役目はパブリック・スクールに委ねられていたのである[10]。また、教育費の面から見ても、各大学の学費はなお、中流家庭の子弟に進学を思い止らせるに十分なほど高額であった。一九三九年まで下っても、オックスフォードの生徒の実に八割近くが、パブリック・スクールの出身者であった[11]。イギリスの公立大学が文字通りに公的な性格を帯びるには、学位取得に十分な資金を政府が労働者階級に援助し始めるのを待たねばならなかったが、それは第二次世界大戦後のことであった[12]。

そうして一部の限られた層に向けられていた大学教育は、実務的な訓練よりも人格の陶冶を重視する傾向にあった。中でも、政治を扱う分野は、専門性をとりわけ低く抑えがちであった。これは、上述の通り、政治に関わる学が、近代においては知の統一を具現していたこととも関係がある。確かに、一九世紀を通じて、そこからは様々な分野が独立していった。ただ、やや逆説的なことに、この結果ゆえにこそ、二〇世紀初頭の政治学は総合学問としての性質を強く帯びるようになっていた。ステファン・コリーニらの言葉を借りると、統合的な知から個別の学術領域が分化していく中で、政治学は、その残余全てを扱う「一種の知的難民キャンプ」として編成されていったのである[13]。

大戦間期のイギリスで政治学を牽引していたのは、一九二〇年に哲学・政治学・経済学講座を設立したオックスフォード、一九二六年に政治学講座を開設したケンブリッジ、これら二つの伝統的大学に抗して実務志向を打ち出していたロンドン・スクール・オブ・エコノミクスの三校であった。これらの大学には、戦後政治学に大きな影響を与えることとなるアーネスト・バーカーやハロルド・ラスキらも所属していた。しかし、古典的な教養教育を重んじ、分業化への適応を拒んだ彼らは、政治学を独立の実証科学と捉えることに概して批判的であり、自身を専門的な政治学者と規定することもなかった。実際、バーカーやラスキなどが積極的に行っていたのは、人文諸学と社会科学を横断し、政治思想と政治実践との垣根を取り払うことであった。[14] やはりコリーニらが述べているように、「一九三〇年代になっても一八三〇年代とくらべて格段に進んだ政治科学ができていたわけではな」かったのである。[15]

（二）教養主義との結合

一九三〇年代のイギリスにおいて、政治を論じるという活動は、専門的な知識よりも人文的な教養を基礎にして為されるべきものであった。とはいえ、政治学が大学に講座を擁するようになり、一つの「難民キャンプ」を形成していたことからすると、社会の専門化が緩やかながらに進んでいたことは否定し難い。ただ、ここにも、イギリスに特有の傾向が見られた。

通常、専門家は一つの領域に閉じこもった存在と見なされがちである。少なくとも現代においてこの語がそうした意味合いを含んでいることには、それほど異論があるまい。近年、学際的研究の必要性が声高に叫ばれるのは、各学問が個々に分け隔てられていることの証しとも言えよう。

しかし、一九世紀後半から二〇世紀前半にかけてのイギリスでは、専門家であることと幅広い教養に富んだ知識人であることとは、むしろ相互に親和的であった。言い換えるならば、少なくとも第二次世界大戦前のある時点まで、同国における専門化の進展は、教養主義の存続を阻害することがなかったのである。それどころか、実に、知識人こそ、専門分化の進展と並行する形でこの時期に出現した新たな階層だったのである。

T・W・ヘイックの議論に沿って図式化するならば、その台頭過程は次の通りである。[16] ヴィクトリア朝の初期、社会と密接に関わり合い、その秩序を担保する指導者としての役割を果たしていたのは、人文的教養を備えた文士たちであった。しかし、一九世紀半ば頃から諸科学が興隆してくると、専門領域の分化は徐々に進行し、個別分野ごとの専門家が生まれることとなった。他方、大学の門戸を開放するいくつかの改革も、こうした専門諸科学が積極的に受容されていく中では本来の趣旨を達することができず、むしろ限られた層を対象とする研究の場へと再編されていった。同じ頃、富裕化した大衆が文化の担い手として勢力を増す中では、芸術を高尚な営みとして保守し、社会批評をエリート層に限定された活動とする動きも進行していたが、こうした潮流も、大衆から自身を切り離そうとする科学者の意向に適うものであった。

ここに生まれたイギリスの知識人は、高度な知を有しているというまさにその事実ゆえに、自らを閉じた存在足らしめることに成功していたのである。このように述べた時、一九世紀後半までには既に現代的な意味での専門家が生まれており、彼らを知識人と呼んでいるだけのように聞こえるかもしれない。確かに、少なくともいくつかの点で、知識人は伝統的な文士から区別される存在だったであろう。一九世紀にイギリスの知的文化の中心を占めた文芸クラブ（Athenaeum）も、一九〇二年、新たな科学者の共同体として英国学士院（British Academy）が創設されると、その後は次第に衰退していくこととなった[17]。

ただ、より実質的な面へと視線を移すならば、総合的な文士と専門化の進んだ知識人との違いはそれほど明確ではない。例えば、ヘイックの記述において新興の知識人層を代表しているのが誰かと言えば、大衆に覆われていく社会とより高次の生を目指す個人との緊張関係を描いた、かの『文化と無秩序』の著者、マシュー・アーノルドである。言うまでもなく、彼は文芸クラブを代表する会員であった。あるいは、その文芸クラブに取って代わっていく学士院にしても、その設立はいくらか即物的な事情を背景としていた。というのは、つまり、国家間の繋がりが拡大し、国境を越えた知の交流も活発化する中で、イギリスの教養人たちも、国際的な集会で自国を代表する機関を必要としていたのである。この要望に応える目的で創られた学士院は、その理念において、文芸クラブと対立していたわけではなかった。実際、この組織は、数名の文士を中心として形成された後、文芸クラブと同様、一種の社交場として機能したのである。したがって、同クラブの衰退も急激なものではなかった。二〇世紀に入っても、そこには、作家のT・S・エリオット、詩人のY・B・イェイツ、後に首相も務めたウィンストン・チャーチルなど、社会的な影響力を持つ人々が在籍し続けたであろう。[18]

以上の事情に鑑みた場合、高度な教養が持つ価値を維持することは、専門家当人たちにとっても、自身を中流階級から区別する上で必要であった。通常、専門職の拡大は、広い層の労働者に能力主義的な競争を喚起することに繋がると言われる。しかし、二〇世紀前半までのイギリスの場合、それはむしろ、限られた数の教養人が、自身の高度な知を生活の糧に替え、市場競争に巻き込まれず生きる手段となっていたのである。[19]

したがって、より有用な知識をより広い層に教えるという理念の下、諸大学においてともかくもある程度の改革が行われていたとして、そこで重視された学問も、依然として、人文諸科学であった。オックスブリッジの両大学において、一九世紀半ばには古典学と数学の専攻者にしか認められていなかった優等学位も、同世紀の後半までにより多くの分野へと拡大せしめられていった。しかし、そうして新たに地位を与えられた諸分野の内、とりわけ際立った位置を占めたのは、歴史学、法学、言語学といった人文系科目であった。[20]

新興大学の講座にしても、こうした教養主義的な指針を持つオックスブリッジの出身者が順次着任していく中、次第に教養主義的な科目編成を採るようになっていった。赤レンガと総称されるリヴァプールやマンチェスターの大学は、より広い層により実務的な科目を教えようとする傾向を確かに有していた。しかし、それらの大学も、オックスフォードとケンブリッジが誇ってきた長い伝統の影の下では地元の評判を獲得するのがせいぜいで、その名声を全国的なものに高めるにあたっては、著しい困難に直面していた。これら諸大学が、卒業生を専門的な職業に送り込み、組織を拡大させることが可能になったのは、一九五〇年代以降のことである。[21]

教養主義者たちを中心とした専門家集団は、あくまで大衆と区別される存在であればよかった。言い換えると、ある専門家と別の専門家との関係が疎遠である必要はなかった。各学問が専門化していることと、学問同士の関係が断絶していることとの間には、そもそも必然的な繋がりがあるわけではない。とりわけ目下問題としているイギリスの知識人たちに至っては、人文科学教育という土台を共有してもいたのである。高等教育が限られた層にのみ向けられていた当時、彼らは相互に似通った経歴の持ち主ですらあった。彼らは、大抵、上流階級の生まれで、オックスブリッジのいずれかを卒業しており、場合によってはパブリック・スクール時代からの同輩でもあったのである。大戦間期、イギリス国内で最も高い地位にあった職業の実に約半数は、五つの主要なパブリック・スクールのいずれかを卒業した人々によって占められていたという。[22]

ただ、では、彼ら知識人は何故積極的に社会に関わろうとしていたのであろうか。以上の事情からすると、彼らは空理空論を弄んでいればよい存在であって、そもそも政治や社会について語る意欲など持ち合わせていなかったのではないかとも思われる。しかし、現実はむしろ逆であった。彼ら知識人は、特権的な地位にあったがために、社会を導いていく誘因を持していた。

知識人たちと実社会との間に距離があったとして、ここでは、それがいかなる意味での距離だったかに注意せねばならない。元来、知識人は、静的な概念で規定することのできない存在である。ある人物が知識人という地位を得るためには、彼を他の一般人から差異化するだけの特殊な知識・能力が必要である。しかし、自身の知見を世に発し、自身の専門性を他の人間に知らしめる上で、彼は閉じた領域の専門家であってはならない。本来的にこのような葛藤を抱えている知識人という存在にとって、専門研究と大衆メディアとの間を往復することは、そもそも不可避と言える。[23]

一九世紀末から二〇世紀中葉のイギリスで知識人と呼ばれた人々も、やはりこうした緊張を内に有していた。当時の新興科学を代表していた歴史学を例にとれば、在野の研究者から区別される専門家は確かに数を増していた。国民文化の由来を明らかにする過去の語り手は、諸科学の勃興と国民国家化の進展とが手を携えていた時代的な背景もあって、上位中流階級のアマチュアから、学校の教師、専門の学者へと変化していったのである。結果、世紀の終わりまでには、実にほぼ全ての歴史教科書が、専門の学者の手によって書かれるようになっていた。[24]

重要なのは、こうして公衆向けの歴史をも独占していった専門家たちが、現在までをも規定する深遠な過去に知悉しているとの意識を持ち、微視的・党派的な視点しか有さないアマチュアたちから自らを分け隔てるようになったことである。ひるがえって、歴史の排他的な担い手である彼らには、一般大衆の持ちえない広い教養が要求されることとなった。そして、過去が現在までをも規定しているとする彼らの理念において、歴史に関する知識が実社会を考察する上で無益と思われるはずもなかった。世間から距離をとることは、同時代の現実をより広い視点から眺めるためにこそ、必要でもあったのである。[25] オックスフォードやケンブリッジで教養学問を修めた人々は、挙って、本国および帝国植民地で統治の要職に就いたであろう。[26]

知識人にまつわるこうした両義性について、語用法をめぐるピーター・アレンの議論はさらなる示唆を与えてくれる。[27] ヘイックの言う通り、一九世紀前半、インテレクチュアル（intellectual）という語が特定の社会集団を指す名詞として用いられることは、ごく稀であった。ただ、だからといって、インテレクチュアルな人、インテレクチュアルな考え方といった形容詞句が見られなかったわけではない。一九世紀の後半を通じて起こったのは、この言葉が持つ語彙の変化というよりも、その多義化であった。[28] そして、以降もこの動きは推し進められていったのであり、思想的問題意識から公的問題に切り込む存在という、知識人の語に現在では一般的に付与されている意味もまた、フランスのドレフュス事件やロシアでの革命運動を受けて浸透していくこととなったのである。[29]

（三）過渡期としての大戦間期

以上のように、大戦間期のイギリスにおいては、緩やかな専門化の中、教養を重んじる志向が強く残っていた。また、既に専門化を遂げつつあった知識人たちにしても、社会の在り方について論ずる上で高度な人文的教養を必要としており、そうすることによって初めて、専門家としての地位を確保していた。

ひるがえって、この時期、政治に関する議論を活発に為した人々は、概ね教養知識人と呼べる存在であった。第二次世界大戦後には政治学の下位分野として発展していくこととなる国際政治学において、こうした傾向はかなり顕著に表れていた。象徴的なことに、世界最初の国際政治学講座を担当したジンマーンは、古典学を専門としていた。一九三六年にこのウィルソン教授職を継いだカーにしても、パブリック・スクールから大学までを通じて、古典学に勤しんでいた。加えて、彼の同講座就任人事において審査委員の一人を務めていたマレイもまた、古典学者であった[30]。エンジェルとウルフに至っては、特定の大学に所属を持ってすらいなかった[31]。

さらには、彼らの活動形態もまた、知識人然としたものであった。理想主義派の国際政治学者たちが、理性への信頼を保持し、民衆の教育に価値を見出していたことは、しばしば指摘されてきたが、後にはナイトの称号を得るほどの社会的影響力を有したジャーナリストのエンジェルにとって、世論の啓蒙とは自らの仕事そのものであった[32]。世俗の学者たらんと時事問題に積極的な発言を為したことで知られるジンマーンも、同様に政治的知識人と呼ばれるべき存在であった[33]。ウルフは、妻で作家のヴァージニアと共に、知識人集団ブルームズベリー・グループの中核的存在であったが、創設されたばかりの英国放送協会（ＢＢＣ）がしばしば彼らに番組の担当を依頼した一九二〇年代、ブルームズベリーと文化とは容易に結びつき合う二つの言葉であった[34]。

政治的思惟と人文的教養とが密接な関係にあった大戦間期のイギリスにおいて、国際政治学はこのように象徴的な位置を占めていた。ただ、戦後には大学教育が一般化していったという既述の事情などからも窺えるように、カーが初期の著作を記し始めた一九三〇年代とは、一種の端境期であった。そして、それだけに、彼の時代とは、知識人が内包する種々の緊張がとりわけ顕著に表れていた時代であった。

多義的な概念で括られる存在であった知識人たちは、当初から、それほど高い一体性を持ちえたわけではなかった。[35] 専門化の申し子でありながらそれに抗し、それゆえに社会から距離を置きつつ社会について語らねばならない人々こそ知識人であったとすれば、彼らは、反時代的であるという否定的な特質を核として、流体的な存在に止まることを余儀なくされていたのである。したがって、大衆社会化が進展していく中、専門化をエリートの道具に止めることがいよいよ困難になってきたならば、彼らの存在意義は疑問に付されざるをえなかった。レズリー・ジョンソン曰く、二〇世紀初頭ともなると、アーノルドの時代とは違い、社会を良き方向へと導く指針としての文化が表立って議論されることはなくなっていたという。[36]

同時期でも、H・G・ウェルズなどは、依然、社会を観察するにあたって文化という観念を基軸に据えていた。また、大戦間期に活発な社会批評を行っていたのは、F・R・リーヴィスに代表される文芸家たちであった。事実、一九三〇年代のイギリスでは、ヨーロッパでの一連の事件に伴い政治的分裂が進んだため、それぞれの集団を指す言葉が大陸から輸入される中、知識人という語の使用は目に見えて頻度を増したのであった。[37]

ただ、コリーニも指摘しているように、一九三〇年代に政治的知識人が連帯して活発に発言を為したという現代的な見方は、第二次世界大戦後に過去を美化する中で現れたものである。[38] 実際には、こうした政治的な分裂との関わり合いまでもが、当時のイギリス社会で彼らが被っていた困難を指し示している。今や知識人は、自分たちとは違う大衆が創り出していく社会に対して、ますます批判的な姿勢をとるよう迫られていたのである。世紀の変わり目を挟んで高まりを見せたモダニストの芸術運動から、過去との断絶を説くハイブラウと伝統の維持を説くミドルブラウないしロウブラウとの対立はいよいよ先鋭なものとなってきていたが、こうした区分の出現自体、知識人たちが第一次世界大戦頃までには守勢に立たされるようになっていたことの証左であった[39]。商業的な観点から言っても、文学的な価値があるとはいえ難解で読みづらいハイブラウ作家の作品に比べ、娯楽的要素の強いミドルブラウ作家の作品の方が、売り上げにおいてはるかに好調であった[40]。

こうした傾向は、具体的な政治決定の場においても表れていた。第一次世界大戦中、オーストリアについて国内随一の専門的知識を有していたR・W・シートン＝ワトソンは、同地の情勢に関する分析を無償で買って出たものの、時のロイド・ジョージ内閣に素気無く断られていた。あるいは、イスラム世界との緊張拡大に注意を促したアーノルド・トインビーの提言も、同様に却下されていた[41]。ノエル・アナンも後に回顧的に述べているように、二〇世紀の前半、イギリスの知識人たちは、統治者たちの関心からも外れつつあった[42]。

世の大勢から逃れる教養人たちが集っていた政治学は、文字通りの「難民キャンプ」だったのである。ひるがえって、それは、高みに立ちつつも社会について語らねばならない彼ら教養人が占めるのにふさわしい場であった。だからこそ、国際政治学に携わった人々にも、歴史学や古典学の専門家が多く見られたとも言える。

以上のような文脈は、カーの経歴にも影を落としている。既述の通り、カーが大学生活を送ったのは、教養教育にとりわけ強く傾倒していたとされる二〇世紀初頭のケンブリッジでのことであり、そこにおける彼の専門は古典学であった。専門化と大衆化の波が一方にあり、教養を武器にそこから距離をとろうとする知識人たちが他方にある中で、この古典学という学問は、両者のせめぎ合いが最も顕著に現れてくる領野であった。ちょうど知識人階級が脇へ追いやられていくのと並行する形で、人文教育偏重への見直しが勢いを得ていくと、古典学が持つ価値への疑いもいや増しに増していった。そうした最中、第一次世界大戦が勃発すると、技術力の面で一般のイギリス人がドイツ人よりも劣っていることが明らかとなったが、ここにおいて、教養学問から応用科学への転換には一層の拍車が掛かることとなった。[43] 実に、戦後には、オックスブリッジの両大学でも、ギリシア語が必修科目から外されることとなったのである。[44]

その少し前にケンブリッジを卒業したカーは、同大学の多くの卒業者たちと同様、国のために仕えることとなったが、この点においても、彼の経歴は当時の歴史的背景を反映しているところがある。というのも、オックスブリッジが限定的ながら門戸を広げた上で卒業生らを公職に送り出したことには、その社会構造に与える影響から見た場合、旧来の生得的な貴族層を新たな知識人エリート層で置き換えるという意味があったからである。[45] カーはまさにそうした転換を象徴する中流階級出のエリートであった。[46]

他方で、カーの経歴には、より旧態的な知識人の在り方を思わせるところもある。前半生を通じて、彼は、大学に所属する専門研究者ではなく、ウェールズで大学教授の座を得たのも、既に中年を迎えた四〇代のことであった。また、彼は、自身の生きる時間を専らこの職に捧げることもなかった。彼が大学へ向かったのは、通常、講義を行う時だけであり、その他の時間は、ロンドン南西サリーの自宅で読書人向けの総合雑誌へ論説を寄稿することに費やされた。[47] 従来の多くの知識人と同様、カーもまた、未だ職業的に分化されざる地位に身を置いていたのである。

カーが諸伝記研究に取り掛かる直前に執筆したいくつかの評論を繙いてみた時、こうした過渡期の知識人とも言うべき彼の立ち位置は、ある程度まで、思想に内在的な形へと昇華されていたことが明らかとなるであろう。というのも、これら評論の中では、文学と政治が密接に絡み合わせられつつ、同時代のイギリス社会に対して愛憎相半ばするような視点を形成していたからである。そして、この思索の中において、伝記というジャンルは象徴的な意味を帯びていたのである。

二　仮象の剥奪

カーが執筆した評論は、様々な雑誌に現れており、内容も多岐にわたる。その上で、その多くは、文芸と政治のいずれかに関するものであり、その大半は、両テーマを同時に扱ったものであった。このことは、一九三〇年代が「政治の季節」であったことからして、特段驚くべきことではない。ただ、それでも、これらの論稿の多くが『隔週評論（Fortnightly Review）』誌に掲載されたという事実は、一つ興味深い。同誌もまた、ヴィクトリア期には知識人向けの主要な論壇誌としてイギリス精神文化の中心にあったのに対し、大戦間期にはより周縁的な位置へと追いやられつつあった媒体だからである。カーの知識人としての両義性を論じる中でコリーニが用いている言葉を借りると、『隔週評論』誌は、「偉大なる一九世紀そのものの淡い影であり、一九三〇年代には影響力をもって意見を発する機関誌では到底なかった」[48]。

その『隔週評論』誌に掲載されたカーの評論の一つとして、ジョン・ハレットというペンネームの下で一九三〇年七月号に現れたフランス文化評がある。その冒頭、カーは、同国を理解するにあたって、政策や政治組織が二次的にしか重要でないとするところから議論を開始している。「フランスにおいて、あるいはそれ以外の場所でも、政治的意見の変化が、その起源において、根本的に非政治的な感情や信念と密接で恒常的な関係に立つものとわかったからといって、我々は驚くべきではない」[49]。

では、代わりに何が注目されねばならないのであろうか。それは、文学・芸術・思想の様態である。曰く、戦後のイギリスでは、第一次世界大戦を否定的に捉える視点がほぼ一般的となった。対して、フランスにおいて、戦争は必ずしも悪しきものとは捉えられなかった。そうした風潮は、戦争文学の不人気といった形で表れている。

「あらゆる戦争作品の皮切りであるアンリ・バルビュスの『砲火』は、未だ戦争が進行していた間に出版された。しかし、フランスでは、講和後、それに続くものがほとんどなかった。過去二年間に、ドイツおよびイギリスにおける戦争本の書き手を啓発してきた幻滅と嫌悪の記録は、フランス人の感情にはほとんどあるいは全く響かなかったのである」[50]。

同様の傾向は、普仏戦争での敗北以来低下していた宗教的信仰が第一次世界大戦後になって回復したことや、ベルクソンからプルーストへと至る非合理主義の流行が終焉を迎えたことにも認められる。「フランスにおける戦争の帰結はこうした非合理主義の波に対する力強い反発であった」が、ここに現れたのが、ジャック・マリタンら新トマス主義者のキリスト教思想だったというわけである[51]。そして、カーによれば、フランスの政治的な方針も、こうした諸思想の動きに連なる形で形成されているという。曰く、マリタンに代表される「現代のフランスの思想家は、現実の世界に目を向け、それを良きものと称えている。それが安定させられ維持されるには、ただ組織立てられさえすればよい」[52]。フランスが国際連盟を支持するのも、このような世界認識ゆえだというのである。

こうして、カーの理解するところ、人間社会というものは、文化諸領域が相互に絡み合いつつ、全体として一つのまとまった傾向を体現するようなある種の集合体である。ひるがえって、戦後秩序に関する各国の意見の相違も、相互の文化面に関する了解なくしては理解することができない。そうした問題意識を反映するかのように、この時期のカーは、英独仏の三国をめぐる比較文化論的な議論を繰り返している。例えば、上のフランス論のおよそ一年後、イギリス文化に関するドイツ人の著作とフランス人の著作を併せて論評した際も、彼は、「注意深く、几帳面で、不可思議な観想に捉われるドイツ人」と「明晰で、物怖じせず、非合理的なものに対して率直に不寛容を示すフランス人」といった表現で両者の性格を対比させているであろう[53]。

ところで、ここで取り上げられているいずれの書においても、一九世紀後半以降のイギリスの衰退が強調されているが、このような認識は、カー自身が共有していたものと言える。この点は、上のフランス文化評と対になる形で同じ『隔週評論』の一九三〇年九月号に掲載された、「漂流するイギリス」に明確である。[54]というのも、そこにおいては、当時のイギリスを包み込んでいた虚無感が浮き彫りにされているからである。

この評論の中で、カーは次のように述べている。「今日のイギリスを覆っている精神状態とは、一種の敗北主義、あるいは――もう戦争の語彙は捨てたというところからすると――自らへの懐疑と不信である」。[55]進歩を信仰するアメリカとも、現状に信頼を置くフランスとも、現状打破を信念とするドイツとも違い、イギリスは何一つ信じるものを持っていない。「我々は露骨な政治不可知論者になってしまった」。[56]

そうして「我々の今日の政治世界を彩っている信念の欠如は、我々の科学・哲学・文学をも同様に特徴づけているものである」。[57]それは、例えば、フランスでは戦前のものであったベルクソン哲学がイギリスでは戦後になってから流行したことや、自然科学の中から相対性理論のような見方が人気を博し始めた事実に認めることができる。文学において、こうした傾向はさらに顕著である。ヴィクトリア期の作家らは、ハーディであれウェルズであれ、何かしら信じるものを有していた。しかし、大戦後、それらは全て失われた。ウェルズは未だ活動を続けているが、掲げるべき理想を失ってしまっている。ジョイスの『ユリシーズ』は、傑作であることに疑いがないとしても、その内容は難解過ぎて多くの人に訴えかけるものではない。ロレンスに至ってはもはや何ものをも信じていないように見える。これらの作家の作品も、その依拠する手法は皆それぞれに異なっている。「しかし、教義は同じであり、我々に広がっている精神状況を完全に言い表している――「我々は何の信念も持っていない、信念とは陳腐で馬鹿馬鹿しいものだ」」。[58]

こうして、カーは、同時代における政治的な閉塞と陰鬱な文化の蔓延とを相互に関連した現象として観察している。さらに言うならば、後者の創り出す精神風土こそが前者の基底を為している。だとすれば、共同体の行き詰まりを打ち破る契機もまた、文化に求められねばならないということになるが、ここに出てくるのが、他ならぬ伝記である。

同時代のイギリス文化における新しい動きとしてカーがとりわけ注目するのは、リットン・ストレイチーの作品である。曰く、「彼はおそらく戦後にイギリスで現れた最も独創的な作家である」。では、ストレイチーが提示したものとは何だったのか。カーの答えは明瞭で、「いかなる人間も自身の伝記を書く人物にとって英雄ではない」というテーゼがそれである。その上で、カーは「今日読まれんとするいかなる伝記作家も歴史家も、ストレイチー氏に学ぶことが必要となった」と述べるであろう。[59]

ストレイチーの伝記作品は、英雄崇拝を拒否するものであるがゆえに革新的と評価されているわけである。しかし何故、伝記なのか。そして何故、英雄の否定なのか。この点について理解するためには、伝記というジャンルの性質と、偶像破壊という所作が有した同時代的な意味とに目を向ける必要があろう。

伝記が過去の事象を記す歴史と人の生について述べる物語との中間に位置するとして、この歴史と物語という二つのジャンル自体も、時代を遡れば共通の起源に辿りつく。つまり、両者は共に、神話的な過去を語り伝えようとした原始キリスト教の営為に根を有しているのである。[60] しかし、その後、合理主義と資本主義に基づいて社会の世俗化が進むと、将来は神によって定められたものではなく自ら切り拓くものであるとの認識が広まっていく。ここで小説は、宗教に代わって人生の模範を示すものとなり、物語は歴史から分離していくこととなった。[61] 他方、近代ヨーロッパがフランス革命を生み出すに至ると、人間社会の急激な変化が現実に起こりうるものと捉えられるようになる。そうすると、歴史の側もまた、一科学としての独立性を高めていくこととなるのである。[62]

生の在るべき姿を構想する物語と生がいかに在ったかを示す歴史とは、近代以降、こうして互いの距離を隔てていった。ただ、二つの領野の住み分けは、双方に一定の独立した土台が存在する限りで維持しうるものであった。対して、第一次世界大戦は、世界を小説の中で展開される以上にありえない場へと変容させた。現実と虚構は再び混じり合ったのである。

そして、ここでは、新たな秩序を築いていくために、現状を超克するだけの想像力が求められることとなった。世界大戦後の思想的な状況について、堀田新五郎は次のように述べている。「政治が社会秩序をめぐる運動であるとして、秩序がそれを背景に築かれるべき世界、土壌としての世界のリアリティが失われてしまった。ならば、政治という営為そのものの存立が問われなければなるまい」。そこで出てくるのが文学である。「人類史の曙、文学の始まりとしての神話は、存在を意味づけ世界を形作る行為である。それが同時に、共同体に来歴と正統性を与える原初的政治でもあるならば、世界戦争による世界の瓦解は、文学と政治の共通性を再び明かすもののように思われる[63]」。

大戦間期には、物語と歴史の境界がとりわけ曖昧なものにならざるをえなかった。同時代のイギリス史に関する古典として名高い『長い週末』において、ロバート・グレイヴスとアラン・ホッジが述べているところによると、一方では小説に事実的正確さを、他方では歴史記述に物語的要素を求めるといった風潮は、一九三〇年代までにかなりの広まりを見せていたという[64]。ここで彼らが言及している同時代人作家にも、やはりストレイチーが含まれているが、以上のような状況の中、虚構と現実との間で新たな道を見出していく有効な手段の一つこそ、元来物語と歴史との中間に位置してきた伝記なのであった。

実際、ストレイチーは、代表作『ヴィクトリア朝偉人伝』において、先立つ時代の伝記に見られた事実の過剰を嘆く所から議論を開始している。出来事を羅列することで偉人の長大な記録を提示する作業においては、書き手の能動的な営為が入り込む余地はない。「文学のなかで最も繊細かつ人間的な分野である伝記文学が、イギリスでは雇われ職人の手に任されている。すばらしい伝記を書くことは、すばらしい人生を送ることと同じくらいむずかしいということが、まったくわかっていないのだ」。ひるがえって、伝記の執筆とは、対象とする人物の生を著者が意味づける創作行為である。伝記作者は、事実を記述するにあたってその取捨選択を行わねばならないし、そうすることで、対象への彼ないし彼女自身の理解を明るみに出すこととなる。そして、このような執筆作業の中では、「適切な簡潔さを保つこと」と「伝記作家自身の精神の自由を保つこと」が、彼ないし彼女に課せられる二つの義務となるであろう[65]。

ヴィクトリア期、人々の生が種々の側面で多様かつ急激な変化を被る中では、現在と過去との繋がりを明らかにするような歴史描写の型が強く要請された。そこで、物語の記述にあたっては、連綿と続く進歩を印象づけるような文芸上の巧みさが尊重された。こうした傾向は、個人の歴史たる伝記でも同様に表れ、社会変革の立役者となった人物の生を壮大な流れの中に描き出すといったことは、同時代の人々に感興を呼び起こす上で適切な作法となった[66]。

しかし、世紀末から第一次世界大戦へと至る流れは、様々な形での変化を巻き起こした。大量殺戮がもたらした多くの勇敢な死によって、英雄は溢れかえり、結局その誰もが他と交換可能な存在でしかなくなってしまった[67]。ストレイチーが英雄崇拝を避けたのも、そうした時代状況の中でのことであった。だからこそ、彼の手法は、イギリスの虚無的な風土を歎じていたカーにとっても、極めて同時代的なものと見えたのであった。「英雄崇拝を避けることを恐れて、自身の主題を見下したように取り扱う伝記作家は、現代の文学において、退屈で馬鹿げた人物になった。そして、しばしば気づかれていないことであるが、ストレイチー氏の方法は、扱っている問題に関して、「記念碑的」とされるような立派な伝記を編むために必要な以上に、表面的などころか深淵な知識を前提とするものなのである[68]」。

では、こうしたより高度な形での事実の裏づけは、破壊のためにだけ必要となるのであろうか。そうではあるまい。第一次世界大戦を経たヨーロッパでは、戦場に赴く男性か銃後で働く女性か、国際社会の一員か個別の国家の住民かといった問いが否応なく先鋭化した。そうして個々の自我に分裂が生じたとすれば、偽物の統一を創り出す英雄的な虚飾を取り払うという行為は、多様な自己を在るがままの姿で曝け出し、諸個人が自分自身を回復する手立てとなったはずである。[69] 二〇世紀前半の代表的作家らを評して、ライオネル・トリリングは次のように述べている。「没個性たらんとする意図にも拘わらず、われわれの脳裡に浮かぶ彼らの姿はまさにおのがじし自分自身の自我とはなんであるか、自分はそれに忠実であるかどうかと自問しながら、自己検証のつば競り合いに私たちをひきこむ大きな典型的個人、個性の姿にほかならない。個人的自我を超越ないし没却しなければならぬという彼らの言葉は、自我が宿命的に耐えねばならぬ疲労の表現にすぎまい」[70]。二〇世紀初頭のモダニズム作家たちが過去への反逆を企てていたとして、それは深層にある生を救い出すための試みであった。もはや誰も魅了されることのない虚飾を取り払い、在りのままの生を明るみに出そうとするストレイチーの手法も、混乱の時代になお信ずるに値する真実を探り当てようとするものだったと言える。

だからこそ、カーにとっても、ストレイチーの作品とは、伝記の可能性を回復するものであった。一九三一年に『隔週評論』誌に掲載されたある書評において、カーは、伝記文学の変遷を次のように描いている。「ヴィクトリア時代の全盛期、歴史は偉大なる人物たちの伝記であると、カーライルは我々の祖父たちに説教臭く告げたものであった」。しかし、世俗化が進展し、物事の秩序に関する自然的な根拠がいよいよ疑われる中、ついには「神の死」（ニーチェ）を受け容れ始めた二〇世紀初頭の西欧社会において、このようなやり方はもはや人々の心に響かない。「偉人たちが自ら感知せざる状況の偶然的な産物であったこと、歴史が主として貿易航路と科学的発見の問題であったこと、アウグストゥスは穀物貿易から、ヘンリー八世は亜麻と羊毛から説明されるであろうことを我々は学んだ」。ただ、これがエドワード期のことであったとすれば、続くジョージ五世の時代にはいくらかの揺り戻しが起こってくる。「ともあれ、歴史において人気の流派は、今日、ますます専ら伝記に没頭するようになってきている」。しかし、ここで指し示されているのがまさにストレイチーに代表される新しい伝記作家たちであって、彼らが描くのはヴィクトリア期のような偉人ではない。「我々は、偉大な地位に立った小人のアイロニーが好きなのである」[71]。直接的な言葉で言い表すことの困難となった現実にそれでもなお接近しようとし、真実を安易に特定する代わりにそれと思わしきものの周辺を旋回したモダニストたちが、その手法としてアイロニーを好んだという事実は、文化史家らがつとに指摘してきたところである[72]。

生の模範を提供するのは、今や、劇的な出来事に遭遇する特別な登場人物たちではありえない。伝記の対象には、歴史の中で忘れ去られてきた人物が好ましい。あるいは、既に名声を博してきた人物たちからは、その偉大さにそぐわない面が掘り起こされるべきである。求められているのは、過去の人物を単純に賛美することではなく、その人物の深淵を描き出すことである。そのためには、豊かな事実理解に基づく取捨選択が必要である。そうして余計なものを削ぎ落とすこと——そこにこそ、生の真実の在り方が浮かび上がってくるであろう。カーがストレイチーの中に見出していたのは、このような実存的な問題意識であった。

おわりに

こうして、政治的思惟が人文的教養との間に密接な関係を有していた一九三〇年代、同時代人であったカーの中にも、共同体の在り方を文化的な視点から眺める傾向が存していた。イギリス社会を覆っていた喪失感と、その裏返しとして湧き上がってきていた確かなものへの欲求とは、同じ事柄の裏表を成す関係にあった。人々の生について語る伝記は、社会の担い手である個々人が自我を確認するための、政治的な主題に他ならなかった。

そして、実に、カー自身の手になる伝記研究は、彼が以上のような見解を培うのと前後して現れてきたのであった。だとすれば、一九三〇年頃の彼の評論作品に認められた個人的・時代的な問題意識が、それら伝記研究にも反映されていたとしても、全く不思議ではない[73]。実に、『ドストエフスキー』の序論を記したD・S・ミルスキーは、カーとストレイチーとの近さを指摘しつつ、「確実な事実から離れることなく、しかも人物を生き生きと描い」たものと同書を評価している[74]。

その上で、一連の伝記研究がドストエフスキーから始められなければならなかったことにも、一定の理由が認められる。やはり一九三〇年、高踏的知識人向けの今一つの代表的雑誌『目撃者(Spectator)』に、評論「非合理の時代」を記したカーは、ちょうど「漂流するイギリス」での議論を繰り返すような形で、同時代の自我の在り方を次のように言い表している。「我々は現代の小説から個性的な人物を消し去ったように、歴史から偉大な人物を消し去った。ヴィクトリア期の伝記が彫刻のようなものであったのに対し、現代の伝記は化学のようなものである。それは、個人の業績のまとまった集合に見えるものを、個々に分けられない普遍的感情の流体に溶解させてしまう」。過去の偉人の足跡も、装飾の下に統一せしめられた人格の下で眺められることはもはやない。過去四半世紀の文学における変化の最も根源的な特徴は、「人格の分解」に他ならない。この動きを完成させたのは、やはりプルーストであり、彼の仕事とは、「人格が不完全に組み合わされた感覚の束であるということばかりでなく、その感覚それ自体が半ば思い起こされ、半ば想像された過去の異様な(fantastic)響きに他ならないということ」を示すものであった。では、このプルーストの成果に先鞭をつけたのは誰だったであろうか。それこそドストエフスキーその人であった。「開始したのはロシア人たちであったように思われる。そして、ドイツ名の偽名で一八三〇年に『赤と黒』を書き、一八八〇年頃には読まれるであろうと予言した奇怪なフランス人がいた。彼は一五年か二〇年ほど後には読み始められ、ドストエフスキーと精神分析家たちによって支援され煽り立てられる中で、人格というものが、遍く人類に共通の対立する感覚の束でしかなく、三世紀かそれ以上にわたって我々が固く信じてきたような個としてまとまった全体では決してないことを、世界に確信させたのである」[75]。

素晴らしい伝記を書くことを素晴らしい生を送ることと同列に並べたストレイチーのように、カーもまた、伝記の執筆という文化的な営為を通じて、同時代の生の在り方に何かしらを述べようとしてはいなかったであろうか。同時代の精神的荒廃を嘆く知識人カーが、その伝記の最初の対象として、新たな自我意識の観察者であったドストエフスキーを選んだ時、カーの執筆活動とは、時代への応答を成す政治的な実践ではなかったであろうか。次章では、カーの伝記著作の内、まず、『ドストエフスキー』を検討する。

第三章　問いの発見――『ドストエフスキー』

はじめに

先行する二つの章では、カーを広い思想史的な文脈の中で捉え直す意義を明らかにした。また、その上で、当時の歴史的背景を把握すべく、イギリスにおける知識人の変遷に触れた。教養と政治とが未だ密接な関係性を保っていたところに現実の土台が綻びを見せることとなった第一次世界大戦後の知的状況において、伝記は生の在り方を構想する行為と直接的に繋がっていた。この理解を基に、以下、カーの伝記作品の検討に入っていく。

ただ、テクストの具体的な分析へと進む前に、その方法について若干の補足を行っておきたい。伝記という作品の性質上、各テクストには、対象としている人物の生に関する細かな事実も散りばめられている。しかし、ここでその全てを追う必要はない。目下の議論の主要な目的はカーを理解することであって、ドストエフスキー、ゲルツェン、マルクス、バクーニンについて知ることではないからである。カーにとって、これらの思想家はいかなる意味で関心を掻き立てる存在だったのか。カーのテクストにおいて、彼らの思想はどのように描き出されているのか。カー自身の問題意識を明らかにする上で重要なのは、これらの問いである。

この点、分析を進めていく上で着目すべきは、各作品の叙述を支えている筋立て、すなわちプロットである。

というのも、プロットの決定とは、伝記著者が自身の対象とする人物の生を意味づける際、その核心にある行為だからである。第一次世界大戦後のストレイチーが、歴史と文学とが遠く隔たってはいないこと、伝記が両分野の中間に位置するジャンルであることを主張しつつ、作家の創作活動において事実の取捨選択が持つ意味を重視していたとして、カーはそのストレイチーを称賛していたのであった。

当時の諸文学作品の分析を行う中で、現代の思想家ポール・リクールも次のような議論を展開している[1]。過去に何が起きたかは、究極的には歴史家にも知りえない。あらゆる歴史的事実は、常に何らかの虚構性を帯びている。他方、人間の真理について何事かを教える限り、物語も完全な想像の産物と見ることはできない。そして、歴史もまた、物語同様、悲劇や喜劇として読まれるであろう。ひるがえって、読者を惹きつけるだけの完成度を持つ物語の中で、過去の出来事は、創作された虚構であるにも拘わらず、あたかもかつて実際に起こったことのように書かれなければならない。そこで歴史と物語に共通して重要なのがプロットである。リクールの思想を要約したヘイドン・ホワイトの言葉を借りるなら、「個人のものであれ集団のものであれ、現実の生の意味というのは、それら生の中の出来事に対して、明確な起承転結を持った物語の様相を付与するプロット、疑似プロット、半プロット、失敗したプロットの意味のことであ」って、しかるに、「意味ある生とは、プロットを備えた整合的な物語を志向する生のことである[2]」。

このような理解は、歴史と物語の間を揺れ動く伝記というジャンルについて、ことさらによく当てはまるものと言える。記述の対象となる人物がいつ何を行ったかということは、年代記上で確定しうるかもしれない。しかし、それら各出来事の間に有意味な繋がりを見出し、どの出来事をどれだけ詳細に記述するか、どのような順序で記述していくかといったことは、伝記の著者自身が決定せねばならない。だとすれば、そうして著者が選び取ったプロットの中には、彼ないし彼女自身の解釈や前提が含み込まれているはずである[3]。

以下では、カーの伝記研究を、各テクストのプロットに着目しつつ読み解いていく。その際、カーの言説が同時代においていかなる特殊性を有していたかを重視し、彼の作品への書評や背景となる種々の歴史的な文脈についても必要な限りで触れていく。そうすることによって、カーがドストエフスキー他の思想家に関して独自の見解を示そうとした箇所や、何らかの価値観を意識的ないし無意識的に反映させた箇所をより明確に浮かび上がらせ、客観的とされる記述の中にも消し去りえないカー自身の問題意識を掘り起こすことが可能になるであろう。(4)

一 心理学者ドストエフスキー――

(一) 非合理性の問題

『ドストエフスキー』においてカーが採用したプロットの大筋は、同書冒頭の数十頁でかなり明瞭に要約されている。ごく図式的に言えば、シベリアの都市オムスクへの配流を転機として、ドストエフスキーの知的生活は大きく二つの局面へと分かたれている。まずはこの点から確認していきたい。

カーの叙述において、ドストエフスキーの知的発展は概ね時系列に沿って描き出されている。その中でも、作家が小説を発表し始めた最初の時期までの記述は、かなり淡泊なものに止まっている。というのも、カーの見るところ、「同時代の人々も後世の人々も揃って同意するように、『貧しき人びと』に続く初期の作品は、文壇への華々しい登場からの漸次的な低落を示していた」からである。(5) 作家最初期の小説は、代表作となる後期の作品から隔たったものと捉えられているのである。「前後期ドストエフスキーの間に並行関係を見出そうとするのは、一般的に言って、非生産的なことである(6)」。

この非連続性を生み出したのが、作家のシベリアへの流刑である。つまり、この経験を境として、ドストエフスキーの作品には質的な転換が生じたわけであるが、その上で、カーが特に描こうとしたのは、転回後の方のドストエフスキーである。後代に現れた他のドストエフスキー伝と比べて必ずしも特異というわけではないが、実際、シベリア経験までの叙述には、作品全体のわずかに六分の一ほどしか割かれていない。そして、この構成は、カーが意図的に採用しているところである。「他のほとんどの作家の作品と違って、シベリア流刑前のドストエフスキーの小説は、切れ目ない発展の鎖の中の最初の輪と見ることはできない。二つの時期の連続性は、ところどころ途切れた想像上のものである。偉大な作家の人生のこれら最初の果実に、通常よりささやかな形でしか注意を向けなかったことも、この理由からすれば正当化されるものと思われる」(7)。

では、ドストエフスキーの知的断絶とは、いかなるものだったのであろうか。まず、初期のドストエフスキーは、自然主義的な文体の中にルソー的な感傷を織り交ぜる形で物語を構築していた。そして、その背後には、同じロシアで名声を確立していた文豪ゴーゴリの姿があった。「ドストエフスキーに対するゴーゴリの文体の顕著な影響は、五〇年代の末に彼がシベリアから帰ってくるまで残り続けたのである」(8)。

ひるがえって、シベリア経験は、自然主義およびロマン主義からの離脱を促したのであるが、この流刑経験の具体的な態様は次のようなものであった。まず、冤罪から思想犯として捕えられた作家を待っていたのは、長時間にわたって繰り返される過酷な尋問であった。そうして過ぎていく八カ月の独房生活の中で、彼には死刑判決が下される。しかし、この極刑も、執行目前になって、やや気まぐれに減じられる。代わって、オムスクへの追放が命じられる。そして、この行程では、零下四〇度を下回るような土地において、一七日間にわたる徒歩を強いられることとなる(9)。

カーが注目するのは、こうした極限状態が人間の精神に与える影響である。つまり、ドストエフスキーは、この一連の経験を通じて、人間の非合理性を問題意識の中心に置き始めたというのである。実に、シベリアに到着した作家を待っていたのも、不潔な共同生活と暴力的な看守たちというさらなる不条理であった。加えて、そこで作家が見た罪人らは、彼がこれまで有していた常識を決定的に覆す存在であった。彼らは、冤罪のドストエフスキーとは異なり、殺人や窃盗といった行為に実際に手を染めた人々であった。にも拘らず、彼らは、作家本人とも、あるいはその他の一般の人々とも、多くの面においてさほど隔たってはいなかった。彼らは、「日常生活において、他の同胞たちと同じだけの勇気、寛容、親切を示しており、また、一般的に人に示される程度の尊重を受けてもいたのである」[10]。

こうして、シベリアでの経験から、ドストエフスキーの価値観は大きく揺るがされた。その衝撃は、直ちに彼の作品に反映された。「初期の小説を構成することとなった諸要素の内、感傷的な調子は名残を止めることがほとんどなかった」し、「ゴーゴリの影響も、それほど長く持続することはなく、偉大な小説群が書かれるようになる前には克服されてしまっていた」[11]。そこで代わりに現れてきたのは、次のような問いであった。つまり、それは、人間が根本的に理性的ではないとするならば、我々が擁護しうる規範とはいかなるものであろうか、という問いであり、そうした非合理的な人間たちは、どのようにして、共生関係を築くことができるのであろうか、という問いであった。

このように、カーは、心理的な次元におけるドストエフスキーの転回を強調している。以上の理解は、ドストエフスキーの著作に親しんだ読者にとって、ある程度までありふれたものと言えるかもしれない。実際、カーの『ドストエフスキー』は、その叙述の客観性ゆえに称賛されてきたのであった。ジョセフ・フランクによる五巻本の伝記研究が出版され始めた一九七〇年代までの間、同書は英語で書かれた標準的なドストエフスキー伝の一つであった[12]。また、時代を遡ると、早くも一九三〇年代末頃には、イギリスにおけるドストエフスキーの受容を整理したヘレン・マッチニックによって、「何らの思惑も持たず、著者本人の主題に関して科学的に解説する以外のいかなる興味も持たずに」書かれた作品と評価されている。[13]『ドストエフスキー』の序言でミルスキーも指摘しているように、作家に関する基本的な史料が出揃ったのは一九二〇年代になってからのことであって、カーの手になる同書は、世界でも初の本格的なドストエフスキー伝であった。[14]

しかし、それでもやはり、ドストエフスキーの作家生活に知的な転回があった点を強調し、そこから心理学的な問題を取り出してきたのは、他ならぬカーであった。そのように言いうる理由は、少なくとも二つある。

第一に、シベリア経験を転機としたドストエフスキーの知的断絶を指摘する中で、カーは既存の見解に異を唱えていた。作家は父親が殺されたことでてんかんを発症するようになったのだという、フロイトのよく知られた議論は、一九二八年にドイツ語の論文として登場した。[15]同稿は早くも翌一九二九年には英訳され、『ドストエフスキー』が出版された一九三一年ともなると、作家がエディプス・コンプレックスに苛まれていたという主張は、イギリスでも一定の勢いを得るようになっていた。この見方は、ドストエフスキーの知的発展が連続的なものであることを示唆しており、シベリア経験が決定的な転換点になったとするカーの見解に一定の留保をつけうるものであった。対して、カーは、作家のてんかん症状が、父親の死から八年ないし九年を経て後、シベリア流刑経験以後に現れたことを論証していたのである。[16]「ドストエフスキーは父の死という悲劇的な報せを受けて初めててんかんの発作に襲われたのだという説も、信ずるに足る証拠はなく、単なる神話として退けられねばならない」。[17]

カーの解釈には、主観的な要素が入り込む余地が乏しかったようには思われる。というのも、彼は、ドストエフスキーの私信など、フロイト主義者たちが触れていなかったロシア語の原史料を証拠として提示していたからである。以下でも見るように、『ドストエフスキー』の本文中、カーは、折につけ、従来のドストエフスキー観を覆す試みに出ているが、そうした営為の多くも、新たに発見された史料を持ち出しながら進められている。

それら新史料の内、主要なものとしては、一九二三年、一九二九年、一九三〇年に公刊された作家の手紙と、一九二八年に出版された二番目の妻アンナの日記があった[18]。『ドストエフスキー』出版に先立つ一九二九年から一九三〇年にかけて、カーは、これらの材料を駆使しつつ既存の見解への挑戦を開始しており、ドストエフスキーと女学生スースロワとの恋愛関係を扱った研究、ツルゲーネフとドストエフスキーの疎隔を論じた研究と並んで、てんかん症状に関する論稿を物している[19]。『ドストエフスキー』中に現れる上の議論は、ここで発表された知見に基づくものであるが、てんかん問題に関するカーのこの論文は、今日でも高く評価されることがある一方、フロイトらの主張の根拠となっている作家の娘エーメの伝記は、一般に信憑性の低いものとされている[20]。

ただ、新しい史料が現れたからといって、そこで書かれていることが直ちに論文へとまとめ上げられねばならないわけではない。明らかになった新事実は、ドストエフスキーを描き出す上で必要と思われたからこそ、詳細に論じられたはずである。その上で、特に注意しなければならないのは、作家のてんかん症状に関してカーの主張に分があるからといって、そこから直接に、彼が推し進めていた今一つの命題が証明されるわけではなかったということである。てんかん問題と作家の知的発展とを結びつけているのはカーであって、フロイトらの見解を否定することは、対抗仮説の一つを棄却する以上の意味を持ってはいなかった。言い換えれば、てんかん問題に関する議論は、作家の転回をめぐる議論の論理的な妥当性を高めるものではなかったのである。この点、カーのフロイトへの批判は、カーが自身のドストエフスキー観を示す上で二次的な意味しか有してはいなかったが、にも拘らず必要であった[21]。

第二に、カーが持ち出している心理学的ないし精神分析的な観点自体、当時のイギリスの文脈においては、いくらか論争的な性格を帯びていた[22]。一九三〇年代、フロイトやユングの用語は既にある程度の普及を見ており、作家や芸術家が取り上げる語彙の一部にもなっていた[23]。この十年の最初の年には、『文化への不満』が刊行され、社会を考察するにあたって精神分析が持ちうる有用性をフロイト自身が示していた。また、その英訳が直ちに現れたこともあり、イギリスにおいても、潜在意識の問題と政治的な問題とを関連づけて論じることが奇異な営みではなくなりつつあった。[24] しかし、先立つ一九二〇年代を通じて、性を明け透けに語るその視角は、多くの人々にとって、依然、道徳の退廃を招く悪の象徴であり、大きな反発を呼び起こすものであった。加えて、(フロイト自身によってというよりも)フロイトの模倣者たちによって行われた社会分析の中には、戦争の原因をヨーロッパ人の攻撃的な本性に求めるなど、単純で教条的な決定論を提示するばかりで、議論としての妥当性が疑わしいものも少なくなかった。無意識の問題を扱う教養番組をBBCが初めて放送したのは、ようやく一九三五年になってからのことであったし、その際、政治的な議論のいくらかは、事前に編集で取り除いておかれる必要があった。[25] 大戦間期、フロイトの発想は、徐々に受け容れられてきていたとしても、未だ大いに論争的なものだったのである。

心理学的な視点のこうした論争性は、イギリスに特有の歴史的事情によって増幅せしめられてすらいた。長きにわたって「栄誉ある孤立」を維持していた同国において、大陸文化の流入は、二〇世紀初頭の時点でも、異質なものによる侵略と捉えられる面があった。現代の文化史家にも広く知られているように、空想の世界では未知なる外敵の象徴としてドラキュラが発明されたかと思えば、技術的に可能であった英仏海峡トンネルの設置も幾度となく中断された。[26] そうした島国根性は、国家の威信がより世俗的かつ顕著な形で表れるスポーツの領域においてすら見られた。国際フットボール連盟への参加を固辞し続けたイギリスは、一九一八年にようやく加盟を果たした後も、わずか十年で脱退したのである。[27]

より高尚なものとされる芸術の諸領域においても事態は同様であり、グレイヴスとホッジ曰く、イギリス教養層は審美能力の面でフランス人に一二年も遅れており、イギリスの大衆は彼ら教養層からさらに一二年遅れていたというが、当時の先端芸術が理性への反逆に向かう流れを示していたとするならば、無意識の発見者であるフロイトの受容もこの例外ではありえなかった。[28] 彼の名がイギリスで聞かれるようになったのは、ようやく一九二〇年代に入って以降のことであった。[29] また、それも、第一次世界大戦の塹壕戦を通じた神経症の多発など、同時期に固有な背景を受けてのことで、結果としてやや性急に取り入れられたフロイトの思想は、発想の基礎にまで及ぶ深い理解を得ることが稀であった。[30] そうした事情とも関連して、心理学的な観点は、医療の実務に携わる人々よりも、知識人によって取り上げられることの方が多くなっていった。「フロイトと彼の正統派の信奉者の部類に入る人々は米英両国で読まれたが、しかしアメリカでは、彼らが臨床の精神科医たちに直接的影響を及ぼしたのに対し、イギリスでは彼らは専門臨床医よりは、知識層の非専門家に読まれるという傾向があった[31]」。結果として様々な価値・観点と結びつけられた精神分析の概念には、政治的な議論の道具となりやすい側面があった。

心理学的な視点を強く推し出していたカーは、彼自身の意図がいかなるものであったにせよ、こうした論争の一端に加わっていたと言える。実に、ドストエフスキーの文学もまた、フロイトの精神分析と並んで流入が遅れた他国文化の好例であった。ドイツやフランスでは一八九〇年頃までに広く読まれるようになっていた彼の小説も、イギリスにおいては、一九一二年の『カラマーゾフの兄弟』出版まで一部の文化人にしか知られておらず、ドストエフスキー諸作品の英訳が出揃ったのも、ようやく一九二一年のことだったのである。[32] ただ、その反動で、異国の文化が本格的に受容され始めた一九二〇年代のイギリスでは、ロシア・ブームとでもいうべきものが巻き起こることとなった。[33] そうした中で人口に膾炙した作家の思想は、フロイトの場合と同様の熱狂をもって受け止められ、当時のモダニスト芸術家らの間に賛否両論の反応を呼び起こしたのであった。[34] 他方、一九三〇年代ともなると、こうした動きも多少の落ちつきを見せてはいた。[35] しかし、フロイトの論文が『ドストエフスキー』刊行のわずか二年前に翻訳されていたというまさにその事実が示しているように、作家の論争性も彼に対する心理学的な視点からの関心も、消え去ってしまっていたわけではなかった。

こうした時代の文脈に鑑みるならば、心理学的な視点に目を向け、かつそれをドストエフスキーに見出そうというカーの振る舞いは、二重に論争的な意味を持ちうるものであったと言えよう。この点、ミルスキーが同書に捧げた序文の第一段落末尾の文章は、カーの議論が同時代に示していた性格を明確に反映している。精神分析に飛びついた当時のイギリス人らの節操の無さを、一六世紀の南米に侵入したスペイン人探検家の野蛮さに準えつつ、彼は次のように記している。「イギリスのドストエフスキー熱もかなり収まってきた。もはや彼を預言者とみるといった問題も全くなくなったし、特に彼と関連する心理学的な問題も、新しく発見された潜在意識の深みを一九二〇年のたくましいコルテスたちが乱暴な憶測で眺めた時のようには、熱中させるものでないように見える[36]」。

既に考察した文脈に引きつけて解釈するならば、客観的叙述を心掛けるカーの『ドストエフスキー』は、一九二〇年代までに創られた虚飾を取り払うものだったと言える。ただ、ハスラムも指摘している通り、ミルスキーは『ドストエフスキー』に「何ら高い評価を与えることがなかった」のであり、上に引用した彼の言葉にはいくらかの皮肉も含まれている[37]。というのも、『ドストエフスキー』の結論部で、カーは確かに、同時代における「ドストエフスキーの心理学に関する現代的な受容は、彼の作品に対する芸術的な鑑賞を促進するよりも阻害する」と断じているものの、「今から百年後、ドストエフスキーの心理学が彼の神学同様に歴史的な興味の対象として見えてくる時、彼の作品の真の姿も浮かび上がってくるであろう」と述べているからである[38]。カーにとってのドストエフスキーは、同時代に実用的な心理学を提供してはいなかったにせよ、心理学的な知見を切り拓いたという意味で歴史的に重要な存在であり、したがって一人の預言者であった。実際、フロイトのドストエフスキー解釈を批判するカーも、作家の後期作品を読み解いていく中では、そこに「官能への関心が存在しており、これはドストエフスキーがより最近のフロイトやユングの弟子たちと共有しているものである」といった指摘を与えることに躊躇いがないのである。[39]

カーのテクストが示している以上の歴史的な位置に鑑みれば、シベリアを通じて転回を経験したドストエフスキーは、カーにとって、現代を先取りする存在であり、それゆえにこそ重要であったと考えられる。以下では、作家の後期作品に対するカーの評価を焦点として、この点をさらに掘り下げて検討していくこととしたい。そこにおいて、カーがドストエフスキーの中に見た問題意識は、より具体的な形をとることとなるであろう。

(二) ロシア的人間

(ア) 受難の倫理——その現れ

人間の非合理性に対するドストエフスキーの格闘は、シベリア直後の作品『死の家の記録』において開始された。囚人ゴリャンチコフが自身の内省を綴るという形で展開されるこの物語は、作家が自身のシベリア体験を文学的な出来事へと昇華しようとした最初の試みにあたる。「ドストエフスキーが、人間の法ばかりでなく、日常受け容れられている道徳的価値体系までもが不適切であることを認識するようになり、普通認められているような善悪の境界を超えた、より遠大な真実への探求について思案し始めたのは、『死の家の記録』においてであった」[40]。

善悪の境界を超えるということでの表現を肉づけるように、カーは、作家がニーチェとの間に有していた知的な親和性へと思考を巡らせる。[41] 上記の引用が為されている直後の節では、『善悪の彼岸』から、次の有名な言葉が引かれているであろう。「怪物と戦う者は、自身も怪物となってしまわぬよう気をつけねばならない。あまりにも長く深淵を覗き込んでいると、深淵もまたこちらを覗き込み始めるのだ」[42]。このように、実存主義的な観点からニーチェとドストエフスキーとが結びつけられる際、その核にあるのは、人間の「深淵」、すなわち、意識下に沈殿する非合理性の問題である。つまり、どちらの思想家も、より真正な個の在り方を求める中で、この澱みを見据えようとしていたというわけである。

したがって、ニーチェ同様、ドストエフスキーもまた、理性の下に統合された存在としての個人を前提とする西欧型の自由主義に批判を投げかける必要があった。地下世界にこもる官吏の思索を描いた『地下室の手記』の刊行前年、ロシアにおいては、革命的民主主義者のチェルヌイシェフスキーが、今日でもよく知られている『何をなすべきか』を発表していた。ドストエフスキーは、このチェルヌイシェフスキーをJ・S・ミルの弟子と批判しているのであるが、この点について、カーは次のように論じている。「この頃までに、ドストエフスキーの最も強い確信の一つとなっていたのは、人間の本性が、チェルヌイシェフスキーの如き楽観的功利主義者らが信じていたように根本的かつ本質的に善であるなどということはなく、人間は、その本質の一面に基づいて、悪を悪と知りながら欲し、また、選ぶ可能性があるということだった[43]」。

早くも『ドストエフスキー』の冒頭の一節では、「語のあらゆる日常的な意味において、ドストエフスキーは、自身も常にそう信じていたように、ロシア人の中のロシア人であった」と、西欧から見た作家の特殊性は強調されているが、このロシア的な作家は、人間の非合理性を見つめる中、イギリス発祥の功利主義から離れて思想を築き上げていたのである[44]。ドストエフスキーのこうした特質は、彼が体現した今一つの思想的態度によってさらに深められていくこととなるであろう。ロシア正教への信仰がそれである。

この論点が明瞭に現れてくるのは、ドストエフスキー晩期の作品においてである。しかし、その原型は、より以前の諸作に見え隠れしている。『賭博者』はその好例であって、登場人物の老婆アントニーダは、ルーレットに興じる中、自身が保有する大量の資産を最もリスクの高い目に賭け続ける。ここで彼女が目指しているのは、金銭を獲得することではなく、勝利の熱狂に溺れることであるが、その時、このアントニーダとは、実世界におけるドストエフスキーを小説世界に投影したものに他ならない。二人の間には、確かに、異なる点があった。ドストエフスキー自身はアントニーダのような資産家ではなく、むしろ生活のための資金にも窮していたのである。しかし、それでも彼は、賭博のための賭博を続けていた。この点に着目したカーは、次のように述べている。「ドストエフスキーを賭博部屋へと駆り立てた、しばしば潜在意識的ではあったが主要な衝動は、金銭的な利得に対する合理的な計算ではなく、激しい感情と常軌を逸した熱狂への切望、あるいはもしかすると憧れですらあったのであるが、それは、道徳の劣化の深さを測る上で、彼がしばしばしば自身の作中人物らに抱かせたものであった[45]」。

つまり、ドストエフスキーにとって、賭け事とは、深淵への沈殿から崇高なものへと至る契機を成しているというわけである。人間の理性は今や信用に値せず、したがって、彼らの住む世界の存立根拠もまた、合理的なものに求めることはできない。だとすれば、その上でなお、この世界に残るものとは、非合理を推し進めたところに立ち現れる非日常ではないか。『賭博者』の読解を進めつつ、カーは述べる。ドストエフスキーにとって、「ルーレットをやめることは、それなしでは実存が精神的に不可能となるような、残された最後の希望を捨て去ってしまうことであった[46]」。

こうして、ドストエフスキーは、激烈な経験の中に宗教的な超越を期待するようになっていく。実のところ、既に特記した作家のてんかん症状も、このような超越的体験の一つと捉えられる[47]。そして、カーがやはり別稿を物してまで論じようとした今一つの題目も、同様の宗教的要素に関わるものであった。その題目とは、すなわち、作家の恋愛経験である。「ドストエフスキーが賭博に夢中になった時期は、これまでのところ、彼が性的耽溺へと最も徹底的にのめり込んでいた時期と一致していた」とカーが言う時、この性的耽溺とは、作家がスースロワとの間に有したそれを指している[48]。この恋愛沙汰の結末について述べたカーは、ある程度まで自分の推測であることを留保しつつ、「動かされやすく、子供っぽく、滑稽だったのはドストエフスキーで、女の方は見事なおてんばぶりを露わにしている」と判じている。[49] そして、思想的な含意に着目した場合、この解釈は次のようなことを指し示していた。「憎しみと愛の混じり合いというのは、スースロワがドストエフスキーに示した態度のとどのつまりを言い表したものであるが、それは、彼が人間心理を分析する上で一つ重要な要素となったのである」[50]。

（イ）受難の倫理——その完成

こうして、カーの見るところ、思想家ドストエフスキーは、知的・物質的の両方の生において、自身以外のものに振り回されることを自ら求め、その辛苦の中に光明を見るという、非合理主義的な理想を探求していた。この倫理の性格を表現するにあたって、カーは、「現代の用語ではマゾヒスティックと呼ばれるべき」と心理学的な語彙を持ち出すことすら厭わないであろう。[51] 心理学者ドストエフスキーが模索していたのは、受難の倫理とでも呼ぶべきものだったのである。そして、その思想的な構造は、『罪と罰』、『白痴』、『悪霊』、『未成年』、『カラマーゾフの兄弟』のいわゆる五大作品を通じて、さらなる洗練を見ていくであろう。

後期ドストエフスキーの著作を貫く主題とは、カーが同時代のロシア人批評家の言葉を引きながら述べているところによると、「行動の中の哲学」である。[52] ロシア的な人間は、合理的・抽象的に構築された形而上学に対して懐疑的であるがゆえに、倫理に関する思索をその実践から峻別しない。「ロシア人は、いかなる原理・慣習も、その根底を探り出すまで受け容れたりしない。そして、最初の礎石がきっちりと正確に据えられていないことがわかると、乱暴にもその全てを引き崩してしまうのである」。ロシア人にとって、原理は、それ自体、非常に重要なものであるが、それだけに、実践に耐えうる盤石さを有したものでなければならない。このような徹底した懐疑的な態度は、ロシア人をイギリス人から分かつものである。カーは次のように続ける。「ドストエフスキーの小説中、ある原理のために人を殺し、ある原理のためにパンと水で生き、ある原理のために自殺する人々が登場してくるとしても、そうした型の人物が、ロシア人読者にとっては、イギリス人読者に比べて、それほど馴染みのないものでもなければ狂気じみたものでもないということを、我々は心に留めておくべきである」[53]。

このようなロシア的人間の典型が、『罪と罰』の主人公ラスコーリニコフにおいて最も明確に認められる時、ドストエフスキーの知的断絶は決定的なものとなる。処女作『貧しき人々』などでも、倫理の問題は考察の外にあったわけではない。ただ、初老のシェーヴシキンと少女ワーレンカとの間に交わされる往復書簡を軸に、一つの愛が破綻へと収斂していくこの物語は、フランス・ロマン主義の強い影響の下に書かれていた[54]。「社会的な鎖に制約されていない人間は本来的に善であること」を一つの公理としたこの思潮は、人間の根源的な非合理性を見る後期ドストエフスキーの思想とは相容れないものを含んでいる[55]。『貧しき人々』において、個々人の感傷は登場人物にある種の英雄的な性格を与え、物語は常にかかる特別な個人による矜持の発露へと至るのである。「ロマン主義的な個人主義は、踏みにじられた人々の擁護ばかりでなく、高慢な人々の自己主張をも意味していた」[56]。『罪と罰』におけるラスコーリニコフもまた、ある種の英雄的な人物である。ただ、彼は伝統的な意味での英雄ではない。ハインズによれば、精神面において本質的に弱い神経症的な英雄とは、ドストエフスキーを進んで受容した一九三〇年代の文芸作品に特徴的な人間像であったという[57]。ラスコーリニコフとは、そうした神経症的な英雄の代表例であった。

ラスコーリニコフは、人倫のためという大義を掲げて、家主の老婆を殺害する。強欲な人間の抹殺は、より多くの人類の善に適うというわけである。こうして法に例外を設定する上で、ラスコーリニコフは、個の自由を擁護する論理を合理的に導き出し、それを正しいものと信じている。しかし、実際の行動を経た彼は、自身の信念が思っていたほど確固としたものではなかったことに気づかされる。結局のところ、ラスコーリニコフの企図は失敗に終わる。彼は、確かに、老婆を殺害した。しかし、その際、予期せぬ精神的な動揺を来してしまう。結果、老婆の妹が屋外から帰宅してくるのに気づかず、目撃者となった彼女をも殺害する。ここで彼の大義は失われる。さらには、この二度目の犯行の際にも放心状態へと陥り、あわや現行犯で逮捕されるという危機にすら直面する。肉体的・精神的に不安定な日々を送ることになったラスコーリニコフは、やや唐突な形で罪を告白する。

ラスコーリニコフを彩る主要な特徴とは、理性の弱さ、自己統制能力の低さであるが、カーの見るところ、「それは、ドストエフスキーの心を掻き乱し、さらにまた、ニーチェによって取り上げられた」非合理性の問題に他ならない[58]。ラスコーリニコフは、ある種の英雄だとしても、感傷的なロマン主義者とニーチェ的な超人との間を揺れ動く、地に足のつかない英雄なのである。人間精神のつかみどころの無さをかくも鮮やかに体現している「ラスコーリニコフは、ロマン主義に何らかの影響を負っているとしても、それ以上に多くを、彼の創造者がオムスクの受刑者集落で得た経験に負っているのである[59]」。

こうして『罪と罰』から浮び上がってきた問題系は、ドストエフスキーの続く著作において、より具体的な発展を見るであろう。無垢な公爵ムイシュキンを暴漢ロゴージンと対照させることで完全なる善の描出を試みた『白痴』では、ラスコーリニコフによって導入された非合理性の問題を前提として、ドストエフスキーの倫理思想が持つ受動的な性格にさらなる光が当てられている。つまり、賭博に対する熱狂に見たあの受難の倫理が、ここでは理念型的な清純さを題材として描き出されているのである。「ムイシュキンにおいて我々へと提示されている倫理的理想は、積極的というよりは受動的な理想である。善行を積むものを善人と捉える西欧的な概念からこれほど遠ざかったものは他にありえまい[60]」。物語を通じて、ムイシュキンは終始、事態を大きく展開させるような積極的な行動をとることがない。彼はただ、苦悩するばかりである。しかし、その上で、彼はなお、他の主要人物らの中心に座しており、強烈な個性でもって周囲に影響を与えている。ここに、ドストエフスキーのキリスト者としての側面も表れているのであり、「ムイシュキンの中に受難と従順という最高の倫理を描くことによって、ドストエフスキーは、近代文学における原始キリスト教の理想の唯一許容できる表現を我々に提供したのである」[61]。

続いて、『悪霊』である。作家が同書を執筆した背景には、革命組織における内紛が同士の殺害に至りついた、いわゆるネチャーエフ事件があった。ひるがえって、小説中では、ラスコーリニコフ的な問題が、今度は政治という観点から語られる。実際、ラスコーリニコフの倫理問題は、あまりに政治的な問題でもある。「個人としてはラスコーリニコフの犯罪を創り出した倫理説が、社会的には革命を生み出す。私的生活におけるラスコーリニコフは、政治における虚無主義者である」[62]。したがって、『悪霊』を通底するのは、ネチャーエフに代表される一八六〇年代の虚無的な革命主義者らへの批判であるが、この点に関連して、カーは、ドストエフスキーが虚無主義にどれほど辟易していたかを示し、登場人物のシャートフが作家の自己投影である旨を主張する。「シャートフについて考察する段になると、我々は、その特徴の多くに、まごうことなき彼の創造者自身の反映を見てとることができる。シャートフは、小説中でドストエフスキーが完全に共鳴するまさにその人物なのである」[63]。そして、このシャートフとは、殺害の被害者であり、受難の倫理の体現者である。

こうして非合理性の問題と受難の倫理とは、作家の後期作品を通じて多面的に肉づけされていく。ただ、続く『未成年』に関しては、それほど述べることがない。というのも、同作品が「他の作品よりもいくらか低い創造性の次元にあ」[64]るとすることで、カーもまた、この小説に対する一般的な評価をかなりの程度まで受け容れているからである。その上で、この物語が抱える技巧上の問題を数頁にわたって指摘した彼は、「四度五度と読んだあとでさえ、簡潔な筋の通る梗概を与えることがこれほどに不可能というのは、いかなる作家のどの小説においてもない」と手厳しい評価を下している[65]。

そこで目が向けられるのが、この失敗の先にあった『カラマーゾフの兄弟』である。同作品において、ドストエフスキーの中に占める宗教の位置は、いよいよ完全な形で明らかとなる。『罪と罰』や『白痴』においては所与のものとして考察の外にあったロシア正教は、『悪霊』以降、次第に作家の思想体系に具体的な位置づけを与えられるようになっていった。特に、『未成年』の後に書かれた『作家の日記』において、この宗教は、作家の民衆との同化にいかなる役割を果たしうるかという観点から議論されるに至っていた。この展開の端緒を成した『悪霊』において、議論は、やはりラスコーリニコフ的な問題との関連で推し進められていた。物語中、シャートフの対極に位置するスタヴローギンにおいて、さらにはシャートフの親友でありながらスタヴローギン的な精神を有するキリーロフにおいて、非合理性の問題は、既に一段掘り下げた形で扱われていたのである。曰く、超人になるためには、死を超克せねばならない。しかし、代替の効かない体験である死を超えることができるのは死のみである。このような論理から、キリーロフは、超人になるために自殺せねばならなかった。その上で、カーは言う。「ドストエフスキーの見るところ、キリーロフの自殺は、ラスコーリニコフの倫理説の論理的帰結である。そして、論理の狂信者であり、道徳ばかりでなく神にも反逆するキリーロフは、イワン・カラマーゾフの原型である」[66]。ひるがえって、『カラマーゾフの兄弟』では、ラスコーリニコフ的な虚無主義の問題が長兄イワンを通じて再び扱われることとなる。

カー以前の多くの評者は、このイワンこそが作家の自己投影であると解釈し、ドストエフスキーを懐疑主義者と捉えていた。それに対して、カーは、この見解に異を唱え、「ドストエフスキーの信仰が直観ではなく理性の産物であった」と主張する[67]。イワンは受難の倫理に関するいかなる合理的正当化をも拒否する。対して、ドストエフスキーは、こうしたイワンの議論自体は受け容れている。ただ、同時に、イワンが行っている合理的解決の探究を、それ自体無意味なものと捉えている。というのも、抽象的推論が有する正確さなど重要ではないからである。だとすれば、三男アリョーシャの声にこそ、耳が傾けられねばならない。「私たちは人生を愛さねばならない、というのも、愛することによってのみ、私たちは人生の意味を了解しうるのだから、というのがアリョーシャの返答である[68]」。

ここにおいて、キリーロフの論理は、受難の倫理の下に逆転せしめられる。カーによると、『カラマーゾフの兄弟』は、「悪の原理を体現するイワンとキリスト教的理想の人アリョーシャの間の論争と、罪と受難を通じたドミートリーの救済」という二つの主題から成っているが、その一方が上のような信仰の表明で幕を閉じるとすると、他方もまた、同様の宗教的理想を問題の核としている[69]。父親殺しのかどで逮捕されたドミートリーは、無罪を勝ち取るための方策を望まず、自分に不利な証言すら進んで為していくであろう。ドミートリーは、そうして自身の罪を認識し、それを贖うことで、救済への道を見出していこうとするのである。

アリョーシャとドミートリーを通じて、ドストエフスキーは、「宗教的で、情熱的で、自虐的な」信仰を獲得した[70]。これが、ドストエフスキーの最後の到達点である。この境地に至りついた作家は、『カラマーゾフの兄弟』を書き終えて三カ月の後、死を迎えることとなるであろう。

二　預言者ドストエフスキー――

（一）想像のロシア

以上のように見ると、ドストエフスキーは、人間精神の混沌を受難への理性的な信仰でもって解決した、合理性と非合理性の統合者として現れてくる。ここには、カーの後の思想的発展との関連から見て興味深い、いくつかの論点が存在している。とりわけ注目すべきは、後々彼が多用する――広い意味での――弁証法的な思考が数多く見受けられることである。[71] 例えば、イワンとアリョーシャの懸隔へと至る種々の二項対立的な争点は、一つ目を惹くものである。これは、もちろん、ドストエフスキー自身が考察した問題ではあった。ただ、思考の型の次元に限れば、カー自身もまた、作家に倣っていた面があるように思われる。実際、ドストエフスキーの精神形成を前後期に分けて論じている点などにも、そうした傾向は暗に埋め込まれていたであろう。というのも、ここには、ゴーゴリとドストエフスキー、ツルゲーネフとドストエフスキーといった思想的な対比も重ね合わされていたからである。この点は、『ドストエフスキー』本文中においても何度か触れられているが、上にも言及した別の論文において、次のように表現されている。「ツルゲーネフは、彼自身について、また、世界における彼の位置について、確かな感覚を持っており、その他の面では不可知論者で、神も母国も、彼の基準に沿い損ねるならば投げ捨てる覚悟が完全にできていた。ドストエフスキーは、何事をも確信しておらず、とりわけ彼自身についてあやふやな中、ロシアとロシアの神に対する信仰へと情熱的にしがみついており、それだけが世界における確かな足場を与えてくれるようであった[72]」。

当時のロシアの知的風土を観察したカーが、こうして交差し合ういくつかの二項対立的な軸に様々な思潮を重ね合わせていく傾向を有していたとして、ロマン主義と後期ドストエフスキーの思想との対比に至っては、その具体的な内容から言っても、『危機の二〇年』における理想主義と現実主義とにある程度まで呼応する感がある。実のところ、一八八〇年代半ばに初めてイギリスに持ち込まれたドストエフスキーは、写実主義者（realist）として紹介されたばかりでなく、その後、一九一〇年代にようやく本格的に関心を集め始める中では、ロマン主義的な精神性をも加味した思想の持ち主と理解されるようになっていったのであった。マッチニックの言葉を借りるならば、一九二〇年代後半以降に描かれてきたドストエフスキー像とは、「科学的な興味でも哲学的な省察でもなく個人の感情に関する意識を道標とする、客観的事実ではない情念の写実主義、「新しい写実主義」の唱道者」

であった。[73]そして、カーが次作で検討することとなるロマン主義者が、思想史上、理想主義者（utopian）と呼ばれてきたことは、よく知られている通りである。

これら一連の論点がカーの政治思想においてどのように現れていたかについては、後の章で適宜検討していくこととしたい。今問うべきは、ここに描き出されたドストエフスキーがどの程度までカーの創造物だったかである。

繰り返すように、『ドストエフスキー』はその客観性が評価されるような作品であった。加えて、同時代のヨーロッパの作家らにしても、カーが描き出していたロシア的な特質をドストエフスキーに見出していた。理性がその権威を失墜した無根拠な世界において、経験の激烈さこそが真理に取って代わるという思想は、反伝統という否定的なものを核とした二〇世紀初頭のモダニズム運動に対し、訴えかけるものを多く含んでいたのである。[74]

ただ、それでも、以上に見たドストエフスキーは、カーにとってのドストエフスキーであった。例えば、賭博経験の中に受難倫理の萌芽を認めていたカーは、自身の解釈を正当化する上で、作家自身の言すらも疑っていた。つまり、「賭博へのこの狂気じみた熱中について、ドストエフスキーが自身や他人に与えた説明は、それによって金銭的な財を取り戻したかった」というものだったのであり、賭博と受難倫理との間に関連を見出していたのは紛れもなくカーである。[75]また、ドストエフスキー的な英雄が導き出す倫理的な問題について、イギリス人であれば問うことすら拒むであろうと評していたのも、やはりカー自身に他ならない。「『死の家の記録』の超然たる諦めと卑下とは、イギリス文学においてはもちろん他の文学においても、比肩するものを簡単に認めることはできない」。[76]加えて、この受難の倫理が持つ非西欧的な性格を強調したのもやはりカーである。シャートフをドストエフスキーの似姿とし、イワンではなくアリョーシャをドストエフスキーの理想としたのも、これまたカーである。カーの見るところ、ドミートリーは、「ドストエフスキーの最後の小説における最も偉大な人物であり、作者の罪と受難の教義が最も深く表現されている人物」であった。[77]対して、ミルスキーなどは、「ムイシュキン公爵にもドミートリー・カラマーゾフにも、ほとんど興味を惹くものを見出せな」かった。[78]

その上で重要なのは、ドストエフスキーが自身のロシア的な性質を深化させていったとして、その展開を描き出したカーが、独特の表現手法を採用していたことである。そして、その独自の手法を通じて、ヨーロッパとロシアという二つの文明の関係は、カー固有の視点から論じられていた。以下、この点について、詳しく見ていこう。

まず注目されるべきは、やはりシベリア経験に関する記述である。『ドストエフスキー』の叙述において、作家が知的転回を迎える経緯と彼のロシア的特質が深められていく過程とは並行するものとして描かれているが、特にドストエフスキーがシベリアへ追いやられていく情景は次のように記されている。「彼らの背後には、ヨーロッパと過去があった。そして前方には、アジアと未知の将来が」[79]。ここにおいて、シベリアへの追放は、ドストエフスキーによる他者との邂逅と位置づけられている。反対に、「死の家」からの帰還は、これと対照を為す形で、「ヨーロッパ的ロシアへの回帰」と表現されている。[80]ドストエフスキーのロシア的な特質は、非ヨーロッパ的なロシアとの接触を必要としたかのごとく描かれているのである。

この点は、追放前後のロシアにおける知的風土の変化が、ドストエフスキーの転回と同時的に起こったとされることで、より一層強調されるに至っている。一八四〇年代のロシアでは、近代化の過程をめぐって、ロシアのロシア的たる面を推し出すことを強調するスラブ主義と、西欧的要素の取り込みを重視する西欧主義との対立が存在していた。他方、ドストエフスキーがシベリアに追放されていた間には、スラブ主義の西欧主義への優越が拡大していった。一八四八年の諸革命を通じて、西欧派の間ではヨーロッパへの幻滅が広まっていった一方、続く五〇年代、クリミア戦争に失敗し、にも拘らず専制君主ニコライ一世が退く以外の変化を受け容れない母国に対して、スラブ派の憤りは増大していったのである。「四〇年代の思慮深いロシア人は、期待と憧憬を込めてヨーロッパを眺めた。対して、一八六〇年のロシア人は、自分の同胞たちの、成果と言えるものではなかったかもしれないが少なくとも意気込みを、それと似た気持ちで見つめることができたのである」[81]。シベリアから戻ったドストエフスキーもまた、変わらない祖国の在り様に心を掻き立てられたのであるが、ここにおける作家の変化を、カーは次のように表現している。「この時期には、情熱的な若い急進主義者が、より明晰というのではないにせよ同様に情熱的な、正統主義の唱道者へと進化し、ホフマンとゴーゴリの巧みな模倣者が、ラスコーリニコフとムイシュキンの創造者へと進化する様が見られたのである」[82]。カーの叙述において、『貧しい人びと』のシェーヴシキンから『罪と罰』におけるラスコーリニコフへの変化とは、ゴーゴリからドストエフスキーへの移行を意味している。

ロシア史に関するこのような理解は、全面的にカー独特のものではなく、その後の研究者によっても多かれ少なかれ支持されてきたもののように思われる[83]。ただ、注目されるべきは、知的風土の変化がドストエフスキーに与えた影響について、カーが何らの具体的な説明も提示してはいないことである。シベリア経験こそがドストエフスキーの転向の契機であったという既述の観点からすれば、これも当然だったであろう。「シベリア経験がなければ、ドストエフスキーがロシア人民の理想化を推し進めることもなかったであろう、などと述べることは、大胆な逆説に過ぎるかもしれない。しかし、その狂信の在り様には、この監獄時代の明確な跡が見て取れるのである」[84]。ただ、だとすれば、ロシアの知的風土の変遷とドストエフスキーの転回との並行関係を成立させているのは、カー自身の推量以外の何ものでもない。その時、作家個人の思想的変遷と彼が生きた時代の文脈との関係を描くカーの筆は、修辞的効果以上のものを期待しえないのであり、スラブ主義の台頭に関する描写は、ドストエフスキーの思想が時宜を得ていた点を効果的に表現するお膳立てでしかなかったということになる。円熟期に入ったドストエフスキーが自身をヨーロッパ的なものから切り離す準備ができていたという解釈は、世界と作家とが共に定められた到達点へ進んでいるかのような叙述をもって、より劇的な形で表現されるよう設えられているのである。

このように述べた時、カーはただ、当時の文脈に注意を払っただけではないか、という疑問も呈されてしかるべきであろう。カーの意図としては、確かにそうだったのかもしれない。歴史的な文脈とある思想との間にいわゆる因果的な関係を見出すことなど、究極的にはそもそも不可能と言ってよい。

ただ、その上で、同時に見落とされてはならないのは、カーの描き出したテクストに、ある種の予定調和的な理念が通底していることである。そして、その調和の行きつく先こそが、ロシア的なものとヨーロッパ的なものとの統合であった。ここにおいて、ドストエフスキーがヨーロッパを離れたのは、あたかも最終的にはそこへと戻ってくるためだったかのように記されていたのである。

既に述べたように、後期ドストエフスキーの理想はスラブ主義にあった。曰く、真のロシア人とは、普遍的な存在であり、したがって、ヨーロッパ化されるのではなく、ヨーロッパを超克することで、ヨーロッパの導き手とならねばならない[85]。他方、ここでいうロシア的なものは、一貫して、人間の非合理性に関する認識と結びつけられてきた。だとすると、ロシア的な非合理性認識は、少なくとも潜在的には、ヨーロッパを再構築する助けとなるものと捉えられる。

これは、ドストエフスキー自身が説いた理想である。しかし、ある程度までは、カー自身の考えでもあったと理解できる。この点、やはりカーの論法に着目することが重要であって、ドストエフスキーを評するカーは、再三にわたって、ヨーロッパの作家らを媒介するのである。例えば、ゲーテとドストエフスキーを対比しつつ、カーが言うところ、「ラスコーリニコフはロシアのファウストである」――ゲーテもドストエフスキーも、知的な若者が道徳の限界と向き合う姿を描いており、「悪魔に誘惑されたファウストも、自身の論理の犠牲者であるラスコーリニコフも、満たされんとして禁じられた一線を踏み越えるのである」[86]。あるいは、「夢想的・空想的ではあるかもしれないけれども、ロシアの倫理的な理想を最も完璧かつ満足のいく文学上の表現として体現している」ムイシュキンも、既存の西欧文学との対比で理解されることとなる[87]。「もしわれわれが『白痴』の主題に比類するものを求めて『ドン・キホーテ』に赴くとすれば、その極まった痛ましさと同等のものは、『リア王』の最後の三幕にのみ見出すことができる」[88]。この他、『悪霊』のスタヴローギンについての考察も、ロマン主義者ジョルジュ・サンドの小説『レリア』からの引用を伴う形で展開されているし、ドミートリー・カラマーゾフの体現する悲劇性については、シェイクスピアのオセロのそれとの相似性が強調されている[89]。

(二) 原初のロシア

『ドストエフスキー』のテクストにおいて、こうした類比は至る所に散りばめられている。ドストエフスキーの作品と西欧文学との比較を通してカーが行っているのは、当然、ロシアの特殊性を際立たせることである。実のところ、こうした対比も、ある程度まで、己のロシア的性質に自負を抱いていたドストエフスキー自身が行っていたことではある。ただ、カーの記述には、他者の文化の意義を自己の思考枠組みで測ろうとするオリエンタリズム的な態度も透けて見えよう。ハスラムも述べているように、ロシア的な精神を過度に一般化するカーの傾向とは、西欧の外にある不案内な世界への「エキゾティックな熱狂」と「ヴィクトリアン的なある種の偏狭さ」の証しなのである[90]。

実際、カーにとって重要だったのは、ドストエフスキーという個別の人間以上に、ロシア的なものという観念一般の方であったようにも思われる。その点は、カーが他のロシア人作家について述べた言葉から窺うことができる。彼の見るところ、例えば、チェーホフなどは、思考というものを行わないために執筆活動に入った非ロシア的な作家であって、「彼の懐疑主義が戦後の倦怠と幻滅の雰囲気に呼応し、彼がその真の地位と相容れない立場に上せられてきた西欧においてのみ、そのバランスが保たれる」ような存在であった。[91] 他方、ドストエフスキーと対照を成し、それだけにロシア的と呼ぶべきであったツルゲーネフに関しては、西欧の小説家との比較において高い評価が与えられている。『ドストエフスキー』刊行から少し後、ツルゲーネフの文学作品をエミリー・ブロンテら英米の代表的作家の小説よりも優れているとしたカーは、彼の作品が、「興味深くも我々自身の時代のもので、それ自体として、色褪せることなく完璧である」と述べていた。[92] そして、このツルゲーネフと並べて評価されたのがトルストイであったが、カーの見るところ、この文豪の作中に見られる透徹した心理描写とは、作家自身の潜在意識に対する分析の結果なのであった。[93]

今一度強調しておくならば、こうしてカーがやや単純な文化論を好んでいたとして、個々の事実を扱う彼の叙述の客観性それ自体が直ちに否定されるわけではない。実際、ドストエフスキーがロマン主義の影響下にあったという点などは、同時代におけるフランスとロシアの政治・文化的な附置関係からしてもおよそ疑い難いところがある。後発国の知識人が先進地域の文化を吸収していく中で、その文化を時に元の創造者ら以上に急進的な形で体現することがあるのは、歴史を眺めても容易に例証できるところであろう。この点については、ミルスキーも、「ロシアが後進国であって、西欧においてロマン派が代表していたものを、ドストエフスキーはロシアで後れて代表したがゆえに、彼はロシアから生まれたのであった」と述べている。[94]

また、今では人口に膾炙したオリエンタリズムの概念にしても、エドワード・サイードがそれを持ち出して一世を風靡したのは、二〇世紀もようやく後半になってからのことであった。[95] しかも、ロシアは、その歴史を辿ってみても、長らくヨーロッパの他者として扱われ、その物珍しい文化が消費の対象となりやすい地域であり続けてきた。[96] 早くも一八八〇年代半ばから一九三〇年代に至るまで、ドストエフスキーこそが他のロシア作家の中でもとりわけロシア的であるといった主張は、イギリスにおいて繰り返し展開されていた。[97] カーの『ドストエフスキー』が記述の客観性ゆえに評価されたことは既に何度か触れてきたが、そのこと自体、現在では特殊と見えるロシアへの視線も、当時のイギリスにおいては間主観的に共有されるものだった点を示しているのかもしれない。

こうした事情に鑑みた際、その独特のロシア観が、客観的と見なされるような史料解釈を通じて導き出されている点においてこそ、カーのテクストは目を惹くと言える。[98] この意味で重要なのは、カーが偏向していたかどうかよりも、上のようなエキゾティックな視座に目を向けることで明らかになる彼の問題意識の方である。

そこでカーの記述をさらに仔細に検討してみるならば、『ドストエフスキー』の文中、ロシア的なものがヨーロッパ自身の潜在的な力に挿げ替えられていることが理解されるであろう。この点は、同書の結論部に明瞭である。「エリザベス期以降、イギリスの文学、もしかするとイギリスの生活から、むき出しの秩序立っていない人間性は消え去ってしまった。……一九世紀において、文明進化のより原初的な時代の、あの在りのままで躍動感のある何かを再び掴み取ることが望みえたのは、組織化が進められておらず、合理化の深化を当たり前とすることにかくも制約されていない、ロシアのような国においてのみであった」。[99] この直前の箇所では、シェイクスピアの時代にドストエフスキー的な原初の人間性が存在したとの指摘が認められる他、別のところでは、人間精神の両面性に関わるこの問題が「西欧に起源を有する文学上の概念である」との記述も見られる。[100]

あるいは、ロシア的な受難の倫理について論じた箇所でも、カーは次のように言っている。「ドイツ人を主として、多くの評者は、ムイシュキンに描き出されたロシアの理想を、西欧文明に背く危険なものと非難している。しかし、事の是非はさておき、西欧文明によって退けられ根底から修正せしめられた原始キリスト教の精神を原型に近い形で保ってきたのがこのロシア的な理想であるということに、これらの評者は概ね気づいていないのである」。[101] 他方、この倫理の起源は、ロマン主義に求められることとなる。曰く、「『ファウスト』の典型的にロマン主義的な一節は、ドストエフスキーの最も特徴的な、現代から診断すれば最も病的な観念のいかに多くが、ドイツ詩人の中でも最も代表的な人物によって半世紀も前に予期されていたかを示すのに十分であろう[102]」。

このように、ロシアは、文明史の流れにおいて西欧の過去に置かれている。注目すべきは、こうした論法を揮うことによって、カーが自己矛盾にも近い状況に陥っている点である。既に指摘してきたように、カーの基本的な視座とは、初期のロマン主義的なドストエフスキーと後期の実存主義的なドストエフスキーとの断絶を見るものであった。しかし、ここにおいて、決定的な亀裂の刻印であったはずのシベリア体験は、ロマン主義を改鋳する機会の一つへと転換させられている。

『ドストエフスキー』の冒頭近く、カーは次のように述べていた。「ドストエフスキーの同時代人——ツルゲーネフ、ゴンチャロフ、サルティコフ、七つ年下のトルストイ——は、疑いなく、自身の根を過去に有していた。彼らは、われわれの理解を超えた貴族制と農奴制の世界に属している。チェーホフ以前の一九世紀の偉大なロシア人作家の内で、ドストエフスキーのみが完全に近代的である[103]」。この近代的という言葉は、今見てきたように、西欧近代を指すものとして用いられている。ミルスキーが的確に指摘しているように、「「近代的」という語がルソー、バイロン、バンジャマン・コンスタンにまで及びうる限りにおいて、ドストエフスキーは近代的なのである[104]」。ただ、『ドストエフスキー』を取り上げた『タイムズ文芸付録（Times Literary Supplement）』の書評子の言葉を借りるならば、「ドストエフスキーがロマン主義の伝統に属していると言うのは簡単である。重要な問題は、そのロマン主義的基礎を彼個人がどこまで創り上げたかである。そして、カー氏がこの点に関して本当に考えを固めているのかは疑わしいのである[105]」。

こうして、ロシアとヨーロッパとを結びつけているカーのやり方には、いくらか強引なところが見受けられる。この結果、ドストエフスキーの思想が西欧合理主義に対して持つ批判的な意味合いは、より一層強調されることとなろう。一九三四年、ソ連の反共産主義者ニコライ・ベルジャーエフのドストエフスキー論を評する中で、カーは記している。「ラスコーリニコフ、キリーロフ、イワン・カラマーゾフといった人物らにおいて、ドストエフスキーは完全に合理的な人間が不可避的に他人か自分かを破壊する——つまりは、殺人を犯すか自殺をするよう導かれることを示していた。ルネッサンスが論理的に行きつくところは、ニーチェの超人なのであった。そして、そういう風に、狂気は横たわっている。理性は自由の終焉を必ず意味しさえするのである[106]」。近代合理主義は、その根の部分において既に、非合理主義の問題を抱えていたというわけである。

ただ、他方では、こうした理性の破綻に解決策を示したドストエフスキーのスラブ主義もまた、ちょうどその反対のところにある何かに転換せしめられることとなるであろう。ドストエフスキーにとって、ロシアとは、自らの特殊性を深化させることでヨーロッパという別の特殊を超越する、高次の普遍性への契機であった。対して、カーは、そのロシアが、実のところ、自らの根をヨーロッパに有するものとしている。つまり、ヨーロッパとの類比によって理解しうるようなカーにとってのロシアとは、対話不可能な大文字の他者ではなく、自己の中にあって自己を構成する一部としての他者だったということである。それゆえにこそ、ドストエフスキーの問題設定は、カーの属するヨーロッパにとっても有効なものとして現れているのである。言い換えるならば、カーにおけるロシアとは、具体的な実質を伴った実在の国家ではなく、ヨーロッパを外から——あるいは、内なる深淵から——見つめるための鏡であったというわけである。

カーのテクスト中、革命後のソ連にもドストエフスキー的なロシア性が認められていることで、この見方にはさらにいくらかの裏づけを与えることができる。例えば、『ドストエフスキー』刊行の前年、ロシア革命後のソヴィエト詩を論じたカーは、マヤコフスキーの作品を焦点としてソ連未来派を取り上げていたが、そこで彼が描き出していたのは、理論と実践とを分け隔てない例のロシア的な態度と、そうした知的姿勢が帯びているある種の原始性とであった。「慣習に対するこの挑戦的態度、破壊へのこの衝動が、物を書くための応接間でだけ発揮されているものではなく、まぎれもない現実であるという事実こそが、西欧の純粋に人工的な未来派には通常欠けている力と誠実さとを、ロシア未来派の詩にもたらしているのである[107]」。

あるいは、ロシア的なものが一つの観念であったとすれば、それはソ連という土地に縛られたものではなく、現代という時代にはあちこちに見られるものであった。例えば、フランス元首相クレマンソーを称賛したカーは、この政治家の中にある種ドストエフスキー的な人物像を見出している。「彼の現役時代を通じて、あらゆる見かけ上の逸脱にも拘わらず、確固として示された一貫性の一線が延びていた。ただ、それは、彼の理論に基づいてではなく、彼の理論に逆らうことによって獲得された一貫性であった。……彼は一貫した行動原理を見つけ出した。しかし、それは、彼が忠実たらんとした冷徹な合理主義的哲学を超え出たものであった[108]」。また、第二次ポーランド共和国の建国者ピウスツキについての伝記に捧げられた書評にも、次のような一文が見られる。「自身の単調な西欧において、我々は、実物のピウスツキに出くわしたいとは思わない。しかし、我々は、野蛮な西欧同様、野蛮な東欧が未だ存在し、この退屈な近代世界に古い世界の彩りを添えていることをすぐに有難く思うのである[109]」。そして、ここでもやはり、ロシア的なものに代表される合理主義以前の原始性は、過去にはヨーロッパにあったかのように捉えられているのである。

おわりに

『未成年』について論じた際、カーは、「ロシアにおいて、文学と政治とは決してかけ離れていない」と述べていた[110]。また、同時期の評論でも、ロシアの文芸評論が政治的・社会的・哲学的な意味合いを帯びた「実に純粋に文学的である以外の何か」であることを繰り返し論じていた[111]。しかし、以上のように見てくると、文学と政治の結合は、彼にとって、ロシア特有の現象という以上の――あるいは、ヴィクトリア期の知識人への憧憬をも含んだ――より普遍的な事実であったように思われる。

そして、まさにこの点において、カーがロシアへと向けていた視線の中にも、当時のイギリスに認められた独特の倦怠感が含み込まれていたと言いうる。既に検討した「漂流するイギリス」の末尾、カーは次のように述べていた。「我々は今まで停滞状況にあったが、再び浮き上がるであろう。直近の利益を考えつつ遠く離れた目的については いかなるものでも疑いを差し挟むという、目下の政治・文学に支配的な状態から、我々はいつの日か立ち上がっていくであろう。我々は、今一度、自分たちを信じ、守る価値のある信条を、労力を費やすだけの大義を、果たすだけの使命を見つけ出し始めるであろう」。カーは、このように、一種の信念を持っている。否、より正確に言うならば、そういうものを持とうとし、そのための一歩を探っている。彼は次のように論を締め括っていた。「ただ、差し当たり、我々には信じるものが必要なのである――あるいは、とにかくもやっていけるだけのこだわりになるものが[112]」。

同時代の文脈に照らした際、カーのこうした立場には微妙なものがあった。当時のイギリスでは、既述の通り、モダニズムを推し進めるハイブラウ作家とより大衆的なミドルブラウ作家との対立があり、ドストエフスキーは前者に人気を博した小説家であった。現代では画期的な芸術運動として知られるこのモダニズムも、戦間期の当時においては、一部の知識人による実験的な試みという色彩が強く、ドストエフスキーに飛びついたのもこうした少数の作家たちだったのである[113]。その意味では、カーもハイブラウ側に属していたように思われる。しかし、彼はなお、ヴィクトリア期の風土にかなり素朴な憧憬を示してもいた。再三触れている「漂流するイギリス」でも、カーは、モダニズムの作家として著名なT・S・エリオットらに対して批判的で、「彼らは政治においてムッソリーニを崇める人々の文学における対であ」り、「風変わりなものを嫌うことができないという［足場を持たない当時のイギリス人たちと］同じところに悩まされている」と述べていたであろう[114]。

ただ、前章でも見たような一九三〇年代の知識人の位置づけに鑑みるならば、当時のハイブラウ作家たち自身がそもそも揺らいでいたと言うべきかもしれない。文化史家らの間では、従来、戦争体験の語りえなさに捉われていたモダニズム作家らにとって、伝統的語彙・表現からの離脱は不可欠であったとされてきた[115]。他方、近年は、自身の作品をともあれ読者に理解可能な形に仕立てあげる上で、彼らモダニストも伝統的な言語を捨て去りえなかった点が強調されがちである[116]。カーが称賛していたストレイチーも、伝記の可能性を回復するという形でこそヴィクトリア期への伝統に挑戦していたとすれば、そうした揺らぎを体現していた面はあったであろう[117]。実に、一九三五年になってストレイチーの遺作に書評を記したカーは、この伝記作家がなおヴィクトリア的な精神から完全に袂を分かっていたわけではないことに注意を喚起している。「しかし彼は今では大いにヴィクトリア的と思われる多くのものを固く信じているのである。つまり、思想の自由を、フランス革命を、中世暗黒時代が暗いものであったことを、理性を、そして――事もあろうに！――進歩を[118]」。

『ドストエフスキー』とそれに前後して現れたカーの文化論には、やはり過渡期の知識人としての彼の知的な性格が明瞭に認められると言えよう。だからこそ、ドストエフスキーは、ドストエフスキーのロシアが体現していた活力の全てを失った世界に生きていた。カーは、ドストエフスキーに魅了された。ソヴィエト文学の浸透を歓迎し、文化の相互理解の促進という具体的な意義をそこに見出していた時にも、背後にあったのは、衰退する母国の再興という切実な問題意識であった。既に触れた通り、当時のイギリスおよびヨーロッパにおいて、ロシア文化への関心は高まっていた。そこには、荒廃した精神の起源を知るという目的と共に、信じるものを失くした地において、粗暴な力が何か新しいものをもたらしてくれるという期待があった。そうした場において、カーは、中でもとりわけロシア的な作家へと目を向け、自身の生きる現在とその将来とに意味を取り戻すべく、足を踏み出していたのであった。

ただ、それは未だ最初の一歩に過ぎなかった。実のところ、カーは、ドストエフスキーの解決に満足してはいない。『ドストエフスキー』の結論部で、彼は次のように論じている。「現代の世界は、ドストエフスキーの前提は受け容れたが、彼の結論は否定している。彼は、その宗教をもって古い秩序に、その心理学をもって新しい秩序に属している[119]」。上に触れたベルジャーエフの研究に対する書評でも、やはり同様の言葉が繰り返されている。「ドストエフスキーの宗教的・政治的教義そのものは、彼の作品中、将来においてはおそらく一番関心を呼ばない部分であろう。しかし、大戦以降ヨーロッパを席巻した反合理主義・反民主主義的な態度の第一の先人として、彼は至高の重要性を持ち続けている[120]」。

合理主義が問題であるとしても、粗暴な非合理性の中に止まることはできない。他方、宗教的な信仰は今や問題を解決できない。ドストエフスキーの最大の貢献は、問題の所在を明らかにしたことにあった。その限りにおいて、彼は、カーにとっての預言者であった。

非合理的な個人は、いかにして共同体の維持・発展に関わっていくことができるのか。カーは、この問いに対する答えを未だ得ていない。当面信じられるだけの何かは、見つかっていないのである。人間の非合理性は彼自身を悩ませたままであり、その解決のためにはさらなる探究が続けられねばならない。そして、そこに、近代西欧文明への批判を投げかけた今また別の一団が現れてくることとなるのである。

第四章　起源への遡行——ロマン主義者とマルクス

はじめに

ドストエフスキーの創作活動は、シベリア経験を通じて培われた人間の非合理性に関する認識を掘り下げ、自己を統御できない人々の間で社会と倫理がいかに成立しうるのかを問うことに捧げられていた。そこに現れたのが、辛苦に耐え忍ぶ中で超越的瞬間を見出すロシア正教的な受難の倫理であったが、その基盤には、生の意味を知るためには生き続けなければならないという論理的な思慮が存していた。こうして理性と非理性との間に折り合いがつけられた時、並行して試みられていたのが、ロシア的なものとヨーロッパ的なものとの弁証法的な止揚であった。そのためにドストエフスキーが持ち出した解決とは、ロシア的なものを飽くことなく追求し、ロシアをよりロシア的にしていくことで、近代ヨーロッパをも超克するというものであった。

こうしたドストエフスキーの思想に触れる中で、カーは非合理性についての考察に向けた一歩を踏み出していた。その際、カーは、ドストエフスキーのロシアをヨーロッパの過去に見出すこととなった。しかし、ドストエフスキーの貢献は、あくまでも問いを提示することに止まっていた。カーは、さらなる考察を続けねばならなかった。

そこで記されたのが、『ロマン的亡命者たち』、『マルクス』、『バクーニン』の三作である。結論から述べるならば、これらの作品において扱われるゲルツェン、マルクス、バクーニンのいずれも、やはりカーの時代への答えを示してはくれない。しかし、非合理性の問題が生み出す政治上の困難は、彼らの失敗を通じて、カーの思考の中でますます明確な像を結ぶこととなるのである。

一　ゲルツェンとロマン主義の悲劇

（一）困難な愛

『ドストエフスキー』で触れられていたように、一九世紀中葉のロシアでは知的風土の転換が見られたが、『ロマン的亡命者たち』の焦点となるのは、この変化に先行する世代である。カーは次のように記している。「この——三〇年代及び四〇年代の世代にあたる——最後の、そしてとりわけロシア的なロマン主義の開花期こそが、ロマン的亡命者たちにおいてここに体現されているものである[1]」。『ロマン的亡命者たち』において、ドストエフスキー的な問題の根は、さらなる過去へと求められていく[2]。

同書の主人公となるのは、ロマン主義のロシア人革命家アレクサンドル・ゲルツェンである。彼の人生を描くカーの筆に関してまず注目すべきは、プロットの型として悲劇が採用されていることである。『ロマン的亡命者たち』の目次を見わたしてみても、この点は、容易に看取できるであろう。まず、その序盤には、「家族の悲劇」へと割かれた二章が設けられている。他方、終盤には、これに呼応するような形で「最後の悲劇」が語られている。そして、最終章においては、次のような言葉が認められる。「ロマン的亡命者らの物語は適切にも悲劇に終わるのであり――なお悪いことには――無益さを帯びた悲劇に終わるのである」[3]。

では、何故、物語は「適切にも」悲劇として彩られなければならなかったのであろうか。原因の一つは、ロマン主義者らにおける情念への没入にあった。『ロマン的亡命者たち』序盤の記述は、ロシア人ロマン主義者らがヨーロッパへと至りつき、そこで独特の影響と印象とを受けるところから始められている。その上で、続く箇所は、アレクサンドルと妻のナタリアおよびゲオルク・ヘルヴェーク（とそこへ不本意に巻き込まれた彼の妻エンマ）の間の三角関係を記すことに割かれているであろう。この物語は、三者の親密な友情から始まり、その崩壊で幕を閉じる。原因はナタリアとヘルヴェークの恋愛関係にあり、その結末はナタリアの死であった。

同書全体の四分の一近くが割かれていることからしても、この挿話が持つ重要性は否み難いと言えるが、そこに見て取れるのは、ロマン主義的な精神の顕現である。『ロマン的亡命者たち』の全篇を通じて、作家サンドが同時代人に与えた影響は繰り返し強調されているが、ゲルツェンらの行動も、しばしば、彼女の思想との比較から意味づけされている。「一九世紀のヨーロッパ、特に女性たちのヨーロッパは、彼女を小説家として貪り読んだばかりでなく、預言者として崇拝したのである」。そして、そのサンドの思想とは、愛が持つ徳性を称揚するものであった。「人の感情の中に美徳が存するとして、そうした感情の中で最も高貴なものは、疑いなく愛である。したがって、愛するということは、最高の徳行であるに違いない」[4]。ロマン主義者たちの生において、愛とは、理論的・実践的に最重要の意味を有する概念だったのである。

こうしたロマン的亡命者たちの中でも、サンドの思想にとりわけ忠実だったのが、ナタリアであった。サンドにとって、愛とは常に博愛を指していたが、ヘルヴェークに対してナタリアが最初に示した――あるいは、少なくとも彼女自身はそう考えていた――愛もまた、博愛だったのである。「ジョルジュ・サンドの主人公の一人が述べているように、ロマン的女性の「この世における使命」とは、「不運なものを宥めること」である。彼女は、自分が、自分だけが、ヘルヴェークを――彼自身の弱さと鈍く尊大な世の中の嘲りとから――救済することができると感じていた[5]」。

ここに開始された関係は、サンド的な愛の実践に他ならなかった。「三者の親交は、ロマン的な信念を奉ずる彼らにとって、人間の友愛の最も高遠な理想を実現したもののように思えた。その関係は完全無欠なものであった[6]」。三人のロマン主義者は、自分たちの関係を崇高なものと直感していた。そこになお必要なものがあるとすれば、そうした関係を継続させ、言葉として表現する方法だけであった。彼らはそれを、サンドの小説の中に見出した。「ロマン的亡命者たち」とはサンド的なロマン主義の思想に惹かれ、それを実践した人々に他ならなかった。

だとすれば、三者の関係が失敗に終わってしまった時、そこで起こっていたのは、彼らに仮託されたロマン主義思想自体の崩壊だったであろう。その上で、この成り行きが「適切にも」悲劇として描かれたということは、このロマン主義の凋落が運命的なものであったことを示唆している。というのも、悲劇とは、その本来の用法から言って、避けえないままに降り掛かってくる災難を意味する語だからである。ジョージ・スタイナーの著名な悲劇論から言葉を借りれば、「悲劇の人物は、十分に理解することも、合理的思慮によって克服することもできない力によって滅ぼされる[7]」。

実のところ、ゲルツェン夫妻及びヘルヴェークの間の関係がいずれ決壊に至るものであったことは、『ロマン的亡命者たち』のテクストにおいて何度も予告されている。例えば、調和が完璧なものであったという上記引用箇所のわずか一頁後には、三人の関係が不均衡なものだったことが指摘されている。アレクサンドルの方では、ヘルヴェークから「自分の似姿」などと呼ばれることに居心地の悪さを感じていたとして、ナタリアとヘルヴェークにそうした想いはなかった。ナタリアは自分たちの親密さに何らの危険も感じ取っていなかったが、そうした親密さが慣例となっていない西欧文明の擁護者ヘルヴェークの方は、いくらかの懸念を心中に隠していたかもしれない。「三人の関係は、それぞれに異なった前提に条件づけられていたのである」[8]。

頁を遡ってみるならば、早くも冒頭の章において、結婚前のアレクサンドルとナタリアが脆い関係にあったことが示唆されているであろう。例えば、二人は今や一個の「私」を成しているという、アレクサンドルの求愛の言葉に対し、カーは次のように水を差している。「もし熱狂が熟慮に取って代わっていなかったならば、ゲルツェンは、少し踏み止まって、三〇歳のナタリアが一九歳のナタリアと同じくらい熱心にこのような議論を受け容れたか、自問してみてもおかしくはなかった」[9]。そして、その後、三角関係を描く段へと進んだカーは、既に二〇代を経たナタリアが官能的感覚を発達させていたことに言及し、理性で尊敬を集めるアレクサンドルに比して、弱さと熱情で母性を喚起するヘルヴェークが優位にあったことを指摘するであろう[10]。

こうして、ロマン主義的関係の崩壊は半ば運命づけられたものとして描き出されているのであるが、それと併せて注目すべきは、『ロマン的亡命者たち』の本文全体を通じて、ゲルツェンの物語が、ヨーロッパのロマン主義的な革命思想へのいや増す不満によって特徴づけられていることである。来仏の当初から、彼はパリに失望している。「辿りついたパリは、夢に見たパリ、革命と正義のパリではなく、フィガロの、成功を収めた商人のパリであり、洋傘を持った国王の、粗野でくどいウージェーヌ・シューの小説の、そして、スクリーブの退屈な中流社会喜劇のパリであった」[11]。サンドのロマン主義を生み出したはずのパリは、その資本主義的な実態ゆえに、ゲルツェンを意気阻喪させたのである。

その後、一八四七年になってイタリアを訪問した彼は、実際に革命が巻き起こっていく様子を目の当たりにする。続けてパリでも革命が発生するに至り、憧れのヨーロッパはその存在意義をいくらか回復するであろう。ただ、ナタリアの方は、夫ほどに政治的な熱狂を覚えることがなかった。「それでも彼女にはまだ何か足りないものがあった。それが欠けていることで、落ちつかず満たされない気分にさせる何かが[12]」。また、実際のところ、夫のアレクサンドルにとっても、復調は一時的なものに止まった。一八四八年の革命が、反動に転じ、単純な力不足によってではなく理想への裏切りという形で頓挫した時、約束の地は、再び、しかもより手酷い形で、彼の世界から失われたであろう。「一八四八年の後半におけるゲルツェンの感情の反動は、前年に彼が初めてやってきた時に体験した失望よりもはるかに深く根本的なものであった[13]」。

こう述べたカーは、ゲルツェンを「遅れてきた革命家」と評する。そこには、この革命家の冒険が悲しい終わりを迎えることを予告するかのような響きが含まれている。自分はバイロンに似ているかもしれない、と内省するゲルツェン自身の言葉を引照しつつ、カーは次のように言う。「彼、ゲルツェンは、バイロンのように、時を誤って生まれたのであった。彼は、かつてそう思ったように、自身の故国ロシアとばかりでなく、自身の時代、つまりはブルジョアジーの一九世紀とも相容れないことに気づいた。彼はあまりにも早く――あるいは、あまりにも遅く――生まれてしまったのである[14]」。

妻を失い、ヘルヴェークと決裂したゲルツェンは、バイロンの生まれたまさにその国であるイギリスへと移り住む。しかし、同地にもやはり、彼は満足を見出せなかった。「イギリスに対するゲルツェンの印象は、無関心な傍観者のそれであり、そういうものであり続けた[15]」。この後、ゲルツェンがヨーロッパへの憧憬を回復する機会は、生涯を通じて訪れることがなかった。

鬱屈した彼は、旧友ニコライ・オガリョフと彼の妻ナタリアとの間に、今一つ別の悲劇すらも演じることとなるであろう。妻ナタリアを失ったアレクサンドルは、悲しみを埋めるべく、もう一人のナタリアを求める。献身的なロマン主義者であり、普遍的な愛を信じたニコライは、旧友が自身の妻へと向けた愛をも受け容れる。しかし、アレクサンドルがナタリアと肉体的な関係まで結ぶようになると、ニコライも非難を始める。実に、この物語を描いた章は、「繰り返される三角関係」と題されている。

（二）問題の継続

同様の愛憎劇は、『ロマン的亡命者たち』の文中、ゲルツェン以外の登場人物をめぐっても、いくつか繰り広げられている。ゲルツェンとヘルヴェークとの諍いは、いわばその代表例にあたるものである。それらの物語を史実に基づいて描き出したカーの叙述は、一九世紀西洋の知性史における一つ特徴的な段階を活写したものと言える。第二次世界大戦後に同書の復刊を出版社に自ら提案したカーは、周囲からも度々要望を受けるからと申し添えていたが、そうした彼の言葉の真理性を確証するかのように、発売当初に売れ行きの芳しくなかった同書も、現代に至るまで読み継がれてきている。(16)

その上で、ここにカー自身のいかなる視点が反映されていたかが重要である。この関係で注目されるべきは、革命家としてのゲルツェンの失望とロマン主義者としてのゲルツェンの失敗とが、相互に折り重ね合わせられていた点であろう。カーの見るところ、ゲルツェンがまずは被害者の側から、次には加害者の側から苛まれた苦悩とは、ロマン主義者の苦悩に他ならない。「抗うことのできない愛というロマン派の理論は、この劇の他の役者たちによってと同様、自身を弁護するゲルツェンによっても引き合いに出されたのである」(17)。そして、夫と愛人との間で揺れ動くナタリア・ゲルツェンの苦悩もまた、ロマン主義から出で来った苦悩であった。カー曰く、「彼女の愛と彼女の宗教とは同じものであ」って、だからこそナタリアは、「彼女が決して超え出ることのなかったロマン的な時代の申し子にして犠牲者」として世を去らねばならなかったのである(18)。そして、この意味において、ゲルツェン夫妻の私的な生活に関する物語は、ロマン主義期ヨーロッパの物語であった。ナタリアの死後にゲルツェンとヘルヴェークの間で繰り広げられた醜聞は、実に、彼らの知人でもあったサンドやワグナーらをも巻き込む形で、ヨーロッパ知識人の一大注目事となったのである[19]。

ここで指摘しておかねばならないのは、一方においてフランス人のサンドに起源を有していたロマン主義の思想が、他方では極めてロシア的な特徴を持ち合わせてもいた点である。「ロシアほどに彼女が影響を持ち、人々を耽溺させたところは、ヨーロッパにはどこにもなかった[20]」。ヨーロッパに失望したゲルツェンは、自身がいかにロシア的な人間であるかに気づき、失われたロシアを再度見出そうとした。「ヨーロッパに対するゲルツェンのいや増す不快感は、再び沸き起こった母国への郷愁によって形作られ燃え上がらせられた[21]」。そして、既に見たように、個人としてのゲルツェンと革命家としてのゲルツェンがその失敗において相重なる関係にあったとするならば、ここには、愛をめぐるロマン主義的な葛藤も深く与っていた。「ある人物の政治的な信念が、いかにしばしば、その人の身近な個人的体験を反映しているかは、滅多に気づかれることがない。そして、語るも奇妙なことであるが、ゲルツェンによる西欧への蔑みとロシアの理想化とは、彼の私生活における劇的な事件と密接に関係していたのである[22]」。

このように見るならば、愛情と憎悪の両面性およびその政治的な含意という、ドストエフスキーに見られたあのロシア的なテーマは、ロマン主義者らの入り組んだ愛憎劇において追認されているということになる。事実、カーは、オガリョフに表れていたこの両面性を指して、「初期ロマン派の心理学的な精査を思い起こさせ、ドストエフスキーによるさらに一層深淵な分析に先んじるもの」と述べてもいる[23]。『ドストエフスキー』の刊行から二年を経て、カーは再び、彼が言うところのロシア的な精神に関する考察を進めていたのである。

実に、『ロマン的亡命者たち』の中でカーが行っていたこととは、個々人の非合理性を一つの焦点として、個と社会との関係（つまりは、個の他者に対する関係）を問うことであった。ロマン主義者たちが皆、個人的な感情と普遍的な愛との間に引き裂かれていたとして、この愛の問題こそ、ドストエフスキーとロマン主義者らとの類縁性を示唆するものである。愛は、誰かが実際に抱き始めないことには覚知しえない。愛が何であるかは、観想を通じては理解できないのである。この点、ロマン主義者らは、愛を実践することにおいて、一八世紀の合理主義者たちから袂を分かとうとしていたと言えるが、生は愛することによってしかその意味を知りえないとしてイワンの合理主義を退けていたアリョーシャは、彼らの延長線上にいたのである。『ドストエフスキー』と『ロマン的亡命者たち』とは、大いに異なるやり方においてではあれ、共に、ヨーロッパの知的伝統が経験した一つの転換を主題としていた。そして、この歴史的転換を叙述する中で、両作品は共に、ロシアという鏡に映った人間心理の二元性を描き出していた。事物の調和を当たり前のものと見ていたヴィクトリア社会においては悲劇文学に関する理解も未熟なものに止まっていたという、コリーニの指摘が妥当であるとするならば、非理性的人間の不調和を悲劇として描いた『ロマン的亡命者たち』もまた、『ドストエフスキー』と同様、一九世紀的な虚飾を取り去る一つの実践であったと言えよう[24]。

したがって、ロマン主義者が失敗を運命づけられていたのも、カーの歴史観から言って必然であったように思われる。ロマン主義者らの愛の思想は、ドストエフスキーの信仰の倫理と同様、人間の非合理性の問題を解決するのに満足な理論を提供してくれるものではないのである。『ロマン的亡命者たち』のテクストからは、非合理な人間たちがいかなる社会を築き上げることができるのかに関し、実践に移しうる展望を引き出すことはできない。

しかし、それでも、同書に散りばめられた種々の記述は、カーの思索の発展を見る上で独特の意義を有している。まず、『ロマン的亡命者たち』は、『ドストエフスキー』と『バクーニン』とを繋ぐ重要な橋渡しを提供している。『ロマン的亡命者たち』の前書きにおいて、カーは、バクーニンの人生が一つの書をもって別個に取り上げられるべきものである点、ややおどけた語り口で示唆している。「バクーニンは彼自身で一冊書かれるに値する。そして、私は、いつかそれを記す野心を持っているという罪を認めるものである」[25]。

その上で、『ロマン的亡命者たち』のいくつかの場面では、バクーニンとゲルツェンとが、政治的な立場の面で対照させせられている。二人がモスクワに留まっていた一八三〇年代、未だヘーゲル左派を知らなかったバクーニンに比べると、ゲルツェンの方がより徹底した革命家であった。「モスクワ時代には、ゲルツェンの方がバクーニンよりもはるかに急進的であった」[26]。他方、四〇年代に入ると、ゲルツェンはパリへ、バクーニンはベルリンへと辿りつき、共にヨーロッパに居所を得ることとなるが、ここでゲルツェンは、今や過激な運動家となったバクーニンの情熱を、ロマン主義思想を体現したものと称賛するに至る。「西欧の影響の下、バクーニンが戦う革命家へ進化したのを、ゲルツェンは感嘆と共に目の当たりにした」[27]。しかし、それから時を経て六〇年代に入ると、両者はもはや異なる世界に生きていることが明らかとなった。長らく思想犯として各国で収監を経験していたバクーニンは、一八四八年の革命の崩壊も直接見ることがなく、ゲルツェンがパリで感じた幻滅を共有することもなかったのである。「バクーニンにとって、時は一二年間じっと止まったままであったが、世界の方は、軸の上で回転しながら、彼のかつての仲間たちの思想と見解とを変革してしまっていた」[28]。

カーの見るところ、両者のこうした違いには、ロシアおよびヨーロッパにおける政治思想史上の転機が透けている。ヨーロッパに失望したゲルツェンも、アレクサンドル二世のロシアと出会うことで、民主主義への信頼を新たにした。対照的に、バクーニンは、民主主義への不信を保ち続けた。この点を指して、カーは、バクーニンこそを、よりロシア的な存在と理解しているのである。「バクーニンはゲルツェンよりもはるかに母国の人びとに近いところにいた。そして、民主主義に対するロシア人の本能的な不信を最大限に彼らと共有していた」[29]。非合理の時代に共同体がいかに存立可能かをめぐるカーの思索は、『バクーニン』において一段推し進められているものと考えられる[30]。

また、バクーニンは――カーの今一つ伝記研究の対象となった――マルクスとの知的な関係から言っても重要である。というのも、バクーニンとマルクスとの違いは、カーが描き出しているところのヨーロッパの思想史において、今一つの転機を画しているからである。すなわち、一方にあるバクーニンの無政府主義が、ロマン主義の論理的帰結であったとすれば、他方にあるマルクス主義とは、この無政府主義の失敗の後に現れてくる思潮なのである。『ロマン的亡命者たち』の結論部分において、バクーニンは、「ゲルツェンのように死んでしまうか、オガリョフのように引退して耄碌することへと逃れてしまうべきであった」のに、いわば誤って生き永らえ、マルクスとの間に勢力争いを繰り広げたとされている。ゲルツェンらが去った七〇年代、マルクスは既に革命思想を新しい段階へと突き動かしていたのであって、「マルクス以前における革命の大義は、観念的でロマン的なもの――直感的・英雄的衝動の問題――であった」のに対し、「マルクスはそれを物質的で科学的なもの――演繹と冷めた推論の問題――にしたのである」[31]。

こう述べたカーは、続く箇所において、マルクスの科学性を次のように表現している。「ダーウィンが生物学に導き入れた法則的不可避性と同じ要素を、彼は政治革命の理論に持ち込んだ。ダーウィンの理論とマルクスの理論とは、人間の本性と人間の幸福とを科学的原理の作用に従属せしめる非情さにおいて完全に似通っているのであり、ヴィクトリア期の科学のおそらくは最も重要で最も影響力ある産物となったのである」。ここには、歴史一般および――自身が幼少期を生き、その後崩壊を見た――ヴィクトリア期の世界に対するカーの見方が表れており、それ自体として興味深い。ただ、この含意についての検討は後に譲るとして、引用を続けるならば、ここでの記述は、さらに次のような言葉で補完されている。「実に、カール・マルクスが革命のヨーロッパにおける最も際立った人物としてゲルツェンとバクーニンに取って代わった時、新時代の夜は明けたのである。……革命運動は、年を経るに連れて、後期ヴィクトリア時代の厳格さ、頑なさ、味気なさをますます帯びていくこととなった。あの典型的なヴィクトリア期的碩学カール・マルクスその人において、それは、現在もまだ生命力を失ってはいない一つの段階に入ったのである[32]」。

ここに示されているロマン主義とマルクス主義との対比は、『危機の二〇年』における理想主義と現実主義との対比を思わせるところがある[33]。とりわけマルクス主義は、カー自身の時代において同時代性を有しているとすらされている。こうして、ドストエフスキーから遡られた過去にも、やはり大戦間期に通じていく何かが認められている。これらの点を一段詰めて考察するべく、『危機の二〇年』に至る直前までのカーの足跡をさらに追っていくこととしたい。

二　バクーニンと悲劇の再現

（一）生来の反逆児

以下、『バクーニン』及び『マルクス』の内容を分析していくが、まずは前者から検討していくこととしたい。このことは、歴史の時系列的な流れからいくらか逸れる一方で、カーの意図したところにはより忠実に従うことを意味する。

出版の年だけを見れば、一九三四年刊の『マルクス』は、一九三七年刊の『バクーニン』よりも早く世に出ている。ただ、ハスラムも論じているように、バクーニンに対するカーの関心は、『ドストエフスキー』の執筆時には既に表れており、『ロマン的亡命者たち』が刊行された時には、バクーニン伝執筆のための研究調査がほぼ完了していた[34]。『ロマン的亡命者たち』の前書きで、近い将来におけるバクーニン伝の公刊が仄めかされていたことは、既に見た通りである。

対して、カーは元来、マルクスに大きな関心を有しておらず、『マルクス』の執筆も、やや偶然的な事情に左右されてのことであった。一九三〇年代に入ると、イギリスでも、マルクスは注目を集める存在となっていた。しかし、その思想の詳細に関して十分な理解を持つ知識人は、未だ多くはなかった。したがって、マルクス伝への需要は高まりを見せていた一方、その執筆に取り組むことは、イデオロギー的な対立に巻き込まれる危険も含めてある種の決断を要する事柄となっていた。[35] ちょうどその頃、カーは『バクーニン』の公刊を試みていた。しかし、『ドストエフスキー』と『ロマン的亡命者たち』が商業上の失敗を見ていた後のことで、首を縦に振る出版社は見当たらなかった。そこで出てきたのが、マルクス伝を書くという交換条件であった。そして、カーは、後に本人曰く、「マルクスの何が真に重要なのか、自分が何も知らないということをよく考えもしないで、この誘惑に屈したのであ」った。[36]

つまり、カーはもともと、『ドストエフスキー』、『ロマン的亡命者たち』、『バクーニン』の三つの伝記だけを記そうとしていたのである。これらがいわば、近代ヨーロッパへの反逆たるロシア的精神を探求した初期カー三部作であったすれば、『マルクス』は不意のつけ足しでしかなかった。したがって、カーの知的変遷を理解する上では、『バクーニン』が『マルクス』よりも先に、そしてより詳細に検討されなければならない。

そこで『バクーニン』であるが、そのテクストが持つ特徴についてまず指摘されねばならないのは、同書中、カーが、『ロマン的亡命者たち』におけるのと同様な文芸上の戦略を用いていることである。つまり、物語は、ゲルツェンに関する描写においてそうであったように、バクーニンにおける私的生活と知的生活との交錯を描き出しつつ、ある種の運命論的な構成を採っているのである。ただ、バクーニンの場合には、ゲルツェンの場合と比べて、一つ大きく異なる点があった。それは、物語の中心に来るのが、愛への情熱ではなく反逆への献身だったという点である。したがって、バクーニンについて記すカーのテクストは、ロマン主義における愛の重要性そのものよりも、その政治的帰結の方に重点を置いているのであるが、この意味においてこそ、『バクーニン』は、『ロマン的亡命者たち』の続編と言える。

青年ミハイルも、学生時代には一つの恋に落ちた。『バクーニン』のテクストでも、この事実は捨象されていない。しかし、その情景を取り上げるカーの記述は、大まかな事情を淡々と説明するに止まっており、より詳細に記されるのは、その後に続いた展開の方である。つまり、恋愛相手に対するミハイルの執心を聞きつけた叔母が、自身の家に居候していた彼に外出制限などの教育的措置を取り始めるや、ミハイルが叔母宅を飛び出してしまう、というのがそれであるが、この過程を描きつつ、カーは次のように述べている。「ミハイル・バクーニンは、偉大なる愛の人としてではなく、大いなる反逆者として、歴史にその座を勝ち得たのであるから、最初の愛よりも最初の反逆の方を、彼の足跡のより重要な山場と見て差し支えない」[37]。そして、ここには、青年バクーニンが父親との間に起こした諍いの詳細が続くのであるが、カーの手に掛かると、この出来事もまた、将来の無政府主義者が生来有していた革命的な性質の露出と意味づけられるのである。

こうして、バクーニンが若い頃から反逆児であったという点は、冒頭から繰り返し強調されている。『バクーニン』序盤のテクストを眺めわたしてみれば、「ミハイルの生来の反逆志向」、「生まれながらの反逆児でロマン主義者のミハイル」といった評言は、あちこちに見つけ出すことができるであろう[38]。対して、愛に関する若干の出来事などは、この革命家的心性が覚醒していく中での挿話に過ぎない。

バクーニンの物語がある種の目的論的な色彩を帯びるのは、ここにおいてである。ミハイルの父親との関係を彩った対立の中でもとりわけ特徴的な最初期の口論が描かれるにあたって、そうした色合いはことさら顕著に表れている。不和の原因は、姉の強いられた結婚に関係するものであった。愛の重要性を説くミハイルは、これに反対する。『ロマン的亡命者たち』でも見たように、ロマン主義者にとって、愛とは、理知的な認識の対象などではなく、真摯な実践の中にのみ姿を現すものである。他方、啓蒙期真只中の一八世紀半ばに生まれた父アレクサンドルにとって、こうした発想は理解に難い。両者の関係をかく捉えたカーは、親子の論争を、「二つの世代の間ばかりでなく二つの世紀の間での対立」であるとし、ミハイルの登場が新時代到来の指標であったことを示唆する。[39] そこから、父親による妥協というこの事件の締め括りまでを描いた彼は、さらに次のように述べるであろう。「両親が誤りを犯さないという信条は、子供時代の他の玩具と一緒に捨て去られた。そしてミハイルの人生には、他のあらゆる権威も、順々に、裁かれ、何か足りないものと気づかれ、消滅を宣告されてしまう、そんな時期がやって来つつあったのである[40]」。

その後、バクーニン父子の距離は拡大していく。その主たる要因となったのは、子を軍人か役人にならせようとする父に対し、ミハイルがロマン主義に没入していったことであった。「一八世紀は理性を標語とする男性の時代であった。新しい時代のモットーは愛であった[41]」。こう記すカーの筆において、バクーニンは、象徴的にロマン主義的な人物とされている。曰く、ロシアにおけるロマン主義は、ドイツ観念論に大きく影響を受けて広まったのであり、そこには現実から逃れていくことを是とする傾向が強く見られた。ただ、それでも、現実と理想との緊張関係に心を煩わせるのが、三〇年代のロマン主義者らの常であった。しかし、その中で、バクーニンだけは、際立って観想的であった。

この点に関連して、カーは、後年のバクーニンが性的に不能であり、二〇代の時点で既に友人からそう疑われていたことを、本論からやや離れてまで指摘している。ここでの議論は、一次史料の分析から導き出された洞察に基づいているとはいえ、カーの手元にあった判断材料からは——彼自身認めているように——事実として裏づけることのできないものであった。しかし、それでもこの仮説を提示することは、カーにとって重要であった。

というのも、そうすることによって、バクーニンが生来の革命家であったという点は、今一度強く印象づけられることになったからである。つまり、カーによれば、バクーニンの情熱は、性愛には注がれえなかったがゆえに、政治的な熱狂へ向けられたというのである。「性的な捌け口を塞がれた彼の荒々しい情熱は、沸き立ちながら彼の人生のあらゆる個人的・政治的関係へと入り込んでいき、かの強烈かつ異様にして破壊的な人格を創り上げると、反発を招いた場面ですら人の心を捉え、一九世紀半ばのヨーロッパにその跡を残したのである[42]」。

『ロマン的亡命者たち』において、ゲルツェンの悲劇を描いたカーが、ナタリアの官能的感覚に言及していたことは、既に少しく触れた通りである。普遍的な愛という概念に取りつかれた理想主義者らにおいて、物質としての肉体は、その観念論的な思想に対する現実からのいわば復讐であった。対して、性的不能者であるバクーニンの場合、肉体が思想を脅かす危険は、最初から排除されている。だとすれば、増していくばかりの失望と幻滅の中にその生涯を送ったゲルツェンに対し、ロマン主義の極北へと突き進んだバクーニンが無政府主義にまで辿りついたのも、カーの理解においては、ある程度まで自然なことだったのかもしれない。

また、ここには理想と現実との緊張を複層的に認めることができるとして、この分裂を——必ずしも万全にではなかったにせよ——ひとまず止揚したのは、『バクーニン』においてもやはり、ドストエフスキーであった。「現実と妥協するという日々の実際的な必要から、ロマン派に特徴的な二元論が生まれた——この「分裂性」は、ドストエフスキーの時代に及び、また、さらにそれ以降に至るまで、ロマン派の文学にまとわり続けた[43]」。

こうして、カーの問題関心は、『バクーニン』においても変わらず維持されていたと言えるのであるが、今はテクストの分析を進めよう。バクーニンの知的変遷をさらに追っていくならば、続く段階において、バクーニンのロマン主義は、カントからフィヒテへと焦点を移し、極端な主観論にまで推し進められていく。「ロマン主義の時代の真の申し子であったミハイルは、終生、険しい現実というありふれたパンには寄りつかず、彼自身の空想という菓子や薬味をかじり続けていた」が、中でも、フィヒテに没頭した「一八三六年の夏は、ミハイルのロマン主義期の絶頂であった。現実からの逃避がこれほど完全であったことは二度となかった」[44]。

とはいえ、そのバクーニンも、「生来的に」革命家となるべきであったとすれば、少なくともいくらかの現実を自身の世界に持ち込まねばならなかった。この機会は、またも私的な出来事の中に見出されるであろう。妹に想いを寄せるベリンスキーとの口論がそれである。「険しい現実の最初の一撃で、彼の理想の世界は崩れ落ちた。そして、フィヒテの武器庫にはそれを鍛え直すだけに強力な武器は何一つなかった」[45]。

バクーニンもまた、ゲルツェンが見舞われたロマン主義的な愛憎劇の世界に身を置いている。ただ、そこで主役を演ずるのは、彼以上に彼の姉妹や友人である。さらにいくつかの事件が家庭に訪れる中、バクーニンは、「彼の「外的世界」が「夢想と言葉」以外のものではなく、彼の「内的世界」が「貧困で浅薄」なものでしかないことに気づかされるであろう」[46]。現実と理想との緊張に苛まれることとなったバクーニンは、その止揚を求めてヘーゲルへと接近していく。しかし、バクーニンがヘーゲルにのめり込むことはなかった。バクーニンは、「ヘーゲルの体系を修得することから、何ものも獲得することがなかった。彼はそこから自身の欲するものを取り出し、自身の精神的な必要に合わせた」だけだったのである[47]。その時、バクーニンのロマン主義的な観念論は、むしろ深化せしめられた。「ミハイルはなお、フィヒテ時代のように「内的」生活を生きていた。そして、この「内的生活の過剰」は、彼の「外的」生活の「薄汚さ」に目をつぶらせたのである」[48]。

生来のロマン主義者バクーニンにおいて、観念論的な前提が捨て去られることはなかった。その後、彼は、シラーやダーフィト・シュトラウスを知る中で、ヘーゲル哲学が革命意識と結びつく可能性について理解する。しかし、他方では、こうしたヘーゲル左派の思想からも距離をとり続けることとなる[49]。バクーニンにおける政治への接近の最後を飾ったのは、むしろ、ドイツ観念論からの脱却であった。そこに代わりにやってきたのが、フランス流の思想であった。「新ヘーゲル派の急進主義は理論であった。フランスの社会主義は実践であった。哲学は過去を否定することができるに過ぎなかった。未来は行動する人々のものであった」[50]。

ここで、バクーニンは、一種の転向を経験している。しかし、その実態は、一つのロマン主義から別のロマン主義への宗派の変更に過ぎなかった。ここに入り込んできた思想こそ、あのサンド流のロマン主義だったのである。バクーニンの内的世界の中心は、ドイツからフランスへと移る。すると、バクーニン自身も、フランスへと移動していく。こうした行動は、それ自体、一人の思想家の挙動として自然なものと言えるが、ただ、その事実を描き出すカーは、やはり独特の表現を好むであろう。「革命の理論なり実践なりに興味のあるものは誰でも、遅かれ早かれ、パリに来ることになっていた。そこは、保守派らにとっては頭痛の種であり、反体制派にとってはメッカであった。ミハイル・バクーニンのような精神にはふさわしいところだったのである」[51]。

こうして、バクーニンの知的発展も、ドストエフスキーやゲルツェンのそれと同様、直線的かつ予定調和的なものとして描かれている。カーの見るところ、「ミハイル・バクーニンほどに強情な性格の人物においては、一般に、気性が結局は伝統にも理性にも勝ってしまうので、革命理念への彼の最終的な転向は、予めわかっていた結論と見なされて当然」なのである。そして、バクーニンのこのような生来的傾向は、またもや、特殊ロシア的な性質として捉えられている。「ただ、その転向の速さと徹底ぶりとが、ロシア貴族一般にもバクーニン個人にも典型的な徴を示しているのである」[52]。『バクーニン』のテクストにおいては、一個の生来ロシア的な人格が歴史の必然として一人の政治的反逆者に成長したかの如く、物語が進んでいくのである。

（二）人格の政治

『バクーニン』の前半部において、こうした運命論的な要素は多分に埋め込まれている。それに比すると、革命家への変貌を遂げた中期以降のバクーニンに関する記述は、彼と他の革命主義者らとの交流を焦点に、より淡々としたものへと落ちついている。政治的な反逆児に成長したバクーニンは、一八四八年のヨーロッパ情勢を受けて、各地で革命運動に関与していく。翌年夏までに捕えられると、まずザクセン王国において、次いでオーストリアにおいて、最後にはロシアにおいて監獄の日々を送る。『バクーニン』第三部にカーが与えている表題の通り、世間から隔てられた「生き埋め」の時期がやってきたのである。『ロマン的亡命者たち』の中でも触れられていたように、この結果、バクーニンは、六〇年代に至っても革命への情熱を燃やし続けることができた。そこで『バクーニン』の第四部の題ともなっている「再起」の時代を経て、今一度革命家への復帰を果たしたバクーニンは、第一インターナショナルの指導権をめぐる争いをマルクスとの間に繰り広げるに至る。しかし、これにも敗れると、残るは老化に苦しむ引退生活が待つのみであった。

この部分のテクストは、客観的な伝記記述として十分な価値を有している一方、それだけに、カー自身の見解を明瞭に伝えてくれるものではない。ただ、そうした中でも、一つ注目してよい点があるとすれば、バクーニンとマルクスとの将来の対立が、歴史の高みから折に触れて予告されていることであろう。二人の間に繰り広げられたこの対立は、カーの同時代の西欧人にとって、その細かな経緯はともかく、出来事としては既によく知られていた。その意味で、ロシア革命から未だ十年余り、マルクス主義が現実的な選択肢足りえていた一九三〇年代のヨーロッパにおいて、カーがこの問題に関する詳しい記述を提示していたとしても、それ自体不思議ではない。ただ、カーの物語においては、この論争もまた、勃発が運命づけられた出来事であったかのように描かれているのである。

例えば、マルクスの『新ライン新聞』がバクーニンをロシアのスパイと書き立てた件について、『バクーニン』本文中で再三の言及があるのは、この傾向を一つ象徴的に示している。あるいは、この点がやや瑣末に過ぎるとすれば、より重要なのは、カーのプロットの立て方である。実に、結末部に先立つ第五部「バクーニンとマルクス」には、五〇〇頁ほどある書籍全体の四分の一近くもの紙幅が費やされており、同論争がバクーニンの人生に有した重要性は、具体的な頁数でもって効果的に示されている。

論争前夜のバクーニンが、頻繁に公の場に現れ、主たる書き物を多く残すなど、人生の中で最も多産な季節を迎えていた点に鑑みれば、この構成は不自然なものではないかもしれない。ただ、だとすると奇妙なのは、実際の対決の場面についての叙述が、それに比べるとあまりにも淡泊なものに止まっていることである。特に、この第五部の内、「マルクス対バクーニン」と題された一章に割かれている頁数は、二〇にも及ばない。それまでにカーが両者の懸隔を幾度か予告していることからしても、この点はいささか平衡を欠いている。実際、『バクーニン』に書評を寄せた同時代の評者の一人も、「カーは、マルクスとバクーニンとの論争に関して、一つの短い章における他は詳細に論じてはおらず、そこですら、根本的な事柄については分析しようとしていない」と批判している(53)。

しかし、この不自然さもまた、テクスト全体が目的論的な構成を採っているとすれば首肯しうる。つまり、バクーニンが元から負ける定めだったのであれば、対決へ至る流れは重要であれ、実際の対決の詳細など問題ではなかったと解釈しうるのである。そして、対決後のバクーニンを扱うカーの描写が高い技巧性を包含していることを知るならば、このような読み方は、一定の妥当性を有しているものと思われる。

つまり、こういうことである。七〇年代のロシアの若き革命家たちは、バクーニンを公の場へ再度引っ張り出そうとしていた。しかし、「政治的な老兵として生を送るには、彼は年を取り過ぎると共に疲れ過ぎていた」[54]。通常、第一インターナショナルを分裂へと導いたマルクスとバクーニンの口吻は、マルクス主義者と無政府主義者との間で長期にわたって繰り広げられた確執の始点とされてきた。対照的に、カーの物語の中では、ここがバクーニンの知的遍歴の終点である。「彼の名は、依然、若い同胞たちに畏れ敬われていたが、ロシアの革命運動における彼の積極的な役割は終わりを迎えていた」[55]。

続けて、バクーニンの実質的な引退は、彼がインターナショナルへと退会の手紙を送る場面を通じて語られることとなるが、この際にも、カーは、文学的な表現を意図的に採用し、感傷的な調子を醸し出そうとしている。「これらの手紙が書かれ、発送された後、バクーニンには今一つ為すべき仕事があった。彼は洋服屋へ行き、立派なブルジョアという新しい役割にふさわしいやり方で、洋服ダンスを一杯にした」[56]。人生を賭けた挑戦に頓挫した反逆者は、今や自分では否定することのできなくなった古い世界へと戻っていかねばならなかったのである。作品全体の末尾、カーは、この反逆者が、「金利生活者ミシェル・ド・バクーニン」としてフランス当局にその死を記録された事実を差し挟み、この最終章に「ある金利生活者の死」という題を付すであろう[57]。

こうして、『バクーニン』後半部の叙述は、同作品の目的論的な性格を一層強めることに貢献している。ゲルツェンの物語が「適切に」悲劇として終わらなければならなかったように、バクーニンの物語もまた、悲哀を込めて語られている。そこにあるのは、敗北するためだけに一人のドイツ人との戦いへ踏み入った、一人のロシア人の物語である。

ここで敢えてロシア人対ドイツ人という表現を持ち出したのには、相応の理由がある。というのも、カー自身の叙述において、マルクスとバクーニンの間の相互理解を阻んだ主要因は、究極的に言って、彼らの出自に遡るものだからである。そして、この点に関しても、カー独特の表現作法は見過ごすことができない。

二人の革命家の確執は、一八四四年のパリにおける最初の邂逅から開始される。その際、バクーニンは、俊英マルクスを称賛した。「しかしながら、マルクスの才覚に対するバクーニンの全くもって真摯な感嘆は、彼の人の人格に対するいかなる憧憬をも含むものではなかった」。ここでは、両者の対立が、少なくとも幾分か、人格的なものであったことが示唆されている。その点は、次の文句が続けられることでより明確となる。「バクーニンにとって、マルクスの気質は、常にどこか馴染むことのできない寄りつき難いもののままであった。マルクスは、厳格かつ几帳面にして打算的であった。彼は純粋な思考に基づくと自称する科学的社会主義を実践したが、バクーニンにとって、感情と結びつかない善などありえなかった」。こう述べるカーは、二人の対立を、起こるべくして起こったものと捉えているが、この運命の根を辿っていく時、そこで至りつく先にあるのは、二人の出生なのである。カーはさらに続けている。「ロシア人貴族とユダヤ人法律家の息子との間には、気性の衝突が存在していた上に、伝統や発想の面で、いかなる背景も共有されていなかった。だから、初めから、彼らは互いに理解し合うことも好意を寄せ合うこともなかったのである」[58]。

『バクーニン』の前半部において、バクーニンはそのロシア的気質ゆえに革命家へと成長していったかのようであったとして、作品後半部では、それに呼応するこの手の図式が繰り返し現れている。それは、ある程度まで、バクーニン自身によって採用されていたものだったのかもしれない。例えば、四〇年代後半にバクーニンがヘルヴェークへ宛てた手紙の中でマルクスを初めとするドイツ人革命主義者らへの不満が述べられている点を指摘しつつ、カーは次のように述べている。「カール・マルクスとミハイル・バクーニンとの間の、つまり、学と理論の人と衝動と行動の人との、気性を理由とした対立は、こうして、バクーニン自身によって、早々に輪郭を描き出されることとなったのである」[59]。

しかし、ドストエフスキーの場合と同様、このバクーニンの図式は、どこかでカー自身の見方に流れ込んでいっているところがある。だからこそ、例えば、マルクスとバクーニンが共に代議制民主主義に反発していた場面などであっても、カーは、「気性から言うと、マルクスよりもバクーニンの方が、代議制度を否定するのが容易であった」といった言葉を差し挟まれずにはいられない[60]。カーにとって、バクーニンが「奇妙で論理を離れた陶酔」を惹起する存在であるとすれば、マルクスは「異常なほど心を動かさない」性質の人間なのである[61]。実に、カーの見るところでは、第一インターナショナルの分裂すらも、二人の人格的な差異が主たる原因を成している。「マルクスは、秩序と正確さを愛したので、躊躇なく忠誠を示し服従を為すことの無いいかなる人間との協調にも我慢ならなかった。バクーニンは、根本的に規律というものから外れていたので、先頭に立つことはできたが従うことは決してできなかった[62]」。

こうした理解がカーに固有のものであったことを確認するためには、同時代の評者の言葉に耳を傾けてみることが有益であろう。例えば、サミュエル・バーンスタイン曰く、カーが提示した「マルクス主義とバクーニン主義との対照は、時に表面的なものに堕している。彼の言うところ、マルクスは「学と理論の人」であり、バクーニンは「衝動と行動」の人である。しかし、マルクスに関するいかなる伝記であっても、実にカー氏自身によるものですら、マルクスの人生が思想と行動の一致に関する完璧な例証であることを示すに十分である[63]」。バーンスタインは、『バクーニン』が伝記として「注意力を欠いた作品」であると結論している[64]。他方で、別の評者は、バクーニンの性格をめぐる描写に同様の異議を唱えている。曰く、「カーは、ひょっとすると意図しない形においてではあるが、バクーニンをいささか愚かな人間に見せてしまっている[65]」。

バクーニンとマルクスとの対決の結果が、こうした前者の愚かさによって定められたものであったとすれば、バクーニンの人生を彩った運命論的な性格もまた、カーの創造物と言える面があるわけである。実のところ、バクーニンとの対比で同時代の文脈に定位されているゲルツェンに関しても、カーの描写は論争的なものを含んでいた。上述の通り、カーにとっては、一八六〇年代のゲルツェンが旧時代の自由民主主義者であったとすれば、同じ時期のバクーニンは新時代の指導的な急進的革命家であった。『バクーニン』においても、六〇年代のゲルツェンは、もはやバクーニンほどの野心を持たず、かの無政府主義者を財政的に援助する存在としてのみ物語に現れてくる。[66] しかし、ミハイル・カルポヴィッチによると、この見方は、四〇年代以降にゲルツェンが経た思想的な変化を無視した場合にのみ維持できるものであって、実際には、六〇年代を通じて、ゲルツェンもまた、当時の急進的思想をバクーニンと共有する主要な革命家の一人であったという。[67] ゲルツェンとの対比でバクーニンに付与されているある種の英雄的な性格も、カー自身の解釈が混じり込んだものと考えられうるのである。

カーの解釈は、同時代の眼から見てやはりいくらか論争的なものだったのである。[68] そして、バクーニンという思想家が、政治思想史上に独特の位置を与えられているのも、この固有の視点の下においてである。

そもそも、カーは、両思想家の哲学的方向性の差異を、互いの嫌悪感の結果というよりは媒介要因と捉えている。既に見たように、二人の距離を決定づけたのは、各々の生来の気質の不一致だったのであり、思想上の隔たりは、その増幅を促したに過ぎない。ただ、だからといって、そうした哲学上の相違が、カーのテクストにおいて、それ自体として重要性を与えられていないわけではない。この点、次の文章は、やや長文に及ぶのも厭わずに引用する価値がある。

　バクーニンがドイツ人を嫌ったのと全く同じくらいに心底、エンゲルスはスラブ人を嫌っており、いかなる深遠な原理の違いよりも単純な民族的偏見が両者を分かつ一線であったことは、争う余地のない事実である。ただ、それでも、原理の違いは存在し、両者の思想を色づけていた。バクーニンは、民主主義とナショナリズムとが同じ革命的衝動の下に発露する二つの対を成す力であるという、ロマン主義的な信条にしっかりとしがみついていた（彼がそれを捨てたのは、ようやく、一八六三年にポーランド蜂起が失敗した後のことである）。マルクスとエンゲルスとは、首尾一貫して唯物論者であり、革命の社会的・経済的な性格を信じていたので、ナショナリズムを反動的な力と捉えることができた。バクーニンは、ナショナリストとしてスラブ民族主義を支持した一方、彼の原理は、ドイツ民族主義に対する同様のいかなる情熱も掻き立てはしなかった。マルクスとエンゲルスは、インターナショナリストとしてスラブ民族主義を非難した一方、それに照応して現れたドイツ民族主義には、比較的寛容に接することとなった。[69]

この中の一文に示されているように、バクーニンは、後年、ナショナリズムと民主主義とが必ずしも手を相携えて現れてくるものでないことに気づいていた。「スラブ民族主義の鬼火は、彼の政治的野心の後景へと退けられていた」[70]。とりわけ、六〇年代中葉にイタリアで革命運動に携わって以降のバクーニンは、もはやナショナリストではなく無政府主義者であった。「バクーニンの人生におけるイタリアでの幕間は、中期の革命的ナショナリズムから晩期の革命的無政府主義への移行を象徴するものであった」[71]。しかし、マルクスが「信じたのは（もはやこの主張にはいかなる根拠もなかったのであるが）、バクーニンがゲルツェンのスラブ主義志向を共有し、若いロシアの血がくたびれた反動的なヨーロッパを再生させるのを期待していたということであった」[72]。このように、バクーニンとマルクスとの間の和解し難い対立関係は、ドイツ民族とスラブ民族との違いを軸として、ナショナリズムと民主主義をめぐる緊張と捉えられることになる。

他方、これら二つの異なる思潮は、カー曰く、「多くの同じ影響の下に発展した」[73]。そうした影響源の一つが、ヘーゲル哲学であった。その解釈において、二人は、確かに、袂を分かつこととなった。マルクスは、物質主義的な青年ヘーゲル派の考えに依拠して、集団主義的な政治観を抱いていた。対するバクーニンの解釈は、ロマン主義の論理的帰結であったマックス・シュティルナー流の観念論を基礎としており、「個人主義がバクーニンの社会・

政治体系とマルクスへの対立の本質とな」った。[74] 同様の違いは、国家の役割に関する見方にも認められ、マルクスにとっては、いずれ消滅すべき国家も理想社会の実現に有用な道具であった一方、バクーニンにとって、革命は常に下からの解放を必要とするものであった。ただ、その上で、革命を通じて理想社会を形成するという方向性に関する限り、両陣営は一致を見てもいた。「マルクス派もバクーニン派も、新しい社会秩序を望んでいた。ただ、彼らは、その方法に関して、根本的に異なっていたのである」[75]。対立が頂点にあった時ですら、この点については、両者の間に共通性が見られたであろう。「一方のマルクス及び総会と、他方のバクーニン及び委員会との違いは、結局のところ、原理の違いというよりも戦略の違いであった」[76]。

こうして、人格の根源を異にする二人の違いは、他方において方法的な差異にまで縮められている。[77] そして、その時、バクーニンとマルクスがカーに示している同時代的な意義も、より鮮明なものとなるのである。カーは言う。「カール・マルクスとビスマルクとは（一方が理論において、他方が実践において）共に、民主主義とナショナリズムの間に必然的な関係がないことを明確に示したが、二つを政治上の正義を形作る相結びついた力とする捉え方は、はるか二〇世紀に至るまで世界を支配し、我々の時代になってようやく、ムッソリーニとヒトラーによって打ち消されるに至るのである」[78]。この歴史理解は、思想的な面におけるマルクスとバクーニンとの差異に深く関連している。「ナショナリズムと国際主義とをめぐる問題に関して、歴史は未だ、最終的な判決を下してはいない。あるいは、中欧スラブ人の問題についても、未だに決定的なことは言っていないのかもしれない。バクーニンは一九一八年に勝利した。しかし、エンゲルスと見解を共にする人々も未だ存在しているのである」[79]。敗北したはずのバクーニンは、二〇世紀初頭に至るまでその命脈を保ち、依然としてマルクス（及びエンゲルス）との対照を成している。両者の気質的な差異の大きさよりも、その原理的な近さの方が大書される時には、この歴史的な連続性はいくらか受け容れ易いものとなろう。

より仔細にテクストを見るならば、バクーニンの運命的な敗北とは、カーにとって、実に、称賛されるべきものですらあったことが理解される。インターナショナルをめぐる論争について総括を為しつつ、二人の思想家が将来占めうる位置について思索を巡らせる中、カーはバクーニンに関して次のように述べている。「達成という観念そのものが彼の性格や目的に縁のないものだったのだから、彼が達成し損ねたことについて論じてもほとんど意味はない」[80]。ロマン主義の極北バクーニンが行きついた蹉跌を描くカーの筆は、このように独特な感慨を伴っている。この感慨は、『ロマン的亡命者たち』においてゲルツェンに向けられていたのと基本的に同質のものである[81]。カーがロマン主義について論じる時、そこには常に、その思想的な未熟さに対する理性的な判定と、にも拘わらず魅力的であるという感情的な評価とが綯い交ぜになっている。そして、そのカーがバクーニンを評価したのも、個人主義的な思想信条に対する一種の憧憬ゆえであった。「バクーニンは、歴史上において、自由の——放縦も気まぐれも排せず、いかなる人間の制度にも耐え忍ぶことがなく、未だ実現されていないし実現されることはない理想に止まっているが、人間性の最高の表明にして熱望の不可欠な部分であるとほとんど普遍的に感じられている、あの自由の——精神の最も完全な化身の一人である」[82]。こうして、バクーニンは、類い稀なる個人主義者として、歴史にその座を占めることとなるのである[83]。

三　マルクスの反ロマン主義

（一）感傷の欠落

生来の人格に促される形で、バクーニンは悲劇的な生を歩み、マルクスはその彼を退けた。カーによると、この相容れない二人の決裂が、一つの時代の終わりと一つの時代の始まりとをもたらしたという。『ロマン的亡命者たち』の結論部では、バクーニンとマルクスとの間に感情と理性を両端とする明確な軸が横たわっており、それがヨーロッパ史の分水嶺を形成していることが示唆されていた。『バクーニン』においては、この同じ人物観・歴史観が、別の意匠の下に繰り返されていたのである。

では、ここで称賛された個人主義者に相対していたもう一方の主役について、カーはどのような評価を与えていたのであろうか。既に見た『バクーニン』のテクストにおいても、マルクスがヒトラーやムッソリーニに連なる思潮と関連づけられていることは認められた。対立相手が比肩するもののない個人主義者であった点からしても、全体主義者としてのマルクスというこうした理解は、一つ自然なものに見える。しかし、同時に、バクーニンとマルクスとの違いをめぐる――どこまでが気質・根底に関わっており、どこまでが手段に関わっていたのかという――曖昧さからしても、カーにとってのマルクスは、それだけの存在ではなかったようにも思われる。以下では、『マルクス』の解釈を通じて、この点を明らかにしたい。

上述のように、カーが『マルクス』を著したのは、出版社の要請を受けてのことであった。自発的でない形で書かれたその作品は、高い完成度を獲得することがなかった。その点は、カー自身も、後年、『ロマン的亡命者たち』や『バクーニン』に比べた際、『マルクス』が「馬鹿げた作品」でしかなかったと回顧している通りである[84]。マルクスに関する史料の方がバクーニンに関する史料よりもはるかに多く公刊されていたにも拘わらず、『マルクス』が『バクーニン』の六割程度の量の紙数しか有していない点にも、カーがそれぞれの書に向けた意欲の違いは表れていると言えよう[85]。もし、彼が、人物としてのマルクスに大きな関心を抱けていたならば、事情は違っていたのかもしれない。しかし、『ロマン的亡命者たち』と『バクーニン』で描かれていたように、カーにとって、マルクスとは、印象深いロマン主義者たちと対比される冷たい理性の人であった。

『マルクス』においてもこの評価は変わらない。マルクスは、幼少期以来ずっと、両親に対して何らの深い愛情を抱くこともなく、人生の中でのロマン的な経験も初恋以外には持たなかった[86]。革命を切望する上では、マルクスも強い情熱を有していた。ただ、それも、一方では信仰に近く、他方では常に理性的な推論を伴ったものであった。「真理というのは、時に無視されたり否定されたりするものであるが、その歴史において、マルクスは、狂信が、感情と同様、知性ともたやすく両立しうるという最も顕著な例なのである[87]」。

こうしてロマン的な情熱を持たない人物を主役とする作品においては、その生を描き出す物語の筋もまた、劇的な要素を含むことがない。そして、マルクスの人格上の冷徹さは彼の哲学にも直接反映される。『マルクス』刊行の前年に記した小論でも、カーは、次のように述べている。「彼の哲学は、事物の配列の中に感傷や愛情のための場を見出さなかった。そして、彼の人生は、目覚ましいほど彼の哲学と一致している[88]」。

知的な発展を遂げる上で、マルクスがロマン主義者たちのように物語性のある試行錯誤を経験することはない。彼の思想はかなり早い段階において確立されており、その変遷に目を惹く叙事詩的な展開などないのである。「最大の嫌悪と同様に最大の愛着を掻き立てることのできるマルクスの支配的な性格は、彼の生涯の甚だ早い時期において、既に完全な水準にまで達していた[89]」。それと同時に獲得された理論は、直ちに実践に移される。一八四八年までに、「マルクスは、もはや、能力の絶頂と活躍の頂点に達していた。彼は三〇歳の誕生日を過ぎたばかりであった[90]」。翌年、マルクスは、フランスからイギリスへと居を移すであろう。その際も、ゲルツェンたちが経験したような幻滅がつきまとったりすることはない。マルクスにとって、為すべきは、既に確立された理論を現実の社会的な状況に合わせて適用することだけだったからである。「イギリスへの移住は……冒険の章を閉じ、苦難、探究、喧伝、組織の時代の幕を開けた。彼の主たる考えはロンドンに来た時には既に形を成しており、それらのその後の発展は、新たな思想にあたるものというよりも、仕上げと応用にあたるものであった[91]」。

こうして、作品全体の二割も経ない内に、マルクスの成長は終わってしまう。

思想史上におけるロマン主義からマルクス主義への移行にしても、バクーニンの眼から見た場合とマルクスの眼から見た場合とでは、その意味合いがやや異なっている。前節での議論の通り、バクーニンにとって、マルクスとの戦いとは、彼の無政府主義者としての最期を飾る運命的な出来事であった。対立の最大の原因は、気性の違いに求められていた。『マルクス』においても、カーは、「性格、野心、気性の対立を反映した見解の相違といったものの強さゆえに、彼らは宿命のライバルになった」のであり、「抗争の頂点が両者の人生における最後の重要な出来事であった」としている。[92] しかし、この三〇〇頁余りの書籍の中で、バクーニンが登場する場面は、三〇頁ほどしかない終盤の一章に集中している。また、バクーニンにとって、マルクスとの戦いは、自身の生の意味にも関わるものだったかもしれないが、マルクスにとって、バクーニンとの戦いは、いくつかの事件の内の一つに止まるものであった。インターナショナルの指導権をめぐる争いの中、マルクスは、バクーニンばかりでなく、イギリスの労働組合主義者およびフランスのプルードン派とも対立を繰り広げた。そこにおいて、バクーニンとの戦いは、「インターナショナルの衰亡にいくらかの刺激を添えており、歴史上も有名である」が、マルクスの人生を描き出す上で他の二つの争いと区別されるだけの固有性は持っていなかった。「イギリスおよびフランスの相手とのマルクスの闘争は、もう少し地味であるが、インターナショナル初期に常に見られた特徴的な出来事であり、そこでマルクスは、イギリス人にフランス人を、フランス人にイギリス人をけしかける中、自身の才腕を揮う機会を十分に得たのであった[93]」。

以上からしても、ハリデイの次の評は確かに的を射ている。「『ロマン的亡命者たち』が書かれた際の注意深さと思慮深さから、また、ドストエフスキーとバクーニンに関する同時期の他の著作におけるこうした旋律の再現から明らかなように、これらの悲劇的な理想主義者らに対して、カーはマルクス自身には惹かれない形で惹かれている」[94]。ひるがえって、マルクスの人生には掘り起こすべき何らの情感も認められてはおらず、『マルクス』のテクストには、『ロマン的亡命者たち』や『バクーニン』に見られたような文学性が希薄である。

だとすれば、読み手が焦点を当てるべきは、マルクスに対するカーの直接の評言である。ちょうどマルクスの人生に対するカーの理解に沿う形で、そうした評が現れる箇所は、特に、彼の人の思想が完成される直前の時期を扱った「マルクス主義――最初の段階」の章と、その後の活動期を措いて結論の前に差し挟まれた「マルクス主義――最後の段階」の章とに集中している。そこで、以下では、この二つの章および結論部におけるカーの議論を分析していくこととしよう。

(二) 科学と狂信

マルクスに対するカーの評価は、常に何らかの留保を伴った婉曲的な言葉で表現されているが、この点は、マルクスの思考体系の核となる部分についても同様である。曰く、マルクスの独自性は、ヘーゲルの観念論とフォイエルバッハの唯物論とを融合した上で、さらに英仏の哲学からもいくらかの知見を取り入れた点にある。マルクスは、フランス社会主義者たちのロマン主義的な感傷性を――自身の生来的な性格ゆえに――受け容れることはなかった。「マルクスの性格には、サン＝シモン主義とフーリエ主義の感傷的な側面に靡いたり、人間性の完成可能性を信じたりするようなところは、何一つなかった」。ただ、これらの主義を奉ずるフランスの社会主義者たちは、「解放を待っている抑圧された労働階級という考え方」をマルクスに教える「生きた戦う有機体」であった。他方、アダム・スミスに連なるイギリスの経済学者たちは、経済と社会に関する思想をマルクスに教えた。彼らの書いたものから、「マルクスは、ドイツの哲学者には馴染みがなくドイツの政治生活においては知られていない、労働を富の源泉とする理論を引き出したのである」。こうして、ドイツ流の哲学に、フランス流の政治と、イギリス流の経済とが組み合わされることとなり、「社会的階級闘争がヘーゲルの弁証法とフォイエルバッハの唯物論との二律背反を解消するのに役立つこととなる」。ブルジョアジーとプロレタリアートの対立は、経済という唯物論の問題を軸に、弁証法的に止揚されていく[95]。

以上のマルクス解釈には、際立って独特なところなどないように思われる。ただ、カーは、これら三つの思潮の間にある矛盾を、マルクスが哲学的な意味で解いてはいないと続けている。「彼は、弁証法的過程を観念論の領野から唯物論の領野へ置き換えることの正当性を弁護しようとはしなかった。彼は、単に、そうした正当性を想定したのである[96]」。哲学はマルクスの思考体系から脱落する。マルクスは、形而上学よりも行動を優先させたのである。この実践的な思想をキリスト教の信仰と比較したカーは、マルクスの理論を、信念ありきのものと結論する。マルクス主義は、「実践の観点から言えば、称賛すべき解決である。哲学的に言えば――そして、マルクスは、自らを哲学者と名乗ったのであるが――、単なる寄せ集めである。それが何事かを意味するとすれば、実践において検証するまで諸君は自身の理論に自信が持てないということを意味する。そして、マルクス主義は、「思想と行動の統合」の旗の下に、哲学的基礎がプラグマティズムでしかありえないような一種の日和見へと陥りがちであった[97]」。

この理解に沿うならば、自らを哲学者と認識していたマルクスは、自身の仕事をその半ばで放棄したことになる。その上で、カーは、マルクスにおける哲学からのさらなる逸脱を指摘する。曰く、ヘーゲルの弁証法は、無限の過程であって、いかなる到達点をも措定しない。対照的に、資本主義崩壊の必然性を説くマルクスの革命理論は、歴史の中に明確な目標を見据えている。「無限という観念は、数学者と哲学者を除けば誰にとっても知的に耐え難いものであり、マルクスは、哲学と数学の卓越したディレッタントに過ぎなかった[98]」。

ここにおいて、マルクスは、一九世紀のユートピア社会主義者らと接点を有することとなる。「ユートピア社会主義者らは、進歩を信じている。……というのも、彼らは、ルソーのように、人間が元来有徳なものであって、ひとたび既存の社会秩序の鎖から解き放たれたならば、普遍的な善の意志を通じて予定された完成状態へと進むであろうと信じていたからである。しかし、これは、ひどい観念論であった」(99)。確かに、観念論を超克しようとしたマルクスは、このような意味での進歩主義を共有してはいないように思われる。そうした観念論の否定ゆえに、唯物論の受容も可能となったのである。他方、歴史の終わりを想定したマルクスは、こうしたユートピア社会主義者たちから、「人間が歩みを始めた原始の状態と、最終的に至りつくであろう未来の状態とに関する考え方を引き出し、また、それを彼らと共有した」。こうして、理想主義者から距離をとろうとするマルクスは、結局、彼らに近づいていくこととなる。カーは続ける。「これらの本質的な点において、マルクスは自身で何らの独自な貢献も為すことはなく、ユートピア社会主義者らの忠実な弟子たることに満足した」。逆説的にも、弁証法的唯物論の導入を通じて、マルクスは理想主義へと立ち戻っていく。「人類は、ちょうど無邪気な共産状態から現れてきたのと同じように、いつの日か原始的な理想の共産主義社会へ帰っていくであろうと、マルクスは信じた」(100)。

このようなカーのマルクス評価に関しては、少なくとも二つ言及しておくべき論点がある。一つには、こうしてマルクスとフランス理想主義者たちとの類似性を指摘することによって、カーが、これまで論じてきたロシアの革命家たちとマルクスとの間に近さを嗅ぎ取っていることである。マルクスによるヘーゲル弁証法の階級闘争論理への転換を論じた上で、カーは言う。「ヘーゲルは、進歩の道が闘争の――新しい生が生まれる死へと通ずる戦いの――道であることを示した。ロシア人たちがヘーゲル主義を「革命の代数学」と呼んだのは、この意味においてであり、そういうものとして、マルクスもそれを利用した」(101)。

『バクーニン』の中でも指摘されていたことであるが、ロシア人嫌いのマルクスも、ヘーゲルを革命との関係で解釈するにあたっては、ロシア人たちと共通するものを持っていないわけではなかった。バクーニンは、とりわけ観念論的な部分を選択してヘーゲルを受容していた。そのバクーニンらとの間にヘーゲル解釈をある程度まで共有していたマルクスが観念論へ舞い戻っていたとしても、不思議ではなかった。少し後の箇所へ進めば、マルクスの弁証法がロマン主義に起源を有するとの指摘も認められるであろう。「マルクスは、ロマン主義者たちから、憎悪の創造的な属性に関する信念と、ブルジョワ及び「俗物」に対する痛烈な侮蔑とを受け容れた。そして、これらのロマン主義的な要素は、ヘーゲルの措定・反措定概念とおかしな形で混ぜ合わせられて、人も知る階級憎悪説を創り出したのである[102]」。実に、有史以前の原始共同体を称賛するような信念にしても、マルクスの同時代において広く見られはしたとして、とりわけロシアに普及していたのであった。「マルクスが自身の理論を練っていたまさにその時、ハクストハウゼン男爵なるドイツの碩学が、同時代ロシアの田舎に原始共産制の痕跡を見つけ出しに掛かっていた[103]」。

その上で、第二に注目すべきは、マルクスにおける哲学からの逸脱が、彼の「科学的精神」に矛盾するものと捉えられている点である。先にも引用したように、カーは、マルクスを哲学者及び数学者と比較し、弁証法過程の有限性に関する彼の信念を哲学からの離脱と捉えていた。カーは、この文脈において、「科学的精神」という語を持ち出す。曰く、歴史の有限性に関するマルクスの信念は、「単に近代思想にばかりでなく、マルクスの思想に特徴的な懐疑的・科学的精神にも逆行するものであるがために驚くべきものである[104]」。『ロマン的亡命者たち』において、カーがマルクスの科学志向をヴィクトリアンなものと呼んでいたことを想起されたい。今やカーは、この点に関する自身の見解を、一段詳らかにする。

今となっては同じ懐疑主義に晒されているある宗教的ないし道徳的な真実について、マルクスは、当時のイギリス人が信じたのと同じ、疑いを差し挟ませぬ熱意をもって、自身の信条を貫いた。マルクスは、己と己の為すことを信じ、未来は現在よりも良いものになるべく予め定められているとの固い信念にその霊感の主たる源泉を見出した世代の、典型的な申し子であった。マルクスに圧倒的な自信――後世の人びとからは頻りに嘲られてきた、かの人も知るヴィクトリア期の自信――を与えたのは、成功は必定という意識であった。(105)

『危機の二〇年』に既に親しんでいる読者であれば、ここにおいて、科学には理想と分析的態度の両方が必要であるという、カーの後の論点が透けて見えるかもしれない。マルクスの方法にしても、歴史が持つ法則への関心において科学的であった一方、その思想の実質は独特の信仰に依拠していた。熱狂という不確かなものを鼓舞して革命に向かわせるのではなく、革命の不可避性を論理的に納得させ、成功が確実であることを信じさせることで労働者を行動へ駆り立てようとしたマルクスの方策とは、「深い心理学的な洞察の産物」なのであった。(106)

このように、マルクスの思考体系においては、道徳的信念が重要な位置を占める。そして、大枠においては完成を迎えんとしていた彼の思想も、この信念を支える基盤だけは、「最初の段階」には未だ欠いていた。それは、「最後の段階」に至る中で見つけ出されるであろう。「マルクスの思想の最初の段階は、体系を創り出した。最後の段階は、道徳的な正当化を提供したのである(107)」。

併せて四〇頁ほどある作品末尾の二章においては、マルクスとマルクス主義の将来に関する考察が展開されているが、ここでその主たる対象を提供しているのは『資本論』である。カーが見るところ、人間の労働を経済的価値の源泉と見る労働価値説は、基本的に誤っている。というのも、それは現実を反映しておらず、「純粋に抽象的な概念」に過ぎないからである。(108)しかし、だからといって、政治思想史上に占めるマルクスの地位が貶められるわけではない。思考の論理的な正確さとある思想の心理的な出発点とは、必ずしも関連していないからである。この点を述べる上で、カーは再び、キリスト教との類比を持ち出してくる。

カトリック教会は、人の経験からは反駁されても信仰によっては維持される特定の前提にその体系を打ち立てた。これらの前提の上に……一連の偉大な思想家たちが、完全に論理一貫した体系を樹立した。最初の一歩は欠陥に満ちており、信仰がそこから目を逸らさせるのに対して、残りの段階は論理的に無謬である。信仰と論理のこのような不釣り合いな並置が、心理学的には多くの人びとの要求に適合するものとわかった。称賛すべき実践的な心理学者のマルクスは、無意識に同じ手法を用いたのである[109]。

さらに続けて、カーは、労働価値説と連続する剰余価値説もまた、現実に合っていないがゆえに実践的な意義が乏しいと論じる[110]。確かに、マルクスは、労働者における生産物からの疎外という仮説を演繹的に導き出し、一九世紀イギリスにおける事例を通じてその検証を図っている。しかし、この試みについて、カーは次のように批評する。「これらは道徳的な判断であって、マルクスによって経済の法則として提起された剰余価値説とは何の関係もない[111]」。労働が剰余価値を生み出すという議論と、その価値の受け手が労働者本人であるべきという議論とは、それぞれ別のものであり、労働者の不満を経験的に記録しえたからといって、剰余価値説自体が正しいことにはならないというわけである。

ただ、カーによると、マルクスは、間違った理論を打ち立てたとしても、資本主義社会における労働者の悲惨な状況を活写したがゆえに、依然重要な存在であるという。曰く、『資本論』が注目に値するのは、多くの人々が実際にそれを読んだからではない。むしろ、ほとんど誰も読まなかったにも拘わらず大きな影響を保ち続けているからこそ、同書の存在は無視することができない。「わずかな専門家と熱狂家とを除けば、誰もそれを読み通してはいない。同書の力は、その中身よりも、それが存在しているという事実の方にある[112]」。実に、『資本論』は、理論的に間違っているがゆえにこそ、将来への展望という面からすれば、それだけ一層大きな意義を持っていることになる。「政治経済に関する論文という自ら称するところの性格にはかくも一貫して背き続け、義憤を込めた預言の注釈が無味乾燥な経済の議論の流れをかくもしつこく遮るからこそ、『資本論』は偉大な書なのである[113]」。

こうして、やはり、マルクスの思想は信仰の産物とされる。そして、それはまた、科学との奇妙な結合を果たしている。マルクスの『政治経済学批判』がダーウィンの『種の起源』と同年に出版されたという事実から出発しつつ、マルクス自身が認識していた二人の類似点について、カーは次のように論じている。「どちらも進歩の概念に唯物論的基礎を与え、どちらも人間性と人間の幸福とを科学的な観念の進行に従属させた。そして、マルクスは、自然界における淘汰と社会における階級闘争との間に並行関係を嗅ぎつけたのである[114]」。実際、マルクスは、ダーウィンに『資本論』を送った上で、自分の支持者たちにも二人の思想的な近さに注目するよう促した。後年、マルクスの埋葬の場において、エンゲルスもまた、この類比を持ち出したであろう。しかし、にも拘わらず、カーによれば、マルクスは科学者ではなく預言者であった。そして、「全くもって適切というわけではなかったが便利な「ブルジョワ文明」というラベルを自身で貼ったところの、三〇〇年にわたる歴史的期間の終幕」を告げたことにより、マルクスは、「構築ではなく破壊の天才」なのであって、たとえ「驚くべき矛盾に満ちた」体系に依拠した「子供っぽくすら」ある世界観の持ち主であったとしても、ヨーロッパの思想史の中に名を残すこととなるのである[115]。

一九三六年になって、あるマルクス伝への書評を記したカーは、ソ連の現実への批判も交えつつ、こうした評価を繰り返している。「マルクス主義は、一九世紀のブルジョワ資本主義に対する批評としては、驚くほど透徹していてかつ鋭利で説得力がある。建設的な面では、それは、フランスのユートピア社会主義者らのバラ色の夢と変わらない程度にしか実体性をもたない、労働者の楽園以外の何ものをも提供しない。マルクス主義の原理に立って革命を成し遂げたこれまで唯一の国が、新しい秩序を形作ろうとするにあたってマルクス主義からどんどん離れていくに違いないのも、理由のないことではない[116]」。さらには、この書評が現れた翌月、同じ本についての考察を『目撃者』誌上に掲載した際も、カーは改めて次のように述べている。「後にマルクス主義を世の力に仕立て上げた人々は、マルクスの人格や組織からではなく、彼の書かれた言葉から霊感を引き出したのであった[117]」。しかし、繰り返すように、こうした意味においてこそ、マルクスは預言者足りえたのであった。そして、彼の思想は、その意味においてこそ、バクーニンによってその至高の形で体現されていた個人主義の対を成している。一八世紀から一九世紀にかけての他の思想家たちとは異なり、「マルクスは、個人の自由に対する妄信に口先の賛辞すら与えようともしなかった、三世紀にわたって重要な最初の思想家であ」り、「だからこそ、マルクスの教義の性質が一言で要約されるとすれば、その言葉とは「狂信（fanaticism）」であるべきなのである[118]」。実に、『マルクス』には、「狂信に関する一研究（A Study of Fanaticism）」という副題が与えられている。この限りでは、退屈なマルクスもなお、やや捻じ曲がった形においてであれ、あのロシア的な精神の持ち主たちと同じ心理学者なのであった[119]。

おわりに

このように見ると、バクーニンからマルクスへの移行は、ロマン主義から科学主義への単純な転換というにはやや複雑である。マルクスの思想にはむしろ両者が混在しており、理性と非理性との間にある種の統合を打ち立てようとする傾向も、そこには見て取れる。しかし、その試みは不十分であり、マルクスの思想は折衷的なものに止まっていた。

結果、彼は、政治に関して、ロマン主義者たちとは今一つ別な形の失敗へと導かれていくこととなる。個人主義と集団主義との対立をカーがどのように見たのか、『バクーニン』においては未だ曖昧なところがあったが、『マルクス』の末尾においてはより明確である。つまり、カーは次のように述べているのである。「『資本論』において、マルクスは、自由放任に基づく資本主義の体制を「自由、平等、財産、ジェレミー・ベンサム」の世界と呼んでいる。これをもじって、二〇世紀の世界を大量生産、大衆独裁、マルクスの世界と描いても悪くはあるまい」[120]。自身が既に功利主義後の世界に生きているという認識をカーが持っていたことに鑑みると、上に掲げた文は、あたかも、将来におけるマルクス主義やそれを利用した大衆独裁政治の没落を予告するものであるかのように響く。そして、実際、ここに続く文章とは、マルクスの世界が潰えていくであろうことへの明示的な預言である。

たとえ近い将来、大衆支配が伸長し激化しようとも、個たらんとする人間の根深い傾向が、結局は再び表れてくるであろう。そして、もし歴史に関する類比が全て誤りというわけではないならば、大衆の新たな分化はヒューマニズムの新たな再生を生み出すであろう。この革命がいつどのように起こるかは、何びとも預言したいとは思うまい。けれども、それが実現した際には、歴史におけるマルクスの時代は終わりを迎えるであろう[121]。

一九三三年一月の時点で既に、カーは、ドイツの外交政策を心理学的に分析する中で、ヒトラーの人気が一時的なものに過ぎないと洞察していた。曰く、ドイツにおけるナショナリズムの高まりは、歴史的な経緯を受けた劣等感によるものである。ヒトラーの役割はそうした精神状況を払拭することにあったが、「執筆の時点でヒトラー主義がその絶頂を越えたこと、その絶頂が昨夏のある時点で到達されたものだったことは明らかなように思われる」。したがって、ドイツは「これでフォン・シュライヒャーのプロシア主義を通じて自尊心を勝ち取ろうとしていくことになるであろう」、というのがカーの見立てであった[122]。シュライヒャー内閣が倒れ、ヒトラーが首相になったことで、この判断の誤りは、早くもこの小論が現れた同月末には明らかとなった。しかし、それから一年が経ち、ヒトラーの権勢が一層高まっていくのを目の当たりにしてなお、カーは上のような文章を——実に、『マルクス』の最後の一文として――記していたのである。

非合理性の問題にロマン主義が答えを与え損ねた後、新たに現れてきたものと捉えられていたマルクス主義は、ここにおいて、カーが同時代の危機を論ずる上での象徴的な道具立てとして扱われている。事実、『危機の二〇年』が出版された一九三九年においても、カーはマルクスとヒトラーの間に類比的な関係を認めていたであろう。「ヒトラーがドイツ民族の歴史的使命を信じていたのと同じやり方で、マルクスはプロレタリアート……の「歴史的使命」を信じていた。いずれの例でも、力という試金石が究極的には適用されねばならない。プロレタリアートは革命に成功することで、ドイツ民族は戦争に成功することで、歴史的使命の現実性を確認するのである[123]」。マルクスに対するカーの評価が回りくどく収まりの悪いものであることは既に触れたが、今やこの婉曲さがむしろ称賛よりも批判へと繋がっているのは明らかであって、いくらか散りばめられていた賛辞にしても、批判を皮肉っぽく表現するための道具であったようにすら見えてくるのである[124]。

そして、実に、マルクス主義が終焉を迎えるのも、やはりそれが信ずるに値するものを――マルクス本人以外に対しては――与えてくれないがためである。科学者マルクスもその結論において夢想的であると断じたカーは、一九三三年の時点で既に次のように述べていた。「マルクスの言う「階級のない社会」とは、実際のところ、伝統的なヴィクトリアンの天国と同じくらい退屈なものである。それは何らの信仰も何らの熱狂も呼び起こさない。ひとたび世界革命が背景に退けられたならば、マルクス主義の無味乾燥な骨格には、人々の情熱を掻き立て、彼らを新たな忍耐・新たな努力に向かわせる何かを見出すことが困難である。一言で言うと、これこそ、今日のロシアにおけるマルクス主義の危機なのである[125]」。折衷的でしかない思考体系を支えるマルクスの狂信は、上に見たように、霊感を引き出す糸口にはなったとしても、我々を導く持続的な理想を提供してはくれないのである。

こうして、非合理性をめぐる一九世紀の探究は、いずれも、カーに答えを与えるものではなかった。ただ、ゲルツェンを経て、バクーニンとマルクスを通過した今、カーにはその現代との繋がりも十分に理解されている。したがって、一連の伝記研究を終えてまもなく、まさに危機の語を冠した書においては、同時代の問題に対する彼自身の取り組みが開始されることとなる。

第五章　時代との対峙――『危機の二〇年』

はじめに

カーの四つの伝記は、一続きの思想史的な考察を形作っていた。彼は、まず、ドストエフスキーの中に非合理性の問題を見出し、それを自身の生きる世界の根源にあるものと捉えるに至った。この起源を過去に求めたカーは、ロマン主義者のゲルツェンに、そのより急進的な後継者であるバクーニンに、さらに、その超克者であり敵対者であったマルクスへと探究を進めた。しかし、旧来の合理主義から離脱を図っていた彼らのいずれも、維持しうる理想をカーに与えてくれはしなかった。そこで現れてきたのが、『危機の二〇年』である。

同書中、マルクスへの言及はいくらか見られるものの、ロシアもロシアの思想家もほとんど触れられてはいない。しかし、既述のように、カーにとってのロシアが同時代の脅威に光を照らす半ば道具的な枠組みであったことを考えると、この事実に拘泥する必要はない。カーが一九世紀の思想家たちから学んだのは、処方箋ではなく問題の方であった。

以下では、カーの近代史観が理想対現実という思考枠組みの中にどう埋め込まれているかを明らかにし、そこから彼がいかなる解決策を導き出したかを検討していく。理想主義と現実主義の思想的な淵源を辿るならば、『危機の二〇年』が一つの歴史研究であり、伝記群と出発点を共有していることが明らかになるであろう。理想主義に対するカーの批判は、功利主義的な主意主義に対する革命的思想家らのそれと交差する。その時、現実主義とは、彼が解かねばならない問題、つまり、政治における人間の非合理性の問題と同定されることになる。ここで、カーは、――限定的にしか評価していなかったはずの――ドストエフスキーの道をかなりの程度まで踏襲することになるであろう。実に、カーが至りつくのは、人間に対する一種の信仰である。しかし、そうすることによって、彼は、旧態的な進歩主義へと退歩してしまうのである。

一　道徳科学としての理想主義――

『危機の二〇年』前半の議論が、理想主義と現実主義という二つの概念を軸に展開されていることは、周知の通りである。しかし、このそれぞれが何を意味するかという点に関して、研究者の見解には幅がある。本節と次節では、これら二つの主義が歴史の流れの中で論じられていることに着目しつつ、その内容をそれぞれ検討していくこととしたい。

ランドール・ジャーメインによれば、「カーにとって、人間に関する出来事は歴史的な型を取らない限りその意味を失ってしまう」というが、この言葉が『危機の二〇年』のテクストに妥当することは、容易に確認できる。(1) 早くも冒頭第一章、国際政治科学の発展をめぐるよく知られた記述において、理想主義と現実主義との関係は歴史の流れの中で捉えられている。この具体的な内容は以下で適宜触れていくが、「政治科学における目的と分析」から始まり、「理想主義の役割」へと進んだ後、「現実主義の衝撃」に至るこの章の構成だけを見ても、現実主義がそれまでにあったものに対する新しい何かとして登場していることは理解されよう。

その上で、続く第二章へと目を向けるならば、理想主義と現実主義とは、それぞれ、一般的な型のものと（一八世紀半ばないしは一九世紀以降の）特殊近代的な型のものとに分けて論じられている。[2] 決定論と自由意志、理論と実践から倫理と政治に至るまでの二分法を掲げたこの章でカーが言及している思想家には、ヘーゲル、マルクス、ユング、ウィリアム・ジェイムズらが含まれるが、彼らは全て一九世紀以降に活躍した人物である。同じ傾向は、これら抽象的な区分の中では最も具体性のある知識人と官僚の対比において、より顕著に見て取ることができる。[3] つまり、ここで、カーが取り上げているのは、「過去二百年における」知識人であり、「近代における」知識人たちであって、そこで例として挙げられているのは、ウッドロウ・ウィルソンであり、大戦前ドイツの知識人たちであり、レーニンやマンハイムが取り上げたインテリゲンツィアたちなのである。[4]

こうして、カーは、近代以降のヨーロッパを焦点に議論を進めようとしている。[5]『危機の二〇年』のいくつかの箇所では、より早い時期の思想家も確かに言及されてはいよう。例えば、官僚についての記述では、マキァヴェリとフランシス・ベイコンの名も挙げられている。[6] しかし、彼らはあくまで一八世紀後半以降の諸思潮の祖としてテクストに顔を出していると見るべきである。というのも、カーの見るところ、近代以降の思潮には、それ以前の思潮と質的に区別されるべき特徴が加わっているからである。この点は、次の文句に極めて明確である。「近代の現実主義は、一六世紀・一七世紀のそれと一つ重要な点で異なっている。理想主義も現実主義も共に、それぞれの哲学の中に、一八世紀的な進歩への信頼を受け容れ取り込んだのである」[7]。

カーが議論の主たる対象としているのは、こうした進歩史観に根差した思潮である。したがって、カーが理想主義を批判したというのであれば、その対象を成していたのも、こうした近代型の理想主義だったはずである。中世の教会倫理が人間の理性を根拠とする世俗的な自然法に取って代わられていく過程を簡単に描いた後、カーは次のように述べている。「一八世紀までには、近代理想主義の主たる筋が確固たる形で打ち立てられた」[8]。ダンも指摘しているように、カーのテクストを読む際、「政治的なものから哲学的なものへ移っていくと、理想主義が啓蒙主義の伝統と同じだけ古いものであるとわかるのである[9]」。

では、その特徴とは何だったのであろうか。また、何故、それは批判されねばならなかったのであろうか。以上で概観された思想史的な流れは続く第二部においてさらに詳しく論じられているが、この問いに対する答えもここに求められる。

まず、近代理想主義の出発点に位置するのはアダム・スミスである。カー曰く、その自由放任思想が成し遂げたのは、独立して自律的に発展していくような社会的領域の発見であって、そこには政治思想として独特の意義が込められていた。「この学派の目的は、経済的な事柄から国家の統制を除き去っていくことであった。そして、この方針を正当化するために、次のことを証明しようとした。つまり、共同体の利益と彼の利益とが同一であるというまさにそのことゆえに、個人は外的に統制せずとも共同体の利益を推し進めるものと当てにしてよい、ということを[10]」。こうして、自由放任思想は、個人と社会との緊張を解決する道徳的な基礎と捉えられている。「利益の調和は、道徳のための堅固な合理的基礎を提供した。隣人を愛することは、まことに啓蒙された自愛の手段ということになったのである[11]」。

ベンサムの功利主義とは、スミスのこうした道徳思想を別の言葉に置き換えたものであった。「「最大多数の最大幸福」は、その前の世代には自然法が果たしていた絶対的な倫理の基準として機能した[12]」。要するに、近代理想主義とは、啓蒙期の合理主義の延長上において、良き社会の根拠を理性に求める立場であった。「一九世紀の楽観主義は、三重の信念に依拠していた。つまり、善の追求は推論の正しさの問題である、知の普及によってまもなく誰もがこの重要な主題について正しく推論を行うことができるようになるであろう、この主題について正しく推論を行った誰もが必ず正しく行動するであろう、というのがそれであった[13]」。

このような社会思想は、イギリスを初めとする一九世紀西欧の少なくともいくつかの国にとって、大いなる発展を約束するものであった。しかし、そこでは、小さな工場を擁した小さな社会という前提が維持されねばならなかった。対して、より普遍的な思想へと祀り上げられた近代理想主義は、無批判に適用範囲が拡大されていく中で混乱を生み出していく。「自由民主主義の理論が、純粋に理知的な過程によって、発展の段階も実際に必要としているものも一九世紀の西欧とは全く異なっていた時期と国家に移植された時、荒廃と幻滅が訪れるのは不可避であった(14)」。

具体的に言うと、国際場裏にまで進出していった自由放任思想は、帝国主義的な拡張路線を理論的に正当化する道具に堕したということである。つまり、国内社会においてと同様、国際社会においても分業と競争が有益とされた時、近代理想主義は、国内社会と国際社会との類比を通じてナショナリズムを擁護する思想となったのである。そうした中、ヘーゲル、マルクス、ダーウィンらがそれぞれのやり方で提示した抗争の哲学は、潜在的には、自然調和の理想に挑戦するものであった。しかし、実際に応用される段になると、これら二つの思潮は手を相携えることとなった。「一九世紀後半のいや増す緊張の下、経済領域での競争は、まさしくダーウィンが――弱者の犠牲のもとに強者が生き残るという――自然の生物学的な法と述べ立てたところのものを意味していると思われたのであった(15)」。国内社会に関するスミスの理論が国際社会にも広まっていく中で、適者生存は国際関係を規定する社会理論となったのである。結果、「利益の調和は、「不適な」アフリカ人・アジア人の犠牲を通じて打ち立てられた(16)」。

一九世紀後半の帝国主義的角逐から第一世界大戦に至る過程において、近代理想主義は限界を明らかにしていった。戦後には、その復活が見られたかもしれない。しかし、それは主として、一九世紀に西欧諸国が有していた前提を未だ保っていたアメリカが、ちょうどその一九世紀西欧諸国の過ちを繰り返すところに起こったものであった。つまり、ヴェルサイユ体制を通じてアメリカが推し進めようとしていたのは、自由民主主義を普遍化し、特定の時と場所を超えて広めることだったのである。「ブライトとグラッドストーンの熱烈な称賛者であるウッドロウ・ウィルソンは、一九世紀の合理主義者の信念を、ほとんど汚されていない国際政治の土壌へと移植し、ヨーロッパへと復帰させる中で、生き永らえさせたのであった」[17]。しかし、旧来の自由主義が文脈を違えてこのように「再導入」されたことこそが問題であった[18]。実に、国際連盟の創設とは、「国際政治問題を合理的な根拠から標準化しようという初の大規模な試み」であって、普遍主義的な思想の下、各国間に現存する差異から目を背ける所作であった[19]。

良き戦前を懐かしむ精神風土が広まりを見せていたヨーロッパには、こうした近代理想主義を受け容れる素地も用意されていた。しかし、こうして「一九一九年の講和によって世界中にまき散らされた自由民主主義は、抽象的な理論の産物であり、土壌に何らの根も差すことなく急速にしぼんで消えてしまった」[20]。第一次世界大戦が終わった頃、近代理想主義について考えることとは、その実質から言うと、「思い返すこともできない過去のある時代に関する遅ればせの省察」を展開することでしかなかったのである[21]。ひるがえって、一九二〇年代におけるその復権は、「半ば捨て去られた一九世紀の前提が再び現れた」という「歴史の皮肉の一つ」でしかなかったのであった[22]。

二　批判哲学としての現実主義

（一）歴史主義の革命

歴史家でもあり、理論と実践との関係に特段の注意を払っていたカーは、抽象的な概念ばかりを弄んで思考を展開することなどなかった[23]。『危機の二〇年』の冒頭で、彼が経験主義者フランシス・ベイコンのエピグラフを掲げていたことは、現在でもよく知られた事実である[24]。そのカーが論じていた近代理想主義とは、啓蒙期の合理主義に連なる一九世紀的な自由主義の思想を含み込んだ、一つの伝統だったのである。

ただ、ここまでは、これまで幾人かの研究者も指摘してきた通りである。では、こうした理想主義の対を成す現実主義とは、何を意味するものだったのであろうか。解釈に大きくばらつきがでてくるのはここである[25]。

従来的な理解によれば、いわゆるレアルポリティークの発想こそが現実主義の中核ということになろう。ただ、問題は、今仮にそうであったとして、そうした権力政治の思想はどこから出で来ったのかである。理想主義が一八世紀以降における一つの思想的な流れであったとするならば、現実主義もやはり対になる史的背景を有していなければならない。

複数の研究者が指摘するところに従えば、それは一九世紀ドイツの思想ということになる[26]。その証拠としてしばしば挙げられる一文において、カーは次のように述べている。「「歴史学派」の現実主義者らは、ドイツにその故郷を持っており、その発展は偉大なるヘーゲルやマルクスの名を通じて辿られるものである」[27]。

ただ、では、これらドイツの思潮がどのように展開していったかということになると、カーは理想主義の場合ほどに明確な描写を与えてくれているわけではない。だからこそ、カーをヘーゲル主義者と捉えたり、マルクス主義者と捉えたり、といった差も出てくるのだと言える。しかし、これらいずれのラベルも拙速に採用することはできない。繰り返すように、理想主義が歴史の流れの中で変遷を遂げていった思潮であったとすれば、現実主義にもやはり同様の時間的な幅が認められるべきである。上の引用でも、ヘーゲルとマルクスは同列に触れられているのであり、両者の間により観念論的かより唯物論的かといった隔たりがあることは、たやすく想起されるところであろう。[28] さらにはその彼らも、すぐ後に言及されているドイツ歴史学派の根の部分に置かれているのであって、『危機の二〇年』の続く箇所では、シュペングラーに加え、ルカーチやクローチェなど非ドイツ人哲学者の名も持ち出されているのである。

しかし、その上で、ここに挙げたような思想家たちは、ヘーゲル以降、というやや曖昧な括りの下であれば、一つの伝統を成しているように思われる。そして、カーの同時代に目を向けた場合、そうした伝統の行きつく先には、確かに一つ議論の対象として取り上げられうる思潮が存在していた。歴史主義がそれである。

この立場に関するまとまった考察としては、エルンスト・トレルチ晩年の大著『歴史主義とその諸問題』が最もよく知られている。ただ、『危機の二〇年』を執筆していた頃のカーがトレルチを読んでいたかどうかは判然としない。そこで代わりに注目されるのは、一九二〇年代前半、その名も『歴史主義』という名の一稿を記したマンハイムが、トレルチの議論を継承しつつ、この思潮を論じていたことである。曰く、歴史主義とは、「われわれが社会的文化的現実を観察する根底」であって、「中世の、宗教に制約された世界像が崩壊し、更にその世俗化にほかならない啓蒙期の世界像、超時代的理性という根本思想を持った世界像が、自己自身を止揚した後に、ようやく自己形成を遂げた世界観そのもの」である。[29]

ここからマンハイムは、この動的な精神を軸に、近代形而上学の弁証法的な乗り越えを図っていくのであるが、その意味では、この世界認識こそ、マンハイムの知識社会学の基礎でもある。カーが彼の後の書『イデオロギーとユートピア』から影響を受けていたことは、本書第一章でも触れた通り、既存のいくつかの研究で明らかにされてきたところであるが、同書中、世界が事物の相関の中に形作られるものと理解され、知が個別の歴史的な文脈に拘束されるものと捉えられているとして、そうした知識社会学的な立場の基礎こそ、『歴史主義』で論じられているこうした精神態度に他ならなかったのである。[30] ジョーンズによると、『危機の二〇年』のある場面において、近代現実主義は、それまで結びつけられていたドイツ観念論や歴史学派から突如離れ、マンハイム流の知識社会学に移行しているというが、このような議論を、カーとマンハイムの関係を精査したジョーンズその人が展開しているのは些か奇妙であって、この間隙は歴史主義によって綺麗に埋められている。[31] 逆に言うならば、カーの言う近代現実主義は、そこに歴史主義をも含めた場合、ある程度一貫した思想的伝統として理解しうるものとなるのである。そして、マンハイムから影響を受けていたカーにとって、歴史主義を脇へやってしまう理由などなかったはずである。

歴史主義が自然法に基づく世界像を止揚するものであるというならば、近代理想主義への批判を成す近代現実主義がやはり啓蒙思想から進歩の観念をとり入れていたという叙述にも、この解釈は整合的である。実に、この点を述べるにあたって本章第一節に引用したテクストには、次のような続きがある――「現実主義が、見かけ上、理想主義よりも「進歩的」になるという、興味深くやや逆説的な結果を伴って」[32]。私益の実現と公益の実現とが必然的に一致する理想主義の世界は、あらゆる合理的な利益追求が社会をより豊かな方向に進歩させていく世界である。ここにおける進歩が、一つの公理として、究極的には静的に規定されているのに対し、現実主義の世界において、歴史はとにかく進んでいくものである。「進歩は歴史的な過程の内的本質の一部となった。定義されないままに放っておかれているか、異なる哲学者ごとに異なった形で定義されている到達点へと、人類は突き進んでいるのである」[33]。一九世紀のマルクスから近年のポスト構造主義者まで、動的な歴史という考え方自体をヘーゲルから受容した人々も、その導いていく先が何であるかについてはしばしば意見を違えてきたが、カーがここで触れているのも、二〇世紀半ばまでにおけるそうした歴史哲学の流れであると言えよう[34]。

その上で、さらに注目すべきは、この歴史主義が、政治的現実主義との間に接点を有していることである。この点は、一方で生前のトレルチと親交を持ち、他方で国際政治学における現実主義の先駆的思想家と見なされてきた、歴史家フリードリヒ・マイネッケの議論に明確である[35]。その主著の一つ『歴史主義の成立』の中で、彼もまた、歴史主義を、「精神革命」、「新しい生の原理」、「人間的形成物に関するあらゆる判断に必らずその痕跡を残すほどの、近代的思考の構成要素」とし、一般的倫理と個別的活動とを統合しうる思想的立場と評価している[36]。その上で、当初は『歴史主義の成立』と併せて一冊の著書を成す予定であった彼の今一つの代表作『近代史における国家理性の理念』へ目を移すと、国家が一般的に従うものとされる理性とそうした理性に沿って具体的に行動する個別の国家との関係が、同じ思想的な軸の下で論じられている。「国家の自己維持および成長の不可抗力的な動機は、政治家に個体的であると同時に一般的な性格を帯びる行為をさせる。すなわち、それらの行為はその瞬間の状態に適応し、かくて決して二度と踏まれることのない・全く唯一独自な・目標への道を探し求め、その際まさしく現行の普遍的な道徳法則や実定法に往々にして背反するかぎりにおいて、それは個体的な性格を帯びている。が他面、すべての国家に共通する永続的な根源衝動がそれらの行為を生みだすかぎりにおいて、それは一般的な性格を帯びているのである」[37]。

各国家は、生存と発展を目指して独自性を追求する一方、そうした目標を追求する点において、国家が一般に沿う行動の型を受け容れる。言い換えると、各国家の行動には一般性と個別性が併存しているのであるが、だとすれば、そこにおいて実際に判断を行う政治家たち自身、他国の動きを観察し、それとの関係で自らの進むべき道を決定していく中で、国家理性を一般的な歴史法則にまで高めていくこととなる。「彼自身の行動を支配したと同一の国家理性の法則は、隣国人の行動方法をも支配し、ただそれらの国家の特殊事情によってまさしく限定され個体化されるにすぎぬと、政治家は仮定しなければならなかった。それとともにこの国家の運動法則を発見するために、こうした特殊な事情を探索することは、国家統治が進歩した場合には一度は政治家の努力の目標とならずにはいなかった」。その結果、「国家理性による行動は近代の歴史主義がその道をひらくのを助けてきた」のである[38]。

『危機の二〇年』の中には、このマイネッケへの直接の言及も認められる。示唆的なことに、その該当箇所においては、政治の実践に持ち込まれた自然法的概念は原則の無為な強弁に堕しうるとの言葉が『近代史における国家理性の理念』から引かれた上で、そのような形而上学的議論は「過去数年間に国際政治について英語圏で書かれたものを学んだことのある誰にとっても馴染みがあろう」と述べられている[39]。マイネッケの議論の中でも、形而上学批判にあたる部分こそが、近代理想主義を退ける文脈で持ち出されているのであって、歴史主義的な近代批判と政治的現実主義からの道徳主義批判とは、カーの思考においても相重なっていたことが窺われるのである。この点、『危機の二〇年』で歴史主義の起源の一人に据えられているマルクスが、『マルクス』においてはビスマルクを実践家とする同じ思想の理論家と捉えられていたことも、思い返されてよいであろう。

テクストを追っていくならば、歴史主義と政治的現実主義との交差は、実のところ、その全編に組み込まれていることが理解される。まず、近代理想主義は、ちょうど歴史主義の批判の対象となるような合理主義の伝統であった。それに対置されたのが近代現実主義であったとすれば、それは歴史主義が対抗していたのと同じ理性崇拝的な思想に異議を申し立てるものである。その上で、近代現実主義は、やはり歴史主義同様、一つの世界観として具体的な生の中から有機的に立ち上ってくるものである[40]。というのも、カー曰く、近代現実主義は、「相対主義的」であり「プラグマティック」な思潮だからである。[41]これらの言葉の定義からして、近代現実主義は特定の文脈からしか現れてこないものということになり、ここにマンハイム的な知の文脈拘束性に対する認識も見て取ることができるわけである。

実際、近代現実主義の台頭を描き出すカーは、一九世紀後半の「イギリスにおけるロシア文学の流行」や「ドイツとフランスにおけるマルクス主義の流行」など、その背景を成す具体的な出来事を指摘していく。[42]ここで注目すべきは、生の文脈依存的な性格が取り上げられ、人々にその自覚をもたらした起源が探り当てられていく中で、カーをして伝記を書かしめた思想家たちが現れてきていることである。そして、近代現実主義の文脈拘束性をめぐる上述の議論をさらに追っていけば、「思想の土台作りは必ず意識下で（subconscious）展開される」という一文が節の切れ目となっているであろう。[43]近代現実主義は、理性の網から零れ落ちる領域において醸成されるというわけである。一九世紀後半に近代理想主義が失墜し始めていたことを指摘するカーは、実に、その当時この思潮を批判した人々を「心理学者たち（psychologists）」と呼んですらいるのであって、曰く、「正しい行動を推し進めるには理性さえあれば十分であるとの信念は、心理学者たちの挑戦を受けた」のであった。[44]ドストエフスキー、ニーチェ、フロイト、マルクスといった非合理性の思想家らを論じたカーが、心理学者という言葉で彼らを指していたことを、我々は既に知っている。[45]

こうして、現実主義は、既存の状況が含み込む諸矛盾の中から現れてくる。よく知られているように、『危機の二〇年』の冒頭、科学における目的の役割を論じたカーは、特に人文社会科学の場合に次のことが当てはまるとしていた――その探究にあたっては、世の中を変えたいという「探究者の心の中に既にある欲求が、彼の探究の結果として、十分な数の他の人間へと広められ、効力を生ぜしめられるかもしれない」[46]。あたかもプロレタリア的な階級意識がブルジョワ市民社会から立ち昇ってくるように、近代現実主義は近代理想主義の中から形をとってくる。それは、人間の非合理性へと目を向けた思想家たちの批判を受けて、じわじわと膨張せしめられていく。

ひるがえって、近代現実主義の登場を許す近代理想主義は、その合理的原則の裏に批判されるべき非合理的な側面を隠し持っているということになる。ここにおいて、現実主義の理性批判はその政治的な含意を露わにする。「問題は、絶対的で普遍的な原則と思われているこれらのものが、原則などでは全くなく、特定の時点での個別の国益解釈に基づいた国策の無意識な（unconscious）反映だということである」[47]。この引用のわずか数頁前では、古代エジプトの一八王朝に関するフロイトの解釈を引き合いに、国際主義の理念の下で国民国家帝国としての活動を推し進めていた一九世紀ヨーロッパ諸国の実態が述べ立てられているであろう[48]。近代理想主義から近代現実主義への移行とは、政治的な意味を持つ心理学的な過程なのである。

以上のことからすると、近代理想主義は、時と場所に応じてその意義を変更していくものであれ、いずれ自壊してしまう代物でもあったと言える。近代理想主義は、その生まれ来った一九世紀西欧のいくつかの国においてのみ問題なく機能しうる思想であって、その競争哲学が普遍化され、国際場裏に持ち込まれた際には、必然的に欠陥を露わにするものだったのである。帝国主義の拡大路線も、地球上の土地の数には限りがあることから、無尽蔵に推し進められうるものではなかった。

近代理想主義が崩壊する根本的な原因を形作ったのは、抽象的理性を過剰に信頼する傲慢さだったであろう。しかし、思想の非本来的な適用を推し進め、ヨーロッパ社会に行き詰まりをもたらしたのも、近代理想主義それ自体に他ならない。というのも、近代理想主義が核とする自然調和の思想は、より多くの理性的な個が存在すればそれだけ全体の幸福も拡大すると述べ立てている以上、そもそも小さな共同体のみに限定して適用されうるものではなかったからである。「それぞれの国家の経済的利益が最大であることと全世界の経済的利益が最大であることとは同じであるとの根拠から、普遍的な自由貿易は正当化された」[49]。近代理想主義は、その当初から、自身の前提を裏切るよう仕向けられていたのである。スミスによる『国富論』の出版とワットによる蒸気機関の発明とが奇しくも同じ年に為されたという事実を指摘しつつ、カーは次のように述べている。「自由放任理論が古典的な形で叙述されつつあったまさにその時、可動性のない高度に専門化された巨大工場と、生産よりも分配により関心のある強大な資本家とを生み出すこととなる発明によって、その前提は掘り崩されたのであった」[50]。『危機の二〇年』中、一九世紀後半には近代理想主義が変容を見せ、近代現実主義の思潮が活性化し始めているのも、両思潮のこうした関係を把握すれば納得がいく。近代現実主義は、社会に潜在する間主観的な意識が十分に醸成されるまで、支配的な体系を持つ主義としては登場してこない。その間、後には近代現実主義の始祖となる論者らですら、近代理想主義の延命に――不本意にも――貢献しえた。ダーウィンとマルクスの教説は、その例に他ならなかった。一九世紀の近代理想主義は、その潜在的批判者たる彼らをも自らの部分として取り込んでいたのである。しかし、それにも限界があった。二〇世紀の前半に入ると、彼らの抗争の哲学も、ファシズムの理論武装に利用されることとなる[51]。

こうして、カーの言う近代現実主義とは、合理的経済人モデルへの内在的批判から生まれてきた思潮と理解することができる。そこにおいて、近代現実主義の登場とは、ヨーロッパにおける具体的な政治体制からそれと連関する人々の生感覚までの変化を総合的に言い表す現象である。すなわち、近代現実主義とは、単一の思想的な伝統というより、個々の思想の解釈にまで影響を与える集合的精神の基底なのである。

しかるに、一九世紀には近代理想主義が世界観の土台であったことのちょうど裏返しとして、一旦明確な形をとることになった近代現実主義は、世界全体を覆い尽くすこととなる[52]。一九三三年の時点で、カーは既に次のような議論を展開していた。「猛烈なナショナリズムと大規模な資本主義の両方に初めて直面した一九世紀の世界は、経済的利益に対して健全な関心を持ちつつナショナリズムを和らげようとすることで問題を解決した」。しかし、ナショナリズムの高まりを一つの原因として大戦が起こった後の「今日、我々が直面している主たる問題とは、ナショナリズムの原則と民主主義の原則の衝突ではない。それは、ナショナリズムと近代文明における経済的危急との間に折り合いをつけるのが、明らかに不可能だという問題である」。結果、「今や我々が皆マルクス主義者であるというに至った点が存在しているのである。我々は皆、基底にある経済的現実から政治の歴史を説明しようとしている」[53]。

『危機の二〇年』のテクスト中、思考の土台におけるこうした変化は、一段抽象的な次元でも論じられている。「満足国家と不満足国家との争いを、一方にある道徳と他方にある権力との争いと表現することは、大いに誤解を招くものである。この争いは、道徳上の争点はともあれ、権力政治がどちら側でも等しく支配的なところでの衝突なのである」[54]。あらゆる理想主義的な思想は、検証不可能な前提に依拠しており、問題となるのは、個々の利益が全体の利益と実際に調和するか否かである。個々の主体がこれに関して失敗したとしても、彼が自身の利己心を上手く隠しおおせていたならば、理想主義の世界はなお持続しうるかもしれない。しかし、科学的分析の手が本格的に入った時点で、そのような世界は終わりを告げるのである。

理想主義の世界は既に、レアルポリティークの世界である。ただ、そこに住まう人々が、必ずしもそのことに気づいてはおらず、また、気づかずとも平和裏に生きていけるというだけの話である。そして、その限りにおいて、理想主義の世界が権力政治的な世界として間主観的に意味づけられることはない。ひるがえって、こうした偽りの覆いを取り払うことこそ、近代現実主義が為すべきところとなる。「これら抽象的な原則と思われているものを具体的な政治状況へと適用する試みが為されるや否や、それらは利己的な既得権益の見え透いたごまかしであることが暴き立てられるのである」[55]。歴史主義の到来は、それ以前のあらゆる形而上学を歴史的な相対性の光の下に照らし出すものであったが、近代現実主義の時代が到来した時、理想主義の相対性・特殊性は絶対的に明らかにされたのである。それ以前の時期に理想主義が普遍的な全体でありえたとすれば、それは、理想主義が実際に絶対的な真理を体現していたためではなく、未だ相対主義が世に受け容れられるだけの素地を獲得していなかったからに過ぎない。

近代理想主義と近代現実主義とは、文明史上の異なる二つの段階を画している。複数の研究者らが――やや印象論めいた表現ながらに――カーの歴史観とトーマス・クーンのパラダイム論との類似性を指摘してきたのは、この点、妥当と言うべきであろう。[56] パズル解きとして進められていく通常科学は、そのパズルの枠に収まらないピースが発見されたある日、世界観全体の革命という形で終わりを告げる。[57] カーの言う近代理想主義は、解かれるパズルといった類いのものではなかったかもしれない。しかし、それはやはり、己の枠組みに当てはまらない要素が積み重なる中で、ある時全面的に変容せしめられてしまうような構造を有していたのであった。近代理想主義から近代現実主義への移行とは、文明全体を包み込んだ一種の革命なのである。

(二) 形而下への接近

では、以上の議論から、カーの言う現実主義を歴史主義およびそれに手を携えた政治的現実主義と同視してよいであろうか。実のところ、そうとばかりは言えない。というのも、『危機の二〇年』第一章において取り上げられている現実主義は、「一般にそう呼ばれているところのもの」との断りがあった上で、思想の領域においては、「事実の受容とそれらの原因・結果の分析に重きを置く」もの、行動の領域においては、「既存の諸力の抗しえない強さと既存の傾向の不可避性を強調し、これらの諸力とこれらの傾向を受容し、それらに適応するところに最高の智が存することを主張する傾向にある」ものと定義されているからである。[58] ここにおいても、歴史主義や政治的現実主義の一面は確かに表れている。しかし、ここからは、個別主体が能動的に歴史へと参加していく契機が消え去ってしまっている。

したがって今、一九三九年の時点で一般的であったリアリズム（realism）とは何かが問われなければならない。そこで歴史的な文脈へと目を向けるならば、この言葉は当時、複数の文化領域においていくつか異なる形で用いられていた。例えば、文学の場合には、写実主義があった。活発に文芸評論を行っていたカーが、この概念を知らなかったなどということはもちろんない。まさにドストエフスキーが新しい写実主義者と呼ばれていたのは、既に少しく見た通りである。また、第二章で取り上げたカーのソヴィエト詩論には、その対を成すソヴィエト散文小説論が存在していたのであるが、ここでも彼は、次のような言葉遣いをしている。「戦争に先立つ時代、ロシアの創作物は二つの主たる学派に分かたれていた。つまり、真実のための真実を信じていた写実派（Realists）と、芸術のための芸術を信じていた装飾派（Ornamentalists）とであった。前者は美を否定し、後者は現実を否定した[59]」。この区分が、『危機の二〇年』における現実主義と理想主義とのそれに似通っていることは、見て取りやすい。

この文学上の立場に比類するものを哲学に求めるとすれば、やはり同じリアリズムの語で示される実在論に至りつくであろう。『危機の二〇年』出版に先立つこと三年の一九三六年に公刊され、その後広く読まれたG・H・ミードの哲学史概説書において、この立場は観念論との対比から次のように解説されている。「観念論の学派においては、関係はつねに、現実化する心の印象であり、それゆえ関係は、自我の思考に帰着するものであった」。対して、実在論の世界において、関係は、個々人の内面と切り離された形で存在する。「実在論者は、関係はただそこにある、と考える。私たちは、関係について考える。そして、私たちが関係について考えるとすれば、私たちは存在するなにかについて考えているのであるから、関係は当然そこに存在する」。したがって、実在論の主たる関心は、「分析過程、すなわち認識対象をさまざまな要素に解体する過程にあるが、こうした過程とともに、物そのものだけでなく、物と物とのむすびつきが切りはなされ、関係の外的性格に関する理論が導入される」[60]。観念論の世界では、個々の自我は自身の内なる観念を通じて世界と切り結ぶであろう。対して、実在論の世界においては、各要素が独立に存在しており、それゆえに関係が成立しうる。そうした原子論的な世界だからこそ、原因と結果は別々の変数として把握することが可能となるのである。

この定義は、上に引用したカーの現実主義理解にかなり近いように思われる。実在論をこのように捉えるミードによれば、「もっとも偉大な実在論者には、バートランド・ラッセルとアルフレッド・ホワイトヘッドがいる」というが、『危機の二〇年』の中で現実主義を論ずるカーも、ラッセルのテクストをしばしば引照している[61]。例えば、近代理想主義批判の文脈では、形而上学者は言葉と物質との必然的な対応関係を措定するとした上で、そうした観念論に批判を投げかけるラッセルの議論が引かれている[62]。また、現実主義と倫理との関係をめぐる箇所でも、倫理は往々にして物事の原因ではなく結果であるとするラッセルの言葉が引かれ、理想主義の根幹を突き崩す現実主義的な視点の一例とされている[63]。形而上学的な観念よりも直接の実在を優位に置くという意味において、この立場もやはり、認識論上は実在論に結びついたものと解することが可能である。

また、カーの言う近代現実主義においては近代理想主義に見られた目的論的な性格が剥落していたが、これは実在論の持つ自然主義的な傾向の帰結でもある。つまり、形而上学的な観念が拒否される世界では、歴史の最終地点を規定する超越的な存在も居場所を失うのである。再びミードの言葉を借りるならば、実在論はプラグマティズムと共に次のような歴史観と結びついている。「私たちがむかっている目標がどのようなものであるかは不明であり、私たちに設定できる一定の目標にしたがって私たちのうごきを検証することはできず、またそれを方向づけることもできない。困難や問題に直面して私たちがおこなうことは、解決を追求することである」[64]。

このように見るならば、カーの言う近代現実主義は、歴史主義、政治的現実主義、実在論のそれぞれと接点を有するような立場であると言える。一つ断っておくならば、以上の論証には、アナロジーを重ね合わせたようなところも少なくない。それぞれの思潮に関する理解や、それらがどこまで相互に親和的かについては、議論があろう。そもそも当のカーの議論自体が大雑把である。その点、三輪が実際に行っているように、カーが提示している個々の現実主義概念を類別するというのも、一つ有意味なアプローチではあろう。[65] しかし、だとすれば、カーは何故、相異なる立場に単一の名を付与したのであろうか。本書第二章において、カーが物事を総合的に捉えようとする文化論的な視点を採っていたことは既に見た。この点に鑑みるならば、各思想の間の齟齬よりも、それを越えて認められる共通点の方こそが、彼の議論を理解する上では重要ではなかろうか。

その上で、二つの世界大戦の時代には、本書冒頭に記述した通り、伝統に対する反逆が種々の形で為されていたことを想起すべきであろう。この文脈からすると、自由主義的な伝統としての近代理想主義が疑問に付された時、その批判の在り方が多様であったとしても不思議ではない。ちょうど現代の我々も、当時の思想運動をモダニズムとしか総称しようがないように、近代理想主義に対する複数の批判的思潮に対して、カーもやはり現実主義としか名づけようがなかったのではないだろうか。『危機の二〇年』の中でカーが幅広い思想家に言及せねばならなかったこと、結果として現実主義の内容にいくらかのばらつきが見られるようになってしまったこと、しかしその上で彼がなお現実主義という単一の言葉を使用したことは、全てこの問いに肯んずるものであるように思われるのである。

そして、実在論、歴史主義、政治的現実主義といった諸思潮に共通するところがあったとすれば、まさに形而上学的な思考様式に抗する性向こそがそれであった。一八世紀末以降のヨーロッパ史を俯瞰したデイヴィッド・トムソンは、次のように述べている。「科学とレアルポリティークに促された知的な雰囲気と審美的な趣向は、同様に特徴的な文学・芸術を生み出した。［一九］世紀の半ば以降、文学と絵画における「写実主義」は、観察された事実と経験された感情に新たな敬意を表し、人間の物質的な環境をより理解しうるものにするにあたって、科学者のそれに比肩しうるだけの衝動を発していた」[66]。他方、マンハイムも述べているように、「精神的-心的世界の各部分を流動生成のうちにあるものとして体験する」ところから始まる歴史主義にも、事物の関係性を心象から導き出してくる観念論から離脱し、形而下の世界を――歴史に条件づけられた下においてではあれ――より無媒介な形で眺めようとする傾向が存していた[67]。カーの現実主義の語が指し示していた各思潮は、対象を在りのままに見ようとする態度、つまりは事物から観念の覆いを取り去ろうとする姿勢において一致していたと理解することが可能なのである。

ドストエフスキーにおける実践性の追求が、観想に止まらないところへと理論を突き詰めていく態度であったとして、『危機の二〇年』中、理論と実践との緊張関係は、理想主義と現実主義との対立に重ね合わされていた。実に、カーがマルクス主義者であったという、時に聞かれる見解なども、この視座においてこそ維持することができるであろう。後年の自伝草稿でカーは言う。「私は常々、資本主義の没落に関するマルクスの分析に対してよりも、思想と行動の隠された源泉を暴き立て、その周りに通常立てられている論理と道徳の覆いを剥ぐ方法としてのマルクス主義に、興味を抱いてきた」。こう記した少し後、カーは次のように続けている。一九三〇年代後半、「私は、マルクス主義の線に沿って多くの読書と思索を行っていた。その結果が『危機の二〇年』であって、それは一九三六年から三七年に最初に計画し、一九三九年の初めに完成させたものである。正確な意味でマルクス主義の作品ではなかったが、マルクス流の考え方に強く裏打ちされており、そうした考え方が国際問題に適用されていた」[68]。カーにとってのマルクス主義とは、虚飾を取り払うための方法論であり、その意味で心理学的と呼ばれる立場だったのである。

近代理想主義とは、まさに在りのままの利益関心を抽象的な理念で覆い隠すものだったであろう。そうした装飾を取り払った原因と結果の世界において、歴史の法則は――精神や神のような観念的な存在であるかは別として――個々の人間から抜け出たところにある。関係はただそこにあると実在論者が言う時、世界は人間の主観を超えた理に沿って動いており、それゆえに客観的な法則や因果関係も確定しうると解されている。ちょうどそうした世界観を反映する形で、カーの言う近代現実主義の世界においても、国家間の利益の衝突は、(物質的に)「実在の(real)」ものであり、(歴史的に)「不可避な(inevitable)」ものである。[69] 力や利益は近代現実主義を構成する本源的な要素ではなく、主となるのはあくまで抽象的観念を排し現実を歴史と同視するような世界観である。この土台があってこそ、因果の鎖を繋ぐ諸力やその最初の動力となる利益は重要となる。「「力は正義なり」というよく知られた言葉は、我々が「力」という語にあまりにも限定した意味を付与する時に限って誤解を招くものである。歴史が権利を、それゆえに正義を創り出すのである」。[70]『危機の二〇年』において近代現実主義の淵源に据えられているマルクスとダーウィンとは、『マルクス』のテクストでは、歴史に法則を見出した二大科学者であった。[71] 近代現実主義の世界とは、超越的な客観的理性が歴史の流れを規定する機械論的な世界なのである。

三　危機の構造

(一) 理性の荒廃

以上、『危機の二〇年』における理想主義と現実主義の内容を検討してきた。ここで一旦議論を整理し、既存研究の不備を今一度確認しながら、カーが見た危機の構造を明らかにしておこう。

理想主義と現実主義という二つの概念は、近代ヨーロッパ史上の異なる段階を指しており、両者の交代には因果的な連関が認められた。近代現実主義はスミス以来の近代理想主義に対抗する動きとして現れてきた。そして、その発展は、ヘーゲルからマルクスを経て歴史学派へと至る流れの中に認められていた。ここにおいて近代理想主義が人類の直線的進歩を想定した思潮であったのに対し、近代現実主義は自律的に展開していく歴史を世界の法に据えていた。この時、思想の流れとしての近代現実主義が近代理想主義に比して不明瞭な形でしか輪郭づけられていなかったのも当然であって、近代理想主義に伏在する形でその中から有機的に生成してくる近代現実主義も、精神史上に一つの段階を築き上げたのは、ようやくカーの同時代に至ってからのことであった。

この点、カーの理想主義批判が同時代の支配的な思潮に対するポレミックであったという修正史家らの見解は、やはり過度の単純化を含んでいる。彼らの指摘するところ、戦前の国際社会が既に、主権国家の上に立つ権力主体を擁しないアナーキーな状況であって、理想主義者たちにとっては、その乗り越えこそが課題であったという[72]。だとすれば、その後に政治的現実主義の主張が現れてきたとしても、既に知られていた論点を追認する以上の意味は確かになかったであろう。しかし、カーの記述においては、そうしたアナーキーな状況が既に出現していたと言いうる時代、つまり、ビスマルク流のレアルポリティークがヨーロッパを包み始めていた一八七〇年代において、近代現実主義はかなり明確な形をとり始めていたと捉えられている。繰り返すように、近代理想主義も近代現実主義も時間的な幅を持った精神の流れなのであって、カーは抽象的思潮としての現実主義を今一つの抽象的思潮である理想主義にぶつけたわけではない。

関連して、戦間期になお近代理想主義的な人間のモデルに依拠していた人々が権力政治の思考に親しんでいたからといって、そのことは彼らがカーの批判を免れる理由とはならなかったであろう。既述の通り、修正史家らによれば、この点においてこそ、現実主義の理想主義に対する優位性は否定される。しかし、カーが問題にしていたのは、道徳を重視する言説が含み持つ権力政治的な含意であって、理想主義者らがその点に自覚的かどうかではなかった。肝要なのは、いかに慈悲深く見える理念であれ、今や近代現実主義という土台の下で理解されてしまうということであった。

この意味では、理想主義者らが権力や国益に関心を有していた方が、カーにとって一層厄介であったかもしれない[73]。理想主義者が多く集っていた王立国際問題研究所（Chatham House）の政策案を分析する中、インダージート・パーマーとポール・ウィリアムスがそれぞれ示しているところによると、同研究所で練られていた国際主義は、権力を重視する姿勢ゆえにこそ、非白人の利益を犠牲にしてでも英帝国の維持に資する性格を帯びていたという[74]。理想主義者の先駆性を説く上で修正史家らが述べているように、国際主義が一九世紀中葉以降のある程度まで連続した思潮であったとすれば、この主張の妥当性はむしろより高いものとなる。一八世紀のバークやカントがより利他的な国際秩序観を有していたのに対し、文明国による未開社会の啓蒙を掲げたヴィクトリア期の自由主義者らこそ非西欧諸国からの収奪を正当化する視座を擁していたとの議論は、近年の政治理論における帝国研究が概ね一致して推し進めてきたところである[75]。そして、王立国際問題研究所で主導的な役割を果たしていた人物の一人がロバート・セシルだったとして、彼に批判を投げかけたカーが問題としていたのは、文明の使命を掲げる道徳主義的な言説に国益への関心が潜んでいるという、まさにその点であった。「自身に不可欠な軍備は防衛的で良い結果をもたらすものと見なし、他の国の軍備は攻撃的で不道徳なものと見なすという発想は、非常に効果のあるものであった[76]」。

こう述べた時、王立国際問題研究所も一枚岩ではなかったことは銘記しておくべきであろう。一方には帝国を賛美するセシルなどの保守主義者が、他方にはジンマーンに代表される左派の自由主義者がいたとして、パーマーらの主たる分析対象となっているのは前者である[77]。『危機の二〇年』中、ジンマーンがセシルと並んで最も頻繁に批判の俎上に載せられている理想主義者であることを考えると、この点は無視できない[78]。

ただ、その上で、ジンマーンの国際主義が道徳主義的であるがゆえに現実に合わないものであったことは、彼の理論に対して現在までに為された最も包括的な再評価によっても認められている。その担い手のジーン・モアフィールドによれば、ジンマーンの国際主義は、ミルの古典的自由主義から離脱し、ヘーゲル流の国家有機体論を受容した、ニュー・リベラリズムを基礎とするものであった。したがって、ジンマーンの理論は、カーが描き出している理想主義の伝統からはやや外れたところにあった。ただ、それがある種空想的な秩序しか展望できなかったというのは、カーの言う通りであった。個々の国家が各々に特殊な利益を有していたとして、国際社会においてはその調和が必要である。その際、文明国イギリスには、全体を率いていく個として、指導的な役割が期待される。しかし、その上でなお帝国主義的ではない、いかなる秩序が可能であろうか。こう考えた時、自由主義的な語彙を離れて共同体というものを定義することのできなかったジンマーンは、物理的強制力のない国際連盟という既存の方策以上のいかなる構想をも描き出すことができなかった。彼の直面した困難は、個別利益の衝突という現実主義的なそれであったが、それを乗り越えられなかった結果は、文字通りに理想主義的な国際主義でしかなかったのである。[79]

そして、近代現実主義を近代理想主義の一つの帰結と見ていたカーにとって、道具としての普遍主義も観念論としての道徳主義も、世界に現れてきた非合理性を拡大させるものという点では、等しく危険であった。『危機の二〇年』と前後して公刊された小論「諸国民間の道義心」において、この問題に関する彼の見解は特に明瞭である。

一九世紀半ば、フランスの外交官ヴァレフスキは、ビスマルクとの会話において、国益を普遍的正義の言葉で覆い隠すことこそが外交官の仕事であると述べていた。当時の外交官たちには、専ら自身の国に仕えることが期待されていたのである。「しかし、民主主義がゲームに絡んできた今、新たな要求が突きつけられた」。その新たな要求とは、人倫のためにまで仕えよというものである。ただ、「我々は、「間違っていても我が祖国」という考えを、道徳的な想像力が鋭くなったからこそ捨てたのであろうか。それとも単に知的な想像力が一層酩酊したものとなったから捨てたのであろうか」。実際のところ、ある道徳が唱え立てられる時、その裏で起こっているのは、そこから外れるものを貶すことである。「我々は他の側を不道徳とすることで自分たちの行動を正当化している」。だとすれば、妄りに掲げられる道徳的な要求こそ、国際関係から道徳的要素を取り除くことに最も大きな役割を果たしてしまっているのではないだろうか。

このように問うた上で、カーは次のように続けている。「ウィルソンとブリアンが相容れない高遠な感情を吐露した時、二人とも真に誠実であったことを誰も疑いはすまい。しかし、それは、ある意味で悲劇である」。というのも、ここに見られるのは社会全体の愚劣化だからである。「人を騙す道徳的な振る舞いにふけることを指導者たちに要求することで、我々は、それまで通用していた知的誠実性の価値を貶めてきた。我々は自分たちのことを道徳的であると思うよう騙されたいと思っている。しかるに、まず自身を騙すことなしに他人を上手く騙せる人はほとんどいないので、明晰な思考は指導者にとっての欠格事由となったのである」[80]。

国際政治が一般の人々の関心対象となる中から、現実主義的な科学は登場した。これは一方では、政策の真意を覆う道徳的言質への懐疑がそれだけ高まったということを意味していたであろう。ただ、他方、共同体の枠を押し広げていく民主主義の進展は、それ自体として、現実主義の登場を促すような非合理な面を有していた。社会のために用いられる理性の総量を増大させるものとして、功利主義の観点から民主主義を歓迎したベンサムに対し、続く世代のミルが、その担い手となる主体の不完全さに悩まされ、内面の陶冶を通じた個の自律性の涵養を説かねばならなかったことは、広く知られている通りである[81]。その後、二〇世紀に入って、民主主義はいよいよ本格的に制度化されていくこととなったが、古典的現実主義出現の要因として心理学の確立と共に民主主義の拡大を挙げるマイルス・カーラーによれば、こうして普及していった「民主政は、エリートの国家中心的な理性の幻影がとらえ所のないものに止まるであろうことを意味していた」[82]。

カーが「諸国民間の道義心」で述べていたのは、まさにこの問題であって、理性的・文明的・道徳的たれという言説こそが、政治の次元における非合理性を増幅せしめてきたのである。『危機の二〇年』と同年に公刊された『ブリテン』でも、カーは次のように述べている。「外交政策の複雑さに当惑させられて、ますます多くの人々がスローガンや標語の使用に心地よい逃げ場を見出している。かくして、イギリスの外交政策を「栄誉ある孤立」とか「集団的安全保障」とかいった一般的な概念に、合衆国の政策であれば「局外中立」に基礎づけるといった試みが為されてきたのである」[83]。

カーが世論の重要性をしばしば強調していたのは周知のこととして、それもまた、こうした非合理性への問題意識があってのことであった。同じ『ブリテン』の数頁遡った箇所で、彼はこう論じている。「今日国策を指揮する人々は、あらゆる手順において、ある政策が、国益に適うかどうか、ある原則・伝統に合致するかどうかばかりでなく、最後には国民の大半がそのために戦おうと思うようになりうる政策か、をも問わねばならない。……世論は最重要の要因となったのであり、現代の国際政治の運営と研究の両方を飛躍的に不可解で複雑なものにしたのである」[84]。『危機の二〇年』中、軍事力および経済力と世論の力とを並べて論じるカーが、他方では――フランス革命以降の様々な普遍主義的言説を例に――、「プロパガンダはある国民国家を拠点とし、軍事的・経済的な力と結びつくまで、政治的な力としては無力である」としているのも、この意味において理解されるであろう[85]。

(二) 意味の喪失

現実主義対理想主義という概念枠組みが捨て去られるべきものであるとする修正史家らは、力と道徳をめぐる軸がカー以前に現れていたことを示すべく、一九世紀後半以降に見られた帝国主義と国際主義の緊張に目を向けるようになってきている[86]。二つの思潮は、時には結びついて収奪的な政治指針を、また別の時には相克を経て平等主義的な国際秩序観を導き出していたのであって、理想主義者らはこの二つの極点の間で多様な立場をとっていたというわけである。しかし、カーが述べていたのは、少なくとも大戦間期の時点で見られた具体的な方策に関する限り、この両極が——ひいては、その間に位置する各々の立場もが——同種の問題を含みうるということであった。個と全体との関係を見る上で、一が他を抑えつけるというやり方も、主体同士が相並び立つことを素朴に宣言するやり方も、共に調和の達成には至らない。それどころか、自由主義的な政治思想の中から非合理性の問題が立ち現われ、さらには否応なく国際場裏へと広がる中で人々の生に影響を与えるようになった時代、その客観性が疑われざるをえなくなった普遍主義こそ、非合理性の問題をいよいよ本格化させてしまう最大の原因なのであった。第一次世界大戦直後、既に時代遅れということが薄々理解されていた理想主義は、なお喧伝され、非合理性を覆い隠し肥大させてしまったが、その結果として、一九三〇年代の危機がやってきたのである[87]。

だからこそ覆いを剥ぐ現実主義が必然的に湧き上がってくることとなった。ただ、その意味では、合理性の仮面を取り払ったところに現れた人間の非合理性が乗り越えられるべき問題そのものであったことからも理解されるように、現実主義の登場こそ危機の兆候ということになる。実に、現実主義の政治的な含意とは、カーが同時代に見ていた虚無主義のそれに他ならない。

現実主義が相対主義に傾斜するものであった点は上に見た通りであるが、この言葉は、歴史主義を批判する際に広く用いられたものである。一般的な枠組みに収まらない個別なものをその特殊性のままに捉えようとする歴史主義は、それゆえに相対主義に陥る危険を蔵していた。第一次世界大戦後のドイツでは、西欧文明に対するドイツ文化の独自性を説く『西欧の没落』をめぐって一大論争が巻き起こっていたが、同時期に議論されていた歴史主義もまた、この本の著者シュペングラーの立場に近しいものを含んでいたのである[88]。事実、マイネッケなども、半ばトレルチに倣いつつ、「西欧的＝自然法的な思惟方法」と「ドイツ的＝歴史的思惟」という二分法を採用していた[89]。

ここに見られた相対主義には、自然法が提供してきたような倫理的判断の共通土台を排する中で虚無主義を生み出す危険性が伏在していた。再びマイネッケを例にとると、個々の政治主体の行動を個別的なものとしつつ、それを国家理性という一般的な型に沿うものとするその視点は、重点の置き方によって、特殊具体的な活動も結局のところ一般的な法則性にそうあらしめられているだけ、と言いえてしまうような危うさを帯びている。個々の国家の行動と国家理性一般との合一可能性が普遍的な道徳準則からの逸脱にのみ認められるという論点は、マイネッケ著作集の編者ヴァルター・ホーファーも指摘しているように、独特に悲観的な側面を有しているのである。「歴史的認識は否定しがたい――「国家は罪を犯さざるをえぬものであるかに見える」。しかしながら倫理的要請もまた同じく反駁しがたい――「国家は人倫的なものであらねばならぬし、普遍的な道徳法則との調和を求むべきものでもある」。歴史的な経験と道徳的要請とは相対立して一致しえない。ここにこそマイネッケの歴史的・政治的思惟において次第に強まってきた重苦しい根本的洞察――すべての歴史は同時に悲劇である――の生れ来る根源があるのである[90]」。この世界は、すなわち、歴史の法則を見極め、それに沿って動くという合理的な判断すら、破滅的な結果へと通じうる世界である。

マイネッケやマンハイムがこうした困難をどのように解消したのか、あるいはそもそも成功裏に解消しえたのかについて、ここでは問うまい。重要なのは、カーの言う現実主義の世界も、普遍性の仮象を削ぎ落としていったところに現れる地平であり、超越的な歴史の法則が支配する世界であったとすれば、その側にはこうした虚無主義の問題が常に控えていたということである。ヘーゲルからシュペングラーに至る歴史哲学を指してカーが言うところ、「このような現実解釈はどれも、時代精神の観点においてであれ、経済の観点においてであれ、地理の観点においてであれ、「歴史的視角」の観点においてであれ、その最終的な分析において決定論的である」[91]。したがって、「現実主義者は、自身が変える力を持たない、前もって定められた展開の過程を分析する」[92]。その上で、既述の通り、この客観的に把握される法則が最終的に人々をどこに導いていくのかは不明である。

個々の人間がいかに自身の理性を働かせて行動したとしても、世界は超越的な法則の下に動かされていく。事物の法則性を明らかにし、行動原則として受け容れんとする分析家たちは、世界を支配する客観的理性を無条件に承認しているという点で、逆説的にもその懐疑的態度を捨て去ってしまっている。彼らは、自由な個人などではなく、超越的存在に進んで服従する奴隷的精神の持ち主であり、その姿勢において、「自由からの逃走」（フロム）を企てた全体主義の崇拝者らといささかも変わるところがない。

歴史の法則を見極めるために理性を用い、そこから導き出された法則に適合するよう行動することはできよう。しかし、その結果が破滅的な戦争の勃発に結びつくかその回避に結びつくかは、究極的に言って、個人が与り知るところではない。合理的なはずの行動が計算を超えた結果を導き出した時、人々は誰一人として、自身の行動を理性的に統制できているとは言えなくなってしまう。国家理性に適うという合理的行動も人倫からの逸脱を意味しているとすれば、『罪と罰』のラスコーリニコフ同様、彼らもまた、演繹的に編み出した原理を成功裏に実践することは極めて困難である。その時、人々は行動すること自体を止め、それに先立つ思考も必要としなくなるであろう。

既存の諸力を受け容れる現実主義は、「「客観的」思想の名の下に提唱されるものの、思想を不毛にし、行動を否定するという帰結に至る点にまで推し進められうることに疑いがない」のであって、「論理的には抗し難いとしても、思想を追求するためにすら必要な行動の源泉を我々に提供してくれはしないのである」[93]。この点をめぐるカーの議論については、ミュリエル・コゼットが次のように簡潔にまとめている。「現実主義が直面する躓きの石とはこの疑問である――何故行動するのか。国家の関係が必然によって支配されているとすれば、人は、最善でも諦めを、最悪は絶望を強いられる」[94]。抗えない本性が、理性による制御を超えるという意味では非合理的な、人間を外的に規定する一つの自然であるとすれば、古典的現実主義の中核要素としてしばしば指摘されてきた人間の本性的な衝動に関する仮定というのも、この問題の言い換えと捉えることができよう[95]。

こうして、カーが現実主義の中に見る歴史とは、超越的で非人格的な力の顕現なのである。言うなれば、三〇年代初頭にイギリスに見出された虚無主義の危機は、今やヨーロッパ大のものに広がっていたのである。だとすれば、国際政治とは、近代の行きついた危機そのものということになる。

実に、カーが『危機の二〇年』を記していたのと同じ頃、『イデオロギーとユートピア』と並べて彼が称賛した『道徳的人間と非道徳的社会』の著者であり、やはり現代まで現実主義の先駆者とされてきたラインホルド・ニーバーも、同様の歴史観を開陳していた[96]。この点は、『危機の二〇年』が公刊された翌一九四〇年に彼が世に問うていたパンフレットにおいて、とりわけ明瞭である。曰く、そもそも人間は、自然と歴史に条件づけられた存在である。しかし、近代に入ると、理性を通じて神の位置に立とうとする罪を犯すようになった。その時、近代人は、自身にとって恒久的に安寧な文明を模索する中で、他の人々を危険に晒す道を選択した。そして、それゆえに反逆を招来し、世界の不安定性をむしろ増幅させることとなった。その結果としての「現代の戦争が創り出している危機は、全体主義の危機であ」り、「事実を観察し、それらに「何事かを意味せ」しめようとするにあたって人々が用いる解釈の原理」という広い意味での宗教が被っている危機であって、「信仰が意味喪失の危機から人々を救うか」を問いかける性質のものである。[97] 理性崇拝から生まれた文明の退廃は、虚無主義に連なる精神の危機を生み出したのである。

また、『危機の二〇年』中、マンハイム、ニーバーと並べて、「世界史上における現在の危機について、いくらかの卓越した推量と極めて刺激的で示唆的な診断を含んでいる」との賛辞が送られているピーター・ドラッカーの『経済人の終わり』もやはり、合理主義が非合理性の問題を生み出していく過程を描き出していた。[98] そのことは、機械論的な世界像への反逆として現れた全体主義が、「自由主義に反対すると同時に保守主義に反対する」ものであり、「宗教に反対すると同時に無神論に反対する」ものであるかと思えば、「反資本主義で反社会主義、反戦主義で反平和主義」であると解されている点に端的に要約されている。あらゆる理性的な区分への反発こそ、全体主義の本質というわけである。その政治的な帰結は、外部に敵を作ることによってのみ存続しうる戦争国家の誕生であったが、そこにおいては、「自分で作った悪魔を敵とする「聖戦」が、はたから見れば道理はずれに見えれば見えるほど、聖戦のほかに世界の合理化はないものと、ますます強く思い込まねばならない」[99]。空虚な普遍主義への虚無的な信仰こそ、同時代の危機の本質なのである。

こうしてカーの歴史理解が、彼と知的に近接していた複数の同時代知識人に共有されていたことを考えるならば、理論としての現実主義とは、ジョン・ヴァスケスが言うように、第一次世界大戦後に蔓延していたトラウマをあらゆる経験にまで一般化したものと解することができよう。[100] 明日も明後日も変わらず、見えない何かに隷属するという感覚――それはちょうど、暗く狭い穴蔵から空以外に見えるものもなく、ほとんどの場合は何事も起こらないまま、しかし突如として死が訪れる塹壕の精神である。「華々しい戦闘はなくても死傷者は絶え間なく増えていく。狙撃されることもあれば、ただ牽制のために撃つ敵の銃弾に命を落とすこともある。事故で死ぬこともあるだろう。なんの結果ももたらさず、なんの理由もない死。兵士にとってなにより耐えがたいのはこのような無意味な死であったかもしれない[101]」。総力戦後の社会に生きていた少なからぬ人々も、戦時にはこうした状況に置かれていたのである。

そして、また、進歩に対する懐疑とは、当時のヨーロッパに広く見られた思想的態度であった。例えば、後に進歩思想研究の古典となるジョン・バリー一九二一年の著『進歩の観念』末尾には、このような文句が認められる。「「進歩」自身は次のようなことを暗示するものではなかろうか、即ち、「進歩」の、学説としての価値は、あまり進んでいない文化のある段階にふさわしい相対的のものであったことを、恰度ありし日の「摂理」が幾分か劣った文化段階にふさわしい相対的価値の観念であったように[102]」。

こうした進歩に対する疑いは、科学の領域でも見られた。カーの記述の中で理想主義の一部から現実主義の武器へという変化を遂げていたダーウィンの思想こそ、その適例であった。つまり、ハーバート・スペンサーに代表される一九世紀の社会思想家らの間で進歩史観の理論的武器として祀り上げられていた適者生存の論理は、一九二〇年代から一九三〇年代、グレゴール・メンデルの遺伝学説との総合が行われていく中では、生物の進化を偶然的で疎らに発生するものと考えるような見方に再編成されていったのである[103]。人間は退化しうるということが可視的な形で示された第一次世界大戦の後、適者の生存は意識的に勝ち取られねばならないものと捉え直されたのであった[104]。

カーの言う現実主義が当時見られた反伝統の思潮に並置しうるものであったことは上述の通りであるが、実にモダニズムの諸芸術において、時間とは最も好まれたテーマの一つだったであろう[105]。芸術でもって現実を超克しようとするシュルレアリスムのような運動も、イギリスでは一九三六年末までにピークを終えたが、ドイツの再軍備宣言からスペイン内戦へと至る動きの中でそれに取って代わったテーマこそ歴史であって、一九三九年ともなると、その悲劇に耐えることはもはや当然のものとして描かれるようになっていたという[106]。

リヒトハイムも述べている通り、一九三〇年代には、「個人がもはや意義をもたないという発見が、高まる悲観主義の気分のもとにあった」[107]。ニーバーが見た信仰の問題や、ドラッカーが考察した全体主義の問題と並んで、カーが論じた現実主義の問題も、同時代の虚無主義とその政治的な帰結とを指し示す言葉であったと言えよう。塹壕戦からの救いを求めた戦場の兵士の間では超自然的なものの到来を待つ神秘主義が流行したが、それは戦後、今や前線と区別されえなくなった銃後のヨーロッパ社会においても、国ごとに違いはあれ、ある程度の広まりを見せるようになっていた[108]。しかし、彼岸へと逃避するこの精神は、此岸への諦念と一体のものであり、この世の奇跡を約束する者に対してあまりにも脆い。ドラッカーも指摘しているように、「大衆は絶望のあまりに、不可能を可能と……約束する魔術師に傾倒する」[109]。もはや取り返しようのない過去、輝かしい相貌の下で危機を醸成し続けていた過去から、幸福な部分だけを取り出して再生させるなどというのは、そもそもこれまでに存在したことのない世界を現前させようとする夢想的な試みでしかない。それが実践に移された時、実際にある危機は再び覆い隠され、それゆえに深化せしめられていくのであった。

しかし、だからこそ、「古い」解決策であった宗教を拒否し、ドストエフスキーから袂を分かったカーも、なお信じるに足るものを探していた。そこでこのよく知られた言葉である。「一貫して純然たる現実主義者であることが不可能だというのは、政治学における最も確かで最も興味深い教訓の一つである」[110]。相対主義を克服しない限り、危機は永遠に深まっていくばかりである。重要なのは、ともかく動いていく世界に自分たちが関わっているという感覚である。魔術師の奇跡ではない地に足のついた確かな理想こそ、社会を維持させていく。「現実主義の武器で現在の理想郷を打ち壊した後、我々はなお我々自身の新しい理想郷を打ち立てねばならない」[111]。以下、カーの思想を評価する段階へと議論を進め、彼の理想について検討することとしたい。

ることとなる。

四　新たな理想の創出

（一）個の再生

危機の歴史的な構造を明らかにしたカーは、理想と現実の止揚を胸に、新たな秩序の構想を模索する。具体的には、まず権力と道徳の関係を理論的に考察し、次いでそれが国際場裏で現れてくる国際法から平和的変更までの問題を扱うこととなる。

この点、カーの道徳観に光を当てる近年の研究者の多くが、『危機の二〇年』の見過ごされてきた後半部分を重視するのは妥当である。実際、平和的変更について、カーは、「権利に関する共通の感情という理想主義的な概念と、諸力の変更された均衡に機械的な調整が働くという現実主義的な概念との和解」が不可欠だと述べており、ここでは、政治的な次元においてのみでなく、歴史哲学の次元で危機を超えていこうとする意識が反映されている[112]。また、この平和的変更の実現に向けた具体的方策の一つこそ、悪名高い宥和政策であった。この点に関する議論は、『危機の二〇年』よりも『ブリテン』に詳しいが、そこでは、同政策が当初から瓦解を運命づけられていたわけではなかったこと、むしろその実践における不徹底さこそ失敗の原因であったことが強調された上で、一九三九年の三月にハリファックス伯が貴族院で述べた次のような言葉が引かれている。「希望を持つことは確かに正当で適切であった。しかし我々は常に、時間の経過によってのみ希望が確かな信念に転換されうるということを理解して行動していた[113]」。現実主義な世界の現状を超えていく上でこそ新たな理想が必要であったとして、カーが宥和政策を支持した根幹には、虚無的な時代においてなお、空想的ではない形で何かを信じることの重要性が想起されていたように思われる[114]。

ただ、その上で真に問題とすべきは、カーがこれらの方策を持ち出してくる際に前提としている間主観的なものの内実である。つまり、平和的変更が実践される状況において、文明がいかなる段階に到達しているかである。虚無主義の時代において、人はそもそも行動する理由を持たない以上、これらの方策を実践するにあたっては、前提となる目標や守るべき価値が必要となる。そして、危機の直接的な原因ではなくその淵源に着目してきたカーは、文明史的な枠組みで議論を展開してきた。だとすれば、目下の危機に対する解決が示される中でも、近代現実主義を乗り越えた先の将来の世界について、何らかの包括的な像が与えられねばならず、その土台を成す精神風土が明らかにされねばならない。

では、この問題に対する解がどこに見出せるかと言うと、それは、近代現実主義がいかにして終焉を迎えるのかという点においてであろう。新たな世界の基礎となるのは、危機そのものであるこの段階を克服しうるだけの、新たな精神に他ならないはずだからである。この点では、『危機の二〇年』の中でも、前半から中盤にかけての箇所こそが、やはり後半部以上に重要と言える。

ここで本書著者が指しているのは、現実主義の限界が述べ立てられ、その流れから政治一般に関する洞察が提示されている箇所である。この部分の重要性は、近年もこれまでも、繰り返し強調されてきた。ただ、その具体的な内容に関する理解は、現実主義だけでは不十分という、ごく一般化されたものに落ちついてしまっている。そこに潜んでいるより深遠な問題は、往々にして見過ごされているのである。では、その深遠な問題とは何かと言えば、近代現実主義の凋落を示したこの箇所においてこそ、カーの議論が際立って倫理学説的な形をとっているということである。

結論から言ってしまえば、こういうことである。「政治が無限に続く過程であるという発想は、結局は人間の心には適さない理解不能なものであ」って、「人類が全体としてこの合理的な試金石を政治的判断の普遍的に有効な基礎として受け容れる準備ができていないのは明白である」――これが近代現実主義の崩壊する最大にしてほとんど唯一の理由なのである[115]。同じ文脈でショーペンハウアーを批判した箇所において、カーの言葉はより明確と言えるかもしれない。曰く、ショーペンハウアーの世界では、歴史が独自の法を有しており、諸個人は観想に浸る以外に為すべきことがない。しかし、「このような結論は人間の自身に対する最も深く根差した信念に全く合致していない。人間に関する事柄が人間の行動と人間の思想によって方向づけられうるものであり、また、修正されうるものであるというのは、あまりにも基本的な前提であり、それを否定することは、人間として存在するということとほとんど両立しないように思われる[116]」。

個々人の生は歴史の法則に還元しえない、というこの手の主張は、カーがより具体的な問題について述べたところにも認めることができる。象徴的な形では、ウィルソン講座着任記念講演がその好例である。カーは、まず、マルクス、フロイト、マルサスの三人を並べ、社会的不平等、人々の心理、人口の増大が戦争の勃発に与っていたことを、その通りと認める。ただ、その上で、これらのいずれも、戦争の開始を決定した主要因ではないと続ける。「しかし、もし、これらの仮説のいずれかが主としてあるいは専らに正しいとすれば、この講座の存在そのものが無意味となるであろう。もし我々が、抗しえないままに我々を戦争へ導いていくような、何らかの自然法則だったり、支配に与っている少数の統治者らの気まぐれや私益だったりの盲目的な被害者として、自身を捉えるよう強いられているとすれば、実に、国際政治の研究は、その意味をほとんど失ってしまうであろう」。そこでカーがすぐさま持ち出してくるのが、自律した個々人の判断である。「たとえこれらの条件が過去に存在したとしても、それらが今日でも存在する必然性はない。戦争と平和に対する責任は、我々一人ひとりに掛かっているのである[117]」。

その上で、では、国際政治学者は何を為すべきか、というと、世論の啓蒙である、というのがカーの答えであり、だからこそ講演も、「平和の安全装置としての世論」と題されている。『ブリテン』において彼が民主主義の拡大を問題視していたことは既に述べたが、その際も彼は、そこでの困難を「時間が矯正していくと期待されてよいであろうもの」と捉えていた。そして、それも、「民主主義が、規則の束の問題ではなく、心の在り方」を問うものであり、教育によって培われていくものであるからに他ならなかった。[118]

この点、カーはいかにもエリート主義的で、自身を啓蒙者の位置に据えているかのように見える。将来の秩序について論じた『危機の二〇年』第三部以降で、カーは、「民主主義国家でも、意見の領域においては、経済の領域においてと同様、一九世紀の自由放任原理はもはや上手くいかない」と述べている。[119] しかし、上の記念演説の趣旨からすると、この裏で期待されているのは、より理性的な人々の間のより成熟した民主主義が到来することである。彼の主張は、結局のところ、愚かな人々も適切な教育で理性的になることができ、そうすれば非合理性の問題は解決するという、ちょうど彼自身が批判していた理想主義のそれと同じものにすら見える。四〇年代に『タイムズ』誌の編集へと参画した彼は、こうした啓蒙のための適切な場をも得たであろう。[120]

当時の英語圏で流行を見ていた『イデオロギーとユートピア』が、知識人の啓蒙的な役割を擁護する書と理解されていた点に鑑みると、ここにもマンハイムの影響を見ることができるかもしれない。[121] ただ、『危機の二〇年』においては、知識人が相対的に階級から自由であるとするマンハイムに対して、「その態度が政治生活の決定要因であるところの大衆から超然としていること」の不利益が指摘されている。[122] このマンハイム批判は、実に、知識人一般を理想主義者と結びつける中で現れている。しかし、そこでなおカーが世論の啓蒙を重視していたとすれば、彼もまた、理想主義者たち同様、自身が呼びかける対象が理性的な存在足りうることに信を置いていたと言えよう。カー自身が述べていたように、「ベンサムは世論による救済の原理を作り上げた最初の思想家だった」

のである[123]。

したがって、カーは次のような議論を展開することとなる。曰く、人々に特定の意見を信じ込ませるのは常に容易とは限らない。「我々が意見に対する権力を軍事・経済権力と隣り合わせに据える時、にも拘わらず、もはや単純に物理的な要因ばかりでなく、人間の思想・感情を扱っているのだということを想起せねばならない[124]」。この認識から、カーは、さらに、プロパガンダの拡散にまつわる二つの限界を指摘する。一つは、客観的事実の存在であり、事実の巧妙な操作で成立するプロパガンダは、それゆえ常に事実によって裏切られうる。「教育は、この権力の最も強力な道具の一つであるが、同時に、その最も強力な解毒剤の一つでもある自力調査の精神を促すものである」。ここには、客観性をめぐるカーの理解の素朴さが示されており、それ自体興味深いが、目下の議論にとってより重要なのは二つ目の限界の方である。つまり、そこで持ち出されるのは「人間性の本来的な理想主義」であるが、意見に対する恣意的な権力の行使はこれによって「なお一層効果的に」制限されるという。そして、繰り返すように、世論とは「平和の安全装置」であるから、ここで想定されているような理性ある個人が健全な見解を積み重ねてくるところにこそ、国際平和の礎も築かれる。カーによると、プロパガンダの拡散が横行している裏では、各国間でともあれ共通に保持されているような価値観念が存在していると言えるが、「この共通の理念の集積が国際的道徳によって我々の意味するものである[125]」。

他方で、カーは、個人間の関係を直接に国家間の関係に投影していたわけではない。続く節で、上の国際的道徳についてのより一般的な議論が展開される中では、個人間の道徳と国家間の道徳が異なることが、繰り返し強調されているであろう。「個人の行動に適用しうるのと同じ倫理的規準を国家の行動に適用しうるとの見方は、国家にはいかなる規準も妥当しないという見方と同じくらい、目下信じられているところから隔たっている[126]」。

しかし、この国際的道徳の醸成も、それに続く国際法から上記の平和的変更までの問題に関わる処方箋同様、あくまで現実主義が乗り越えられた後の世界で実践されるべきものだったはずである。したがって、究極的には国家の行動を担うべき個人としてそこで暗に想定されているのは、既に健全な政治理解を修得した理性的な個人である。だからこそ、カーは、個人的道徳と国際的道徳との違いを論じ始める上でも、「国際的道徳に関する普通の人間についての前提をめぐっては、これまでほとんど何も議論がなかった」ことを指摘し、「このことは、政治の大衆化によって、普通の人間にまつわる前提が初めて主たる重要性を持つ事柄となった時期において、特に不運なことであった」としているのである[127]。

近代において国家はもはや「必要な虚構ないし仮説」である、と考えるカーにとって、そうした集合的主体を媒介しない形での世界市民主義的な社会像は展望されるところではない[128]。現実主義の限界についての議論が終わる直後の、『危機の二〇年』第三部の最初の章の冒頭まで遡ってみても、「人間は最も原始的な時代から常に一家族より大きな半恒久的集団を形成してきた」のであり、「政治はそのように組織された恒久的ないし半恒久的集団における人々の行動を扱う」ものであるというのが、カーの見解である[129]。彼はここでアリストテレスの名まで挙げながら、こうした意味での政治が、古代以降の人間生活の条件を成し続けてきたことを指摘している。

こうした点を捉えて、フリードリヒ・ハイエクなどは、カーが国家社会主義の論理に接続していることを批判したであろう[130]。しかしここでもカーが主として問題にしているのは、やはり個人の在り方である。確かに、理想主義的な経済人モデルの限界を指摘する時でも、彼が無抵抗主義およびキリスト教的倫理と並べて批判するのは、無類の個人主義者であったはずのバクーニンである。「無政府主義者は国家を転覆するために力を使うであろう。しかし、この革命の力は、政治的な力とは考えられず、怒り猛る個人の良心による自然発生的な反逆と考えられる。それは古い政治社会に置き換わる新しい政治社会ではなくて、そこからは力が、そしてその結果として政治が、完全に消し去られる、そうした道徳的な社会を創ろうとするものである」[131]。ただ、問題は、このような社会からは、逆説的に、個人が消えてしまうということなのである。「無抵抗主義も無政府主義も共に嘆きの勧告であって、政治的行動によっては何も獲得しえないと人々が絶望を感じるところでしか、広く受け容れられることがないように思われる[132]」。バクーニンの個人主義は、いわばその不十分さゆえに批判されるのである。

社会秩序の構築にあたって、人間の本性だけでは不十分である。それが解放されただけのところには、今以上に虚無的な状況しか生まれず、そこには全体主義の危機が招き入れられてしまう。ロマン主義者たちの生き様が悲劇でなければならなかったという伝記研究での認識は、ここにおいて、理想主義的な普遍主義が近代現実主義の時代にあってむしろ危機の拡大に通ずるという、先述の問題の裏返しになっている。道徳ばかりを重んずる人間は、政治的な悪にむしろより近いところにいるのであり、もはや日常生活から切り離しえなくなった国際政治の場に放り込まれた彼らは、ただただその超個人的な力学に翻弄されるばかりである[133]。

しかし、ちょうどカーがバクーニンに独特の魅力を感じ取っていたことからも窺えるように、それだけに個人が重要なのであった。歴史が支配する時代、諸個人を捨て去ってしまうところには全体主義しか待っていない。だとすれば、諸個人の復活以外に道はない。ただ、民主主義の本格的な拡大と総力戦とを経験した時代、もはや政治から逃れて生きるという術は人々にはない。新しい世界にしても、「法の究極的な権威が政治に由来する」ような、政治的現実主義を基底にした世界でしかありえない[134]。

この限りでは、カーが現実主義者と見なされてきたことにも相応の理由が存在したと言えよう。その上で、重要なのは、そうした世界であっても、政治的な人間に成長しさえすれば、歴史へと能動的に参加し、規範を紡ぎ出していくことは可能であったということである。「政治的な行動は、非道徳的ないし抑圧的な法を修正するために引き起こされうるし、しばしば実際に引き起こされる[135]」。ここにおいて、人々は、新しい理想主義の段階を生きていくことが可能となる。

言い換えるならば、自律性を獲得するためにこそ、諸個人は政治的人間へと鍛え上げられねばならなかった。そのための手立てを示さない限り、バクーニンの個人主義は、マルクスの全体主義同様に解決策足りえなかったのである。カーが理想主義と現実主義とを統合しようとしたとすれば、それもこの意味においてであった。彼はいわば、近代理想主義の中に生きてきた個人を、近代現実主義の試練を通過させることで、一段高次の存在に変化させようとしていたのである。

(二) 定められた進歩

こうして近代現実主義に含まれる批判的な精神と権力政治的な思考方法は、カーの歴史像の中で、政治に不慣れで脆弱なそれまでの理性を、革命以降の世界に向けて陶治するものへと転換されている。「カーの意図は、その第一印象とは異なり、破壊ではなく教化にあった[136]」。そこに生きる人間は、岡安の言葉を借りるなら、「拡大された理性」を有しているということになろう[137]。また、三牧の指摘するように、こうして近代現実主義の洗礼を経て現れた世界は、それまで最大多数に含められていなかったより多様な主体の利益をも現前させており、その限りで高次の普遍主義を獲得するに至っていると言えるかもしれない[138]。カーにとって、「安全保障と解放とは実のところ同じコインの両面なのである[139]」。

この点、カーの議論には、その帰結においても、現代の批判的国際政治理論に通ずるところが確かに含まれている。近年、ポスト構造主義やポスト・マルクス主義の論客たちからは、平和を諸価値の不断の闘争を通じた過程として構想する視角が提出されている[140]。将来的な国民国家の止揚を視野に入れつつ、相互に承認された諸集団が切磋琢磨するところに倫理的なものを見出そうとするカーの展望は、こうした立論にいくらか近いものを有しているようにも捉えられる。

ただ、繰り返すように、カーがまず必要としていたのはそのための地盤であり、そうした新しい世界は、あくまでも近代現実主義の虚無的な側面が乗り越えられた後にのみ創造されうるものであった。しかし、そうした危機の克服自体がいかに為されるかというと、結局のところ、それが起こるべくして起こるという以上のことをカーは言っていない。『危機の二〇年』の結論部でも、「人間とは、結局、むき出しの力に常に抗するものである」とされているが、世論の醸成と相互理解の拡大にしても、超越的な歴史に反旗を翻しうるような強靭なる個人が存在して初めて、実現しうるものである[141]。危機を超えていくための最初の一歩は人間の本性以外のどこにも見当らないものの、一旦その善的な性格が前提されてしまいさえすれば、近代現実主義は、近代現実主義であるがゆえに崩壊するのである。『マルクス』においてヒトラーの没落が必然とされていたのは、既に見た通りである[142]。

言うなれば、理性の危機の超克は、理性を超えた外部に委託されている。『危機の二〇年』の中で、カーは、次のように述べている。「定められた目標というものは、黙示録的な展望の性格を帯びており、それゆえに現実主義自体が正当化することも説明することもできない感情的・非合理的な魅力を得ている[143]」。この意味で、カーの新しい理想は、ある種の信仰と言うべきものである。

ただ、近代現実主義の必然的な崩壊は、その定義から一種論理的に導き出しうるものともなっている。現実主義にとって、いかなる普遍主義もが相対的であるならば、やや逆説的なことに、物事が全て相対的であるという主張自体は普遍的に承認される必要があろう。「どの時代も、自らの価値を創造し、そうした価値の光の中で判断を下す権利を求める。そして、どの時代も、他の価値を溶解させるために現実主義の武器を使うならば、自らの絶対的な性格をなお信じている。どの時代も、「べき」という言葉が無意味であるという現実主義の含意を受け容れはしないのである[144]」。観念の覆いを取り払って形而下の世界に接近しようとする現実主義は、その時、在りのままの現前というそれ自体一つの観念であるところのものに捕らわれてしまうのである。そうして規範的なものへと仕立て上げられた現実主義は、あらゆる価値の相対性を暴き立てるという自らの本義に背かざるをえない。「現実主義を現実主義自身の武器で攻撃したならば、現実主義自体が、実際にはしばしば、他のあらゆる思考様式とちょうど同じくらいに条件づけられたものであるとわかるであろう[145]」。

ステファノ・グッツィーニも論じているように、相対主義の一形式である現実主義は、その懐疑主義的な性格を維持するにあたって自らにも批判的であり続けねばならず、確立された現実主義などというのは形容矛盾でしかない[146]。根本的に否定の思想である現実主義は、破壊の対象となる現実を失っては存立しえず、それゆえに既存の現実を受け容れるしかない。しかし、そうして現状を容認してしまった瞬間、それは、本来の破壊的性格を失って、現実主義であることを止めてしまう。

こうして、近代現実主義は、内部に自滅の契機を擁している。だとすれば、それは、文明史上、一過的な段階以上のものにはなりようがない。そして、近代理想主義こそが、その内在的論理の結果として、近代現実主義を生み出していったとすれば、後者は前者が遂げていく進歩の必然的な部分に他ならない。

実際、カーの議論において、願望を実現しようという強い心意気の下で生まれる黎明期の学問が、事実を見ないがゆえに現実の壁にぶつかるとすれば、そこに出現する分析的な態度は、元々あった理想主義的な欲求を叶えるためにこそ効果を発揮するものと捉えられる。単純であるがゆえに普遍的な呼びかけが可能な「これらの企画が瓦解し、願望や目的がそれ自体では(by itself)望まれている目標を達成できないことが示された時にのみ、探究者はしぶしぶと(reluctantly)分析の助けを求めるであろうし、その幼年の理想主義的な時期から現れた学は、科学として認められんとの主張を打ち立てるであろう[147]」。換言すれば、現実主義とは理想主義の自己反省の契機なのである。だからこそ、国際政治科学が示していた同時代の段階にしても、「他の時代には現実主義の不毛さに抗して理想主義が呼び起こされなければならないのとちょうど同じように、あり余る理想主義に対して現実主義が必要な（necessary）矯正を成している」状態と捉えられるに至る[148]。同様の認識は、より具体的な政治への理解にも反映されているであろう。「危機に対する全体主義の関係は、明らかに、原因ではなく結果のそれである。全体主義は病気そのもの（the disease）ではなく症状（symptoms）の一つである。危機が巻き起こるところではどこでも、この症状の跡が見出されうる[149]」。

要するに、現実主義とは、理想主義の発展における例外である。現実主義の始まりと終わりとは常に同時に訪れるのであり、文明史上における現実主義の段階は、過渡期である他はない。常態を成すのは理想主義であり、現実主義は、折に触れて、その中から自己批判を展開するのみである。ヴィクトリア朝の仮面を剥いだストレイチーがなおヴィクトリア的な諸要素を心に抱いていたのと同様、自由放任原理の破綻を暴き立てたカーもまた、理性と進歩とを信じている。『危機の二〇年』とは、極めて進歩主義的な色彩の強い書物であって、理想主義と現実主義との間に繰り広げられる相克は、未来に向けた絶え間ない前進の中に展開されているのである。

五　過去への後退

こうして、一九三〇年代の初頭に開始されたカーの実存的な探求は、その終わりにおいても継続を見ている。実に、カーが現実主義と理想主義との統合を試みていたとして、そこには生の哲学に通ずるような含みを認めることが可能であろう。個人が能動的に歴史を切り拓いていく状態が前者であり、個人が歴史に翻弄されている状態が後者である時、その中心にあるのは、人間がどこまで自律的な存在足りえるかという問いに他ならない。ジョンストンが簡潔に言い表しているように、『危機の二〇年』における「道徳と力とを統合しようという探究とは、実のところ、条件づけられた状態を超えていく我々の能力と、それができない我々の無力とを統合しようという探究なのである」[150]。

その上で、現実主義の問題を認識しつつも歴史の中で事態を捉え、そこから新しい科学を創り出していこうというカーの態度は、一見すると、歴史主義を受け容れた上で歴史主義の克服を図ろうとするマンハイムらのそれと近似しているように思われる。歴史主義が先行する啓蒙主義期の思想をも包括しているのであれば、それは、限界を露呈し始めた自由主義を内側から乗り越えていくということでもあった。事実、歴史主義者らの西欧自由主義批判は、しばしば、このような意味での内在的超克を企図したものであって、デイヴィッド・ケットラーなども指摘しているように、マンハイムの思想も根本においては自由主義的であった[151]。

しかし、カーの場合、その過程において、進歩を無条件に世界の法の座に据えることとなった。その時、歴史主義者の企図は、根底から覆されてしまっている。上に見たように、近代現実主義は文明の一時的な段階でしかありえないのであって、言うならば、自由主義が歴史主義を包み込んで人間精神の土台となることが予め約束されている。ここにおいては、本来革命であったはずの歴史主義も、物語に刺激を添える一つの挿話でしかない。実際、危機の兆表であるはずの虚無主義も、人間の本性によっていずれ乗り越えられることが必然であるのならば、そもそも文明にとって何ら恐るるべきものではないはずである。

この点、カーの歴史観は、同時代においてアメリカの進歩派知識人らが示していたものと基本面で一致していた。チャールズとメアリーのビアード両夫妻が共同で執筆した一九二七年のベストセラー『アメリカ文明の台頭』について、ドロシー・ロスは次のような解釈を提示している。「自然主義の庇護の下では、彼らは、道徳的意志の営為に反するように見える機械的な原因の決定論的な鎖によって歴史が動かされていると信じていた。そうした因果は道徳と無関係なように見えた。つまり、善は悪から生じ、悪は善から生ずるのであり、人間の意図は意図せざる帰結を生み出すのである」。ここには近代現実主義と同様の精神風土を認めることができるが、「しかしながら、ロマンスの庇護の下では、彼らは、何としてでも善と悪とを分け、道徳的な営為が報われ、善き心が良き結果を生み出すよう望んだ」。こうして、彼らの作品のプロットは——様々な障害を挟みつつも常に幸せな結末で終わる——喜劇のそれと同定される。そして、そこで重要になるのが、事物の行き詰まりを物語の中に回収してしまうための道具立てである。「ビアード夫妻は、因果間の道徳上の隔たりを、アイロニーを用いたレトリックで示した。良き原因が悪しき結果を産み出したり、悪しき原因が良き結果を生み出した時はいつでも、つまり、建設的な資本主義の動力が破壊的な資本主義的強欲を生み出したり、物質的な私益が理想主義的なやりとりを生み出したりした時にはいつでも、彼らはアイロニーを用いたのである」[152]。現実主義を擁護しているように見える箇所でのカーの議論がしばしば修辞的なものであったという点は、ジョーンズやダンといった近年の研究者がつとに指摘してきたところである[153]。

カー自身が述べていたように当時のアメリカが今や近代理想主義を体現する社会になっていたとするならば、同様の歴史観が一世代前のイギリスに認められたとしても不思議ではない。実に、カーの歴史観は、一九世紀後半の社会ダーウィン主義者たちのそれに近いのである。ガートルード・ヒンメルファーブも論じているように、互いに異なる立場を含んでいた彼ら一九世紀の思想家たちを、なお単一のラベルの下に呼んで差し支えないとすれば、それは永劫的な闘争の世界からの必然的な脱却を彼らが等しく展望していた点においてであった。「人間が生の変化する条件に適応していくに連れ、新しい人間性が発達してくるであろう」——つまり、これが彼らの議論に共通するテーゼだったのであるが、カーが展望した政治的人間とは、それまで理想主義の世界に生きていた人間が現実主義の世界へと自然に適応した後の姿に他なるまい[154]。

宥和政策が当時のイギリスの国益に適うものであったことなどを軸に、これまで複数の研究者たちがカーの保守性に光を当ててきたとして、それを思想的な淵源にまで遡ったところには、こうした自由主義的な人間観と進歩主義的な歴史観とが横たわっている。カーの議論が調和の思想と抗争の思想との対立を軸に展開されているのは、モロイなども指摘してきた通りである。ただ、その上で、こうした二つの思想がそれぞれ、英国型の進歩主義と大陸型の歴史哲学との対立であるなどと言えば、問題を単純化し過ぎることになる[155]。フランス革命後、海峡を隔てて啓蒙期の理想を維持しえたイギリスでは進歩主義が勢いを保ったのに対し、神聖ローマ帝国の滅亡を経験したドイツでは種々の歴史哲学が導き出されたとすれば、カーの言う近代理想主義と近代現実主義は、確かにイギリス的・ドイツ的な色彩をそれぞれ有してはいる[156]。しかし、繰り返すように、カーの世界像の中では、究極的に言って、全ての出来事が進歩の中に起こっている。だとすれば、そこにおいて、元来ドイツ流と言うべき歴史哲学も、あくまでイギリスの視点から捉えられたより無害なものに中和せしめられているのである[157]。

こうした思考様式が、より早い時期のカーのテクストにも横たわっていたのは、彼の伝記研究を通じて見た通りである。とりわけ『ドストエフスキー』において、ロシア的なものは、西欧を内から回復する道具とされていた。しかし、今、この点について若干の補足を行うならば、実のところ、イギリス人には理解し難いであろうとカーが繰り返していた非合理性の問題にしても、同時代の大陸諸国においては既に知られたものであった。二〇世紀イギリスの代表的な知識人の一人であったアナンは、この点について、次のように回想している。「ダダイストのような非合理主義のチャンピオンたちは我々に大した影響を及ぼさなかったので、非合理性がかなり異なった形でとうとう海峡を渡ってきた六〇年代、我々はいささか面食らったのであった[158]」。実際、『危機の二〇年』において挙げられていた非合理主義の思想家たちにしても、マルクスからフロイトまで皆ヨーロッパの知識人たちであった。

クリミア戦争から種々の民族独立紛争へと連なる一九世紀後半の諸事変は、ヨーロッパ大陸において独特の精神的な効果を生み出していた。対して、海峡を隔てたイギリスでは事情がやや異なっていた。リバ・ソファーも指摘しているように、「ヴェーバー、フロイト、デュルケム、クローチェは、最も合理的な行動と制度にすら通底する非合理的な諸力をしぶしぶながら認めるという、心理的な不安に屈していた。ヨーロッパの人々がイギリス人たちに比べて並外れた理論的構造を打ち立てていたことはほとんど否定しえないが、彼らが憂鬱と共に非合理性を暴き立てたことは、不可避的に、社会的実践から切り離された決定論的で悲観的な社会理論を生み出すことになった」[159]。ひるがえって、イギリスでは、合理性を尊重して科学的な知見を実社会に活かそうという志向性が、強く残存することとなったのである。だからこそ、ヘーゲル哲学を受け容れたニュー・リベラリズムも、やはりイギリス流の自由主義だったのであり、ドイツ的な精神の哲学を受容する一方で倫理と科学との結合を図り続けたところでは、社会改良という実践的な方針が生まれたのであった[160]。

既に触れたハイエクの批判に代表されるように、カーは時に全体主義者と見なされてきた。しかし、こうした評価は、ナチズムの洗礼を経た後、ソ連が現存していた冷戦期の知的風土によって、いくらか左右されたものであったと思われる[161]。カーが信奉していたのは、あくまでも自由主義を基礎にした社会主義の一変種であった。カーはマルクス主義の没落を必然と考えており、同時代のソヴィエトの体制については、新しさや変化を感じさせてくれるものではないと批判していたのである。

こうした評価は、カーの伝記研究を扱った際にも折につけて触れてきたが、一九三〇年代の後半に至っても基本的には変わっていない。例えば、一九三七年に『タイムズ』誌上で三日間にわたって掲載されたソヴィエトの体制分析において、カーは、「資本主義の側から見ている人たちも、ソヴィエト社会主義が、結局、特筆された形の資本主義でしかないとわかったとして、当惑する必要はない」と述べているが、その上で、ソヴィエトの内政・外交が、「これまで資本主義の世界で発見されていない救いのための何らかの新しい秘訣を含んでいるなどということには、資本主義者も容易に納得はしまい」との結論に至っている[162]。同じ頃、ウォルター・リップマンの著作『良き社会』に対してカーが記した書評は、より一層示唆的なものを含んでいる。というのも、そこにおいて、カーは、リップマンの処方箋自体には批判を加えていくのに先立って、このアメリカ人ジャーナリストを「ヒトラーとムッソリーニの専制を嫌うからといってスターリンの専制に甘くなったりはしない」、「妥協のない思想家」と評価し、そうすることによって、ソ連に対する自身の批判的な姿勢をも明らかにしているのである。その上で、最終的に自身の見解を述べている部分では、「寛容」ないし「持ちつ持たれつ」として理解されるのがおそらくよいであろう「自由」の伝統」こそ、自由主義の内でなお維持されるべきものであるとすらしている[163]。

そもそも、当時イギリスの左派の間で持てはやされた計画経済の考え方は、一つの記号に過ぎないところがあった。カーも好意的に評していたモーリス・ドッブやメイナード・ケインズら当時の社会思想家たちの主張を取り上げつつリチャード・オウヴァリィが論じているように、戦後の混合経済を先取りする形で自由主義経済が比較的上手く運営されていたイギリスにおいて、そうした現実に反するように資本主義の失敗が説かれていたとすれば、そこで展開されていた批判とは基本的に規範的な議論だったのである。「エートスは資本主義が危機にあるというものであって、広がってきていた現実は消費が復活しているというものであった[164]」。だとすれば、当時、一部の左派知識人たちがソ連的な計画経済の手法を称賛した際にも、問題となっていたのは、その具体的な効果ではなく道徳的な含意であった。「一九三〇年代において、社会主義者の計画理念は、資本主義の死が必ずしも文明の終わりを意味するわけではないことの証拠として熱心に検討された、ソ連のモデルに大いに依拠していたのである[165]」。実に、一九三一年にはソ連の共産主義を評価していたカーも、同体制が掲げる計画経済の意義を心理的な次元で捉えていた。「これらの人びとは信念を持っているのであり、この信念こそが、大衆に植えつけられ、五年計画に伴う数々の欠乏を彼らに耐えさせるのである……。彼らはキロワットと機械とに関する新しい宗教を発見したのであるが、それは近代の文明が待ち望んでいる信念だということが多分明らかになるであろう[166]」。

理性を信奉し、進歩主義を受容し、経験主義を体現したカーは、どこまでもイギリスの伝統の中にいたと言えよう。『危機の二〇年』の公刊に先立つ一九三六年、ヴィクトリア社会の全体像に関する古典として後に長く読み継がれることとなる歴史書の、実に「ヴィクトリア朝イングランドの基本的信条」と題された節において、著者のG・M・ヤングは、次のように述べている。(家族という)「つねに細心不断の注意をもって臨まないと、思想が感情によって、時には無意識のうちに曇らされ色づけられてしまうような問題について、ヴィクトリア時代の支配的な哲学はどのように考えていたのか。このことを公正に判断するためには、ヴィクトリア時代から十分距離を置く必要があるが、私には、それがすでに可能な時期になっているとは思えない」[167]。一九三〇年代のイギリスにおいて、先行するヴィクトリア期の思潮は、もはや批判的に捉えられねばならなかったとしても、未だあまりにも馴染みの深いものであった。

問題は、その上で、『危機の二〇年』全篇に見られる保守性が、カーの議論を根底から脆弱にしているということである。カーは結局、歴史主義が提起した問題にすっぽりと嵌り込んでしまっているのである。というのも、相対性が普く認識された時代において形而上学的な普遍性へと回帰することは、ますます相対主義に近づくことを意味していたからである。マンハイムの次の言葉は、この点を的確に言い表したものとして、やや長くなるのも厭わず引用するだけの価値がある。

相対主義の脅威を避けるために、とにかくある確固とした一点を見出そうとして、多くの人々は万物流転の原理を受け入れはしたものの、形式的諸価値の絶対性を説く教説のうちへ逃げ込んでいった。この場合、具体的な充実した内容を備えた態度や立場の決定は、いずれも時代によって制約されており、その意味では相対的でありえることとは、承認されてはいる。しかし実は、ただ一つの真理とそれに応じた原理的絶対性とが、やはりそれ以外の諸価値の前提となり、また理性の構造によって保証されている、という要請の上に立っているのである。一見して明らかにように、これは何ら歴史主義の克服ではない。……ここでは新しいさまざまな事実から浮び上がってきた新しい問題性は、もっと包括的な観点から見れば、克服されたのではなくて、古い体系の中へあとから嵌め込まれたにすぎないことになる。だがそれによって、この体系内部のさまざまの葛藤は、いよいよ強化されざるをえなくなる。筋違いの規準を引き合いに出すから、ますます相対主義の教説が厄介に出来上ってこざるをえなくなるのである。……相対主義というものは、絶対的に時代を超越している規準が、今や歴史的次元に引き寄せられざるをえなくなった時、なおかつ超時代的規準を要求することに伴って、その対応物としてはじめて実際に成立したのである。具体的な実質的な内容に充ちた一つ一つの言表なり決定なりを、絶対性に関係させた場合に、しかもその絶対性を、本質的には歴史とともに流動する実質的内容の生成との接触なしに定立した場合に、人ははじめてそれらの言表や決定を、じっさいに相対的なものと感じる。(168)

人間はその本性ゆえに虚無主義を超克していくであろう、などという普遍主義的な言説は、歴史主義の時代において、直ちにその正当性を疑われる。その時、カーが新しい世界の基盤にしている政治的な人間のモデルは、完全に失われてしまう。それでも世界が基本的には現実主義的な彩りを有しているとすれば、現実主義への耐性を備えていない人々は、普遍的な道徳を紡ぎ出すことができないまま、その場その場の力関係に翻弄され続けるであろう。

実際、カーが新たな秩序の基盤に据えている国際的道徳は、その出所が不明確な抽象的な倫理でしかない。上に論じた「諸国民間の道義心」では、各国がそれぞれに普遍的道徳を述べ立てることが道徳の喪失に繋がっているとされていたが、その際、問題の解決は、やはり国際的な道徳の樹立に求められている。これはいわば、偽物の道徳に代わって真の道徳を打ち立てようという極めて素朴な処方箋である。「国際的道徳は諸国民道徳の統合

――あるいは、いかなる統合も完全足りえないとすれば、集合――を通じてのみ現れうる」。では、そうした理解の根はどこにあるか。この問いに対し、カーは、ただ、それは既に存在していると答える。「過去数年に「国際的アナーキー」についてあまりにも多く書かれてきたために、人々は国際法が認識され、全体として順守されている日々の生活の広大な領野を見落としがちである」。そしてここには、――彼が一九三〇年の文化評論で述べていたのとちょうど同じように――自国と他国の両方に対する理解の推進が加えられるが、これもかなり単純な解決策と言わざるをえない。カーの議論は次のようにやや修辞的に締め括られている。「対立する国益は、共通の国際的道徳の下に和解せしめられうる。しかし、我々が自身の相互に異なる国益もまたそれ自体道徳であると自分に言い聞かせている時、誰がそれらの間に邂逅の場を見出せようか[169]」。

『危機の二〇年』に立ち戻るならば、普遍的な道徳言説を傘に個別利益の確保を可能としたヴェルサイユ条約の問題も、「それまでに存在していた限られた共通感情を増幅させるのではなく破壊した」ことにあったとされている[170]。したがって、例えば、平和的変更の実現も、こうした共通感情の在り方に掛かっていた。「平和的変更の国際的な進展を妨げる真の障害は、世界大の立法機関を欠いていることでも、自身の大義の下に審判者たることに諸国家が固執していることでもなく、国家間のこの共通の感情が未発達のままだということにある[171]」。実に、国際連盟が目下機能していない理由も、国際的道徳が諸国民の間で内面化されていないことに求められている。『ブリテン』において、カーは次のように述べている。「連盟規約の強制条項は、人類が、自分の国を守るにあたってと同様に、他の国を守るにあたって命を賭す準備ができている限りにおいて有効である。この条件は目下実現されていない。ほとんどのイギリス人は、英国や、その国の防衛が英国と強く結びついていると感ぜられる国を守るにあたって、命を賭すであろう。しかし、その彼らの内のほとんどは、単に図らずも攻撃されているからというだけで世界のどの国であっても守るのに命を賭す、などということはすまい。この事実は残念に思われてよい。ただ、そのことを事実として加味できていない政策は非現実的であり、緊張のある時には破綻するであろう」[172]。

各国国民が相互理解を基に理性的に関係を構築していくことができるという考えの背後では、理性こそ他者と邂逅するための主要かつ最良の手段であり、それは人間に普遍的に備わっているという、近代的な信念が再び挿し込まれている。しかし、そのような公理こそが批判に晒されているのだとすれば、「諸国民間の道義心」の末尾に提示されている上の反語的な問いは、カー自身に跳ね返ってくるであろう。ある種の社会民主主義的な理想を掲げたジンマーンが、全ての国家に受け容れられえない道徳主義をなお普遍的に掲げようとして頓挫したのと同じ形で、カーの新しい理想主義も見かけの普遍性に実効性を与えるような基盤を欠いているがゆえに脆弱である。近年の諸研究が明らかにしてきたように、理想主義者がカーに近く、カーが理想主義者に近かったとして、両者の議論に共通していたのは、その弱みだったと言える。この点、『危機の二〇年』の後半が注目されてこなかったのも、必ずしも理由のないことではない。そこで展開されている現実主義と理想主義との理論的統合の試みは、危機の診断と有機的に結びつくような主軸を欠いて、二つの思潮の間を単に行き来しているだけとも見紛う折衷的なものに止まっているのである。

おわりに

以上の議論を要約すれば、次のようになろう。理想主義と現実主義とは、近代ヨーロッパ史の展開を描き出すものであった。そこにおいてカーが取り組んでいた問題は、一九三〇年代初頭以来、彼が一貫して向き合ってきた虚無主義の問題であった。しかし、これに解決を与える中で、進歩主義と理性崇拝へと回帰した彼は、十全たる基礎を有した理論を打ち立てるには至らなかった。

カーの視点は、確かに、その相対主義的な性格ゆえに決定的な形での当為を打ち出せないでいる。しかし、それは、従来言われてきたように彼が現実主義者だったからではない。ましてや、近年言われているようにポストモダニストだったからでもない。カーの企図は、一貫して、現実主義を超えることにあった。その模索の過程において、なお安易過ぎる普遍主義を求めたからこそ、彼は相対主義に飲み込まれてしまったのである。

既に相対主義を経験した時代において、理想主義的であり過ぎた。これこそ、カーの議論が普遍的なものを導きえなかった理由である。やや異なる視角からではあれ、ジョーンズが次のように述べているのは、妥当と言えよう。「権力を崇拝していると思われ非難されてきたカーであったが、より詳しく検討してみるならば、とりわけ理性と和解の可能性に過剰に信を置いたがために脆弱であったことがわかるのである」[173]。そして、このことを理由として、一九三〇年代初頭以来進められてきたカーの一連の思索は、失敗という形でその第一幕を閉じたのであった。

結　論

第一次世界大戦後の虚無的な精神風土において、新たな秩序の模索に乗り出したカーは、ドストエフスキーの読解をその知的探究の端緒に据えた。このロシア人思想家の中では、人間が持つ非合理性の問題を、神への信仰を通じて解消することが試みられていた。カーは、この解決に満足することはなかった。しかし、問題の糸口は、ここに見出された。

一九世紀を遡ったカーは、一方でロマン主義者のゲルツェンとバクーニンを、他方でその対極にいたマルクスを考察の対象とした。しかし、彼らのいずれも、危機への処方箋を与えてはくれなかった。個人的な情念と普遍的な愛の狭間に揺れていたゲルツェンは、そこに調和的な関係を打ち立てるには至らなかった。バクーニンの思想は、その個人主義において称賛すべきものを有していたが、社会に生きる人間への実践的な示唆を欠いていた。マルクスの思想は、自由放任思想への批判において見るべきものを示していたが、そこから帰着する全体主義は、個人から居場所を奪うものであった。

こうして、二〇世紀へと引き戻されたカーは、自ら答えを紡がざるをえなかった。一九世紀的な功利主義の思想は保持できない。他方、その批判として出で来った現実主義は、非合理と虚無の具現に他ならない。しかし、既にそのような精神が無視しえないものであるならば、その中にあってもなお自律的に生きていける、そうした個人を育て上げなければならない。経済人モデルが崩壊した後、カーが持ち出したのは、政治的人間であった。そして、そこに、彼は新たな理想を求めたのであった。

このように理解した時、カーの議論が構成主義的な側面を有していたのも自然であったと言えよう。というのも、カーが取り組んでいた理想主義と現実主義との緊張は、既存の現実に対する受容的な態度とその構造的な誤りに対する異議申し立てとの相克であって、そこで問題になっていたのは、現実そのものの定義だったからである。構成主義の理論家が、主体と構造の動態的な相互影響関係に着目しつつ、世界の間主観的な意味づけを政治の根底に据える時、そこで中心を成しているのも、現実とは何かという争点に他ならない。[1]

ただ、既存の現実からの脱却を試みたカーも、いわゆるポスト実証主義へと進んだわけではなかった。彼が機械論的な法則支配の世界を拒否したとして、そこにあったのは、個の自由をめぐる規範的な問題意識であった。彼の反実証主義的な側面は、ポストモダニストのそれというよりはロマン主義者のそれであった。集合的な生がもたらす問題を見据えつつもなお社会に生きる道を模索した彼の方途は、ルソー的とも言うべき色彩を帯びている。マイケル・ウィリアムズによれば、そのルソーとホッブズ及びモーゲンソーの三者の思想には、懐疑主義的でありつつもなお合理的な秩序の可能性を探ろうとする独特な型の自由主義が認められるというが、その点、カーの立場もこうした「意志の現実主義」にいくらか近いように思われる。[2] 実に、生前のモーゲンソーは、生涯で最も重要な書十冊の内の一つに『危機の二〇年』を挙げていたのであった。[3]

ただ、進歩への信頼をやや無批判に残したカーは、結局、相対主義へと後退してしまった。『危機の二〇年』に続く諸著作は、彼の企図をいくらか補ってはいる。『平和の条件』、『ナショナリズムとその後』、『西欧世界に対するソヴィエトの衝撃』(一九四六年)においては、同時代の変化を一種の革命と捉えるカーの歴史観や、新たな秩序の構築に向けた彼の政体論はより明瞭な形を見せている。さらに『新しい社会』へと進めば、ダーウィン、マルクス、フロイトらの偶像破壊的な役割に関する一層詳しい論述も認めることができる。一般的には歴史方法論の書として読まれがちな『歴史とは何か』(一九六一年)も、こうした思想的発展の一つの到達点に他ならなかったと言えるが、そこでは、伝記と歴史の近さや歴史主義の革命的な性格に関する理解から、理性に対する強い信頼、また、そこに随伴する国際主義の拡大の展望まで、種々の絡み合う論点について、カーの主張を改めて確認することができよう。しかし、究極的に言って、これらの作品は、いわば、一九三〇年代に彼が遂げていた営為への長大な補注であって、彼が『危機の二〇年』の限界を超え出ることはなかったように思われる。晩年のカーが、依然として過去と未来との間に引き裂かれながらさらなる進歩を夢見ていたのは、本書冒頭に触れた通りである。

この主張を裏づけるべく、各作品のテクストを詳細に検討するといったことは、ここではすまい。ただ、代わりに、早くも一九四八年に、モーゲンソーもまた、少なくともその時点までに公刊されていたカーの著作について、同様の結論に至っていたことは指摘しておきたい。

『危機の二〇年』から『西欧世界に対するソヴィエトの衝撃』までを一括して論じた彼は、基本的にはカーに高い評価を与えており、これらの作品を「西洋世界の現代政治思想がもつ欠点を最も明瞭かつ明晰に暴き立てたもの」としている。また、その上で、理想主義の掲げる普遍性が見せかけであること、他方でそれを暴く現実主義も向かうべき目的を与えてくれないことに関するカーの議論を確認した後、「彼の続く全ての思考は、権力現象を発見し、それを超えていこうとする精神の放浪となっている」と述べるに至っている。しかし、そこから、モーゲンソーは、カーに対する批判を開始する。曰く、「国際場裏での力をめぐる闘争に道徳的な意味を与え、規範的な限界を設定しうる原則のこうした追求は、カー氏が出発したところ、つまり権力そのものへと彼を立ち戻らせている」のであり、「カー氏の作品の全体としての印象は失敗のそれである」。その原因はどこに認められるのであろうか。「その根本的な理由は哲学的なものである。カー氏は、道徳が何かについてごくぼんやりとした考えしか持たずに、政治的世界に新しい道徳を見出そうとしている。理想、理論、道徳の哲学的に維持しえない均衡は、『危機の二〇年』の土台にあるものだが、必然的に、相対主義的で道具的な道徳概念へと至るのである」。このように断じたモーゲンソーは、カー自身の言葉を引きつつさらに続けている。「道徳は、その時、「現実主義の論理的帰結からの逃避」となるのであり、「それは一度獲得されるや、現実主義の道具で再び攻撃されねばならない」」。したがって、「結果、哲学的にあまりにも準備不足なカー氏は、政治的な状況を調査し、権力現象を査定するためのいかなる超越的な視点も有していない。こうして、政治的道徳家は自身を権力の理想家へと変容させている」(4)。

このモーゲンソーの書評は、カーが現実主義を支持したがゆえに相対主義へ陥ったことを論じたものとして、これまで捉えられがちであった。例えば、本書第一章で触れたブルの解釈などは、その好例であり、彼が現実主義者カーの相対主義的性格を述べ立てる時、参照しているのはこのモーゲンソーの議論である(5)。しかし、実際にモーゲンソーが批判していたのは、今や現実主義的である世界において、カーの視角が既存の世界像を克服する倫理を擁していないことであり、つまりはカーの道徳論の不十分さであった。カーの相対主義が彼の道徳家たらんとする姿勢から生まれてきたという点を、モーゲンソーは見抜いていたのである。

しかし、では、モーゲンソーはカーの限界を超えていたのであろうか。必ずしもそうではなかったであろう。ここでは、「諸国民間の道義心」で論じていたのと同じ問題を再び取り上げた一九五〇年代初頭のカーが、その中でモーゲンソーを間接的に批判していた事実を指摘するに止めよう。曰く、同時代のプロパガンダに関わる基本的な問題とは、「普遍的な原理を呼び起こし、普遍的な呼びかけを行うことができないこと、束縛的な国益の慣行から我々が抜け出られないことである」が、この言葉に先立つところで、カーは次のように述べている。「我々は、幻滅の時代に生きている。モーゲンソー教授とケナン氏を信じるならば、我々には、道徳的態度も、法的な態度ですらも、あるいは普遍的原則への訴えも、何らかの確信を示しつつ呼び起こすことなど、もはやできないのである」[6]。そして、カーがこう論じていた一方、モーゲンソーはモーゲンソーで、同じ五〇年代の末以降も、四八年の批判を改めることがなかった[7]。カーとモーゲンソーとは、共に近代的理性の危機と向き合っていたがゆえに対話可能であったが、その解決にあたり、いかなる普遍性をいかなる形で導出するかについては、相容れない形で立場を違えていたように思われる[8]。

既存の研究の中でも古いモーゲンソーの批評にこそカーに関する最良の理解が認められること、そこにおいてモーゲンソーとカーとの間にもいくらかの齟齬が認められることからは、「大論争」史観から抜け落ちている過去の複雑性を見て取ることができる。本書第一章でも触れたように、カーに関する既存の解釈にしても、ある程度の揺れを有していた。その多くは、近年の再評価を経た上で見た場合、新鮮味には欠けるかもしれない。また、ブルの議論を端緒とする一連の相対主義批判からは、モーゲンソーの書評が有していた微妙なニュアンスも失われてしまっているように思われる。ただ、それらの議論は、少なくとも、カーを現実主義者と単純化するような愚を免れていた。

そうした安易なラベリングが国際政治学者の広い層にまで行きわたったのは、おそらく、行動論を経て「政治理論の疎外」が漸次的に進められていった一九七〇年代のある時点である[9]。この時点がいつであったかを確定することは容易でない。ただ、重要なのは、そうして過去のあるところから、忘却の過程がともあれ開始されたということである。そして、そこにおいて、国際政治学に対するカーの展望が、何重もの意味で裏切られていったということである。

危惧の対象であった現実主義は乗り越えられなかったばかりでなく、むしろ中核的な理論として支持され、決定論的な性格をますます濃くしていった[10]。その際、現実主義者を自称する彼らが先駆者として祀り上げた人物こそ、あろうことかカーその人であった。しかし、カーの理解に沿えば、非合理性の問題を一般的な法則として定式化し、合理的な制度設計を通じて回避して行こうとする方策は、自身が自然・歴史に限界づけられた存在であるという事実を再び捨象することにより、危機を水面下で拡大させていく手法に他ならなかった。一貫した現実主義というものが存立しえないことは彼自身が論じていた通りであるが、自省の契機を失って学界に支配的地位を占めるようになった冷戦期の現実主義は、結局のところ、大国の利益を是とする道具であって、懐疑的な精神を欠いた観念論でしかなかった[11]。晩年のカーが、スタンリー・ホフマンに宛てた手紙の中、同時代の国際政治学における実証主義の広まりと、自身がその国際政治学の祖と捉えられていることとを嘆いたのも、至極当然であった[12]。

こうした展開は、何も国際政治学という一個の学術領域にばかり見られたものではない。ラインハルト・コゼレックによれば、宗教的な争いからの脱却を目指して近代のヨーロッパで試みられた道徳の政治からの分離は、かえって、道徳が非政治的との振る舞いを保ちつつ政治を無制限に批判するための道筋をつけてしまったという。そこにおいて、未来は到来すべき福音の時として展望され、その過去としての現在は批判されるべきものへと貶められるようになった。そうした歴史哲学と政治との分離が確証されればされるほど、観念の下へと追いやられた現実の危機はそれだけ拡大し、進歩の思想はいよいよ世界大に適用されていくこととなった。このような近代史観は、カーが『危機の二〇年』で展開していたものといくらか似通ったところを有しているが、その上で、コゼレックによれば、互いの消滅を企図しつつ国際社会を未だ統一されていない状態に止めることで、逆説的に黙示録的な世界像を維持し合う関係にあった冷戦期の東西両陣営の分裂も、同じ近代的な思惟様式の一つの帰結であったという[13]。

この見方に沿うならば、冷戦の終焉とは、確かに、危機と批判の永遠に続くはずの弁証関係に終止符を打ちうるものであって、「歴史の終わり」（フクヤマ）を示唆するものであったと言うことができよう。しかし、そうしてある種の福音が見出されるや、その背後では再び虚無の影が忍び寄ってくることとなる。一九九〇年代に入ってまもなく、ザキ・ライディは、啓蒙主義的な合理化の進展が終わりを見た冷戦後の世界が、むしろ目標と意味の喪失に悩まされることになったと論じていた。[14] そうした中で新たな展望として示された「文明の衝突」(ハンチントン)のような世界像は、止揚すべき分裂を再び呼び起こすものであり、一種の反動であったとも解することができよう。現代西洋の政治が終末論的な理念に貫かれているというジョン・グレイの指摘に従うならば、アメリカ同時多発テロ以降に存在感を増した新保守主義などにしても、やはりコゼレックが剔抉したような近代政治の延長にあって、そこに埋め込まれていたのと同様の理想主義を体現しているのである。[15]

冷戦から数年して学会の状況を総括した英国国際関係学会は、その会誌の特別号を『危機の八〇年』と題したが、それも相応の理由があってのことだったわけである。[16] ベルなどが論じているところによれば、冷戦後の国際政治学に見られる種々の現実主義にしても、未だイデオロギーと呼ぶべきものに止まっているという。[17] だとすれば、客観性を標榜するその科学主義から隠された規範的前提を暴こうとするポスト実証主義者たちにとって、カーを初めとする草創期の国際政治理論家たちは、確かに魅力的なものを有しているのであろう。[18] ヴェンドゥルカ・クバルコヴァが指摘するように、個々の研究者もまた、それぞれの知的文脈を構造としてその中で行動する主体であるとすれば、我々がカーや古典的現実主義者に今改めて関心を寄せているのも、彼の時代と現代とが比較に耐えうるくらいには似通ったものであるからかもしれない。[19] 我々は、いくらかの振れを経つつも、一回りして同じところに戻ってきているのであって、冷戦後の規範的議論の回帰を指してスティーヴ・スミスが用いた「四〇年にわたる迂回」という言葉は、彼自身が意図した以上に事態を的確に言い表しているように思われる。[20]

国家間の政治を、基本的には人間の社会秩序一般に関する問題の延長上において捉えていたカーが、同時に、独自の思考様式を要する新しい危機の到来をそこに見ていたとすれば、それは、彼が、近代が辿りついた一つの画期に筆を執っていたからであった。一八世紀以降にヨーロッパを覆っていった思想的な緊張は、二〇世紀の前半に至っていよいよ国際社会にまで延び広がるものとなっていた。この困難に対するカーの解決は、危機を拡大していく理想主義の枠を出ないものだったかもしれない。また、その意味において、同様の問題には、カーの同時代の理想主義者たちも取り組んでいたかもしれない。しかし、失敗をもって問題を明らかにすることに貢献したカーは、当時の思想史的な変化を、確かに一つ象徴的な形で言い表していた。国際政治学は、この意味において、彼の問題圏と呼べるものの中に生まれたのである。そして、今なお、その同じ問題圏の中に在り続けているのである。

注

序論

（1）Tamara Deutscher, "E. H. Carr: A Personal Memoir," *New Left Review*, 137 (January-February, 1983), p. 86.

（2）AU (xxi:60).

（3）エリック・ホブズボーム『二〇世紀の歴史——極端な時代（上）・（下）』（河合秀和訳、三省堂、一九九六年）。

（4）Robert Wohl, "Heart of Darkness: Modernism and Its Historians," *Journal of Modern History*, 74 (September, 2002), p. 614.

（5）例えば、ダニエル・ピック『戦争の機械——近代における殺戮の合理化』（小澤正人訳、法政大学出版局、一九九八年）。また、一九世紀半ば以降における危機の声の高まりを俯瞰したものとして、John W. Burrow, *The Crisis of Reason: European Thought, 1848-1914*（Yale University Press, 2002）.

（6）Samuel Hynes, *The Edwardian Turn of Mind*（Princeton University Press, 1968）, p. 348.

（7）ここで言う国際政治学とは、英語圏で一般にInternational Relationsと名指される学問領域のことである。この原語を日本語に訳す際には、国際関係論の語をあてるのが通例であるが、その対象があくまで政治的な思惟に関わること、日本でこれに対応する分野が伝統的に国際政治学と呼ばれてきたことを踏まえて、本書では、固有の団体名に関わるなど一部例外的な場合を除き、表記を国際政治学で統一する。

（8）なお、戦時中の一九一六年において既に、アメリカのスタンフォード大学とインディアナ大学では、国際政治学が一つの科目として教えられ始めてはいた。しかし、この事実によって、第一次世界大戦と国際政治学の誕生との関連性が否定されるわけではもちろんない。

（9）『危機の二〇年』には、一九三九年の版と一九四六年の版があり、今日まで古典として読み継がれてきているのは後者である。ただ、両者の間にはいくつかの違いがあるとして、その該当箇所への言及を必要とせず、同書が四つの伝記研究の直後に書かれたことをより重視する本書では、専ら一九三九年の版を参照する。なお、二つの版の違いについては、Michael Cox, "From the First to the Second Editions of *The Twenty Years' Crisis*: A Case of Self-Censorship?" in E. H. Carr, *The Twenty Years' Crisis: An Introduction to the Study of International Relations*（Palgrave, 2001）, pp. lxxii-lxxxii.

第一章

（1）カーの生涯に関する最も包括的な伝記としては、Jonathan Haslam, *The Vices of Integrity: E. H. Carr, 1892-1982*（Verso, 1999）（角田史幸／川口良／中島理暁訳『誠実という悪徳――E・H・カー一八九二～一九八二』現代思潮新社、二〇〇七年）. この他、以下で適宜参照するもの以外では、David Freeland Duke, "Edward Hallett Carr: Historical Realism and the Liberal Tradition," *Past Imperfect*, 2（1993）, pp. 123-36; 細谷雄一『大英帝国の外交官』（筑摩書房、二〇〇五年）、第三章。

（2）John S. Dryzek and Stephen T. Leonard, "History and Discipline in Political Science," *American Political Science Review*, 82（December, 1988）, pp. 1245-60; Darshan Vigneswaran and Joel Quirk, "Past Masters and Modern Inventions: Intellectual History as Critical Theory," *International Relations*, 24（June, 2010）, pp. 107-31.

（3）「大論争」史観については、その問題点まで含めて、Brian C. Schmidt, "On the History and Historiography of International Relations," in Walter Carlsnaes, Thomas Risse, and Beth A. Simmons（eds.）, *Handbook of International Relations*（Sage, 2002）, pp. 3-22.

（4）先駆的な研究としては、デイヴィッド・ロング／ピーター・ウィルソン（編）『危機の二〇年と思想家たち――戦間期理想主義の再評価』（宮本盛太郎／関静雄訳、ミネルヴァ書房、二〇〇二年）。関連文献は枚挙に暇がないが、「第一の論争」の相対化を主目的としたものとしては、特に以下を参照。Andreas Osiander, "Rereading Early Twentieth-Century IR Theory: Idealism Revisited," *International Studies Quarterly*, 42 (September, 1998), pp. 409-32; Brian C. Schmidt, "Lessons from the Past: Reassessing the Interwar Disciplinary History of International Relations," *International Studies Quarterly*, 42 (September, 1998), pp. 433-59; Peter Wilson, "The Myth of the 'First Great Debate,'" *Review of International Studies*, 24 (December, 1998), pp. 1-16; Lucian M. Ashworth, *Creating International Studies: Angell, Mitrany and the Liberal Tradition* (Ashgate, 1999); Brian C. Schmidt, "Anarchy, World Politics and the Birth of a Discipline: American International Relations, Pluralist Theory and the Myth of Interwar Idealism," *International Relations*, 16 (April, 2002), pp. 9-31; Lucian M. Ashworth, "Did the Realist-Idealist Great Debate Really Happen? A Revisionist History of International Relations," *International Relations*, 16 (April, 2002), pp. 33-51; Cameron Thies, "Progress, History and Identity in International Relations Theory: The Case of the Idealist-Realist Debate," *European Journal of International Relations*, 8 (June, 2002), pp. 147-85; Lucian M. Ashworth, "Where Are the Idealists in Interwar International Relations?" *Review of International Studies*, 32 (July, 2006), pp. 291-308.

（5） カー研究の流れについては、以下の叙述の他、次も参照。山中仁美「「E・H・カー研究」の現今の状況をめぐって」『国際関係学研究』二九（二〇〇三年）、一四〇頁～一四二頁。

（6） John J. Mearsheimer, "E. H. Carr vs. Idealism: The Battle Rages On," *International Relations*, 19 (June, 2005), pp. 139-52.

（7） Hedley Bull, "*The Twenty Years' Crisis* Thirty Years On," *International Journal*, 24 (Autumn, 1969), pp. 628.

（8） Whittle Johnston, "E. H. Carr's Theory of International Relations: A Critique," *Journal of Politics*, 29 (November, 1967), pp. 861-84.

（9） Roger Morgan, "E. H. Carr and the Study of International Relations," in Chimen Abramsky and Beryl J. Williams (eds.), *Essays in Honour of E. H. Carr*（Macmillan, 1974), p. 172.

(10) Kenneth W. Thompson, *Masters of International Thought: Major Twentieth-Century Theorists and the World Crisis*（Louisiana State University Press, 1980), p. 69.

(11) William T. R. Fox, "E. H. Carr and Political Realism: Vision and Revision," *Review of International Studies*, 11（January, 1985), esp. p. 10.

(12) マイケル・J・スミス『現実主義の国際政治思想――M・ウェーバーからH・キッシンジャーまで』（押村高ほか訳、垣内出版、一九九七年）、第四章。

(13) Graham Evans, "E. H. Carr and International Relations," *British Journal of International Studies*, 1（July, 1975), pp. 77-97. また、カーに関するまとまった研究ではないが、やや近い視点を採る同時期の議論として、フランク・パーキンソン『国際関係の思想』（初瀬龍平／松尾雅嗣訳、岩波書店、一九九一年）、一六七頁～一七〇頁。

(14) Ken Booth, "Security in Anarchy: Utopian Realism in Theory and Practice," *International Affairs*, 67（July, 1991), pp. 527-45; Paul Howe, "The Utopian Realism of E. H. Carr," *Review of International Studies*, 20（July, 1994), pp. 277-97. カー自身について必ずしも独自な議論を展開しているわけではないが、最近の研究としては次も参照。Shannon Brincat, "Reclaiming the Utopian Imaginary in IR Theory," *Review of International Studies*, 35（July, 2009), p. 584ff.

(15) Charles Jones, *E. H. Carr and International Relations: A Duty to Lie*（Cambridge University Press, 1998).

(16) 批判的国際政治理論の開拓にとりわけ影響力の大きかった次の二つの論文では、共にカーの議論が高く評価されている。ロバート・W・コックス（遠藤誠治訳）「社会勢力、国家、世界秩序――国際関係論を超えて」坂本義和（編）『国家』（岩波書店、一九九五年）、二一一頁～二六八頁、Richard K. Ashley, "The Poverty of Neorealism," *International Organization*, 38（Spring, 1984), pp. 225-86.

(17) 前者としては、Tim Dunne, *Inventing International Society: A History of the English School*（Palgrave, 1998), chap. 2; Tim Dunne, "Theories as Weapons: E. H. Carr and International Relations," in Michael Cox（ed.), *E. H.*

Carr: A Critical Appraisal（Palgrave, 2000）, pp. 217-33; Mark Gismondi, "Tragedy, Realism, and Postmodernity: *Kulturpessimismus* in the Theories of Max Weber, E. H. Carr, Hans J. Morgenthau, and Henry Kissinger," *Diplomacy & Statecraft*, 15（September, 2004）, pp. 435-64. 後者としては、Andrew Linklater, "The Transformation of Political Community: E. H. Carr, Critical Theory and International Relations," *Review of International Studies*, 23（July, 1997）, pp. 321-38; アンドリュー・リンクレイター（松井康浩訳）「E・H・カー、ナショナリズム、主権国家の未来」『思想』九四四（二〇〇二年一二月）、六七頁〜九一頁。この他、カーへの言及はわずかであるが、古典的現実主義と世界市民主義との接合を図っている点においてやや関連する研究として、Alistair J. H. Murray, *Reconstructing Realism: Between Power Politics and Cosmopolitan Ethics*（Keele University Press, 1997）.

（18） Seán Molloy, *The Hidden History of Realism: A Genealogy of Power Politics*（Palgrave, 2006）, chap. 3. また、Seán Molloy, "Dialectics and Transformation: Exploring the International Theory of E. H. Carr," *International Journal of Politics, Culture and Society*, 17（Winter, 2003）, pp. 279-306.

（19） Paul Rich, "E. H. Carr and the Quest for Moral Revolution in International Relations," in Cox, *E. H. Carr*, pp. 198-216.

（20） Haslam, *op. cit.*

（21） Michael Cox, "E. H. Carr and the Crisis of Twentieth-Century Liberalism: Reflections and Lessons," *Millennium: Journal of International Studies*, 38（May, 2010）, pp. 523-33. この他、以上では触れなかったが、カーの理論が現代世界に持つ実践的な意義を扱った研究として、David Goldfischer, "E. H. Carr: A 'Historical Realist' Approach for the Globalisation Era," *Review of International Studies*, 28（October, 2002）, pp. 697-717; Alan Chong, "Lessons in International Communication: Carr, Angell, and Lippmann on Human Nature, Public Opinion and Leadership," *Review of International Studies*, 33（October, 2007）, pp. 615-35.

（22） 戦中から戦後初期の日本における国際秩序論の展開とそこにおけるカーの位置づけについては、酒井哲哉『近代日本

の国際秩序論』(岩波書店、二〇〇七年)、第一章。

(23) 川端末人「国際政治の構造と変革——E・H・カーの国際政治学の紹介」『同志社法学』九(一九五一年七月)、一一四頁~一二二頁、喜多村浩「E・H・カーの思想——とくに政治の視角を中心として」『あるびよん』二二(一九五四年一月)、二三頁~二八頁、原彬久「国際政治学の生成基盤——E・H・カーにおけるユートピアニズムとリアリズムの諸問題」『国際商科大学論叢』二(一九六八年七月)、五九頁~七三頁。

(24) 三輪宗弘「E・H・カーの国際政治観の再検討——その「リアリズム」と「ユートピアニズム」について」『軍事史学』二四(一九八八年六月)、二四頁~四〇頁。

(25) 吉川宏「相互依存的世界における国民国家(二)——理論史的一考察」『法学研究』二九(一九九三年七月)、三一頁~五八頁。同著者による先駆的な理想主義研究としては、特に、吉川宏『一九三〇年代英国の平和論——レナード・ウルフと国際連盟体制』(北海道大学図書刊行会、一九八九年)。

(26) 岡安聰「利益の「自然調和」から「創り出す調和」へ——E・H・カーのユートピア」『青山国際政経大学院紀要』一二(二〇〇〇年一二月)、一頁~二五頁、遠藤誠治「『危機の二〇年』から国際秩序の再建へ——E・H・カーの国際政治理論の再検討」『思想』九四五(二〇〇三年一月)、四七頁~六六頁。

(27) 山中仁美「「新しいヨーロッパ」の歴史的地平——E・H・カーの戦後構想の再検討」『国際政治』一四八(二〇〇七年三月)、一頁~一四頁、三牧聖子「『危機の二〇年』(一九三九)の国際政治観——パシフィズムとの共鳴」『年報政治学』二〇〇八(二〇〇八年六月)、三〇六頁~三二三頁、角田和広「戦間期におけるE・H・カーの国益認識——独伊政策を焦点として」『政治学研究論集』二八(二〇〇八年)、一頁~一七頁。この他、カーの理論が現代世界に持つ実践的な意義については、中村研一「ポスト軍事主権の平和構想——E・H・カー安全保障論の再検討」磯村早苗/山田康博(編)『いま戦争を問う——平和学の安全保障論』(法律文化社、二〇〇四年)、二七二頁~二九八頁、塩川伸明『民族浄化・人道的介入・新しい冷戦——冷戦後の国際政治』(有志舎、二〇一一年)、第九章。

(28) Ashworth, *Creating International Studies*, p. 4

(29) Brian C. Schmidt, *The Political Discourse of Anarchy: A Disciplinary History of International Relations* (SUNY Press, 1998).

(30) Torbjørn L. Knutsen, "A Lost Generation? IR Scholarship before World War I," *International Politics*, 45 (November, 2008), pp. 650-74.

(31) ミシェル・フーコー（伊藤晃訳）「ニーチェ、系譜学、歴史」小林康夫／石田英敬／松浦寿輝（編）『フーコー・コレクション（三）言説・表象』（ちくま学芸文庫、二〇〇六年）、三四九頁～三九〇頁。

(32) Peter Wilson, "Radicalism for a Conservative Purpose: The Peculiar Realism of E. H. Carr," *Millennium: Journal of International Studies*, 30 (January, 2001), pp. 123-36. なお、このウィルソンは、カーについても理想主義についても再評価を行ってきており、以上の批判が必ずしも当てはまらない型の研究者である。こうした意味においても、一方にカー研究の担い手がおり、他方に理想主義研究の担い手がいるという、目下の議論の前提を成している区分は、既存研究の問題点を浮き彫りにするための便宜的なものに止まる。

(33)『危機の二〇年』中に引用されているエンジェルの著作は、『大いなる幻想（The Great Illusion）』と『国際政体の基礎（Foundations of International Polity）』の二冊である。この内、後者は一九一二年に公刊されており、第一次世界大戦前の著作であることに疑いがない。他方、前者は、何度も改訂を重ねており、戦後にもいくつかの異なる版が現れているが、『危機の二〇年』の一四七頁において、カーは、エンジェルが戦争の直前に述べていたこととして、『大いなる幻想』の議論に言及している。TYC (18:40, 147:217).

(34) Ashworth, "Realist-Idealist Great Debate Really Happen?" p. 38.

(35) *Ibid.*, p. 36. フランク・パーキンソンも、「カーの攻撃は主としてユートピア的原理に向けたものであり、人身攻撃的なものは稀であった」と指摘している。パーキンソン、前掲書、一六八頁。

(36) この点については、次も参照。Peter Wilson, "Carr and His Early Critics: Responses to *The Twenty Years' Crisis*," in Cox, *E. H. Carr*, pp. 185-86. 実際、経済的相互依存による平和を唱えた初期エンジェル型の議論であれば、カーは、

第一次世界大戦後に書かれた研究でも取り上げて攻撃していた。例えば、一九三六年、ジェイムズ・ショットウェルの同年の著作を評したカーは、国際社会における制裁に軍事的行動は不要で経済的政策のみで足りるとの議論を過度に楽観的と批判していた。E. H. Carr, "On the Rim of the Abyss: America and the League," *Times Literary Supplement* (8 August 1936), p. 639.

(37) Ashworth, "Where Are the Idealists?" p. 293ff.

(38) *Ibid.*, p. 304.

(39) 宥和政策に関わる文脈で、次も参照。Cecelia Lynch, *Beyond Appeasement: Interpreting Interwar Peace Movements in World Politics* (Cornell University Press, 1999), p. 65.

(40) Wilson, "Carr and His Early Critics," pp. 191-93; Peter Wilson, *The International Theory of Leonard Woolf: A Study in Twentieth-Century Idealism* (Palgrave, 2003), p. 200.

(41) 修正史家による神話の再生産については、Joel Quirk and DarshanVigneswaran, "The Construction of an Edifice: The Story of a First Great Debate," *Review of International Studies*, 31 (January, 2005), pp. 89-107. なお、アシュワースの最新の論考では、理想主義者の集団的一体性に疑いを差し挟むことがすなわち、対となる現実主義者の不在を証するわけではないとの視点から、大戦間期現実主義の淵源として、ハルフォード・マッキンダーの理論が分析の俎上に載せられている。近年の研究でもあまり取り上げられていないマッキンダーに光を当てている点はもちろん、学説史研究における理想主義への関心の偏りを是正することに通ずる点で、この論文には大きな意義を認めることができる。その上で、重要なのは、今やアシュワースも、上に述べてきたような理想主義研究と古典的現実主義研究との間の矛盾を——意識的にであれ無意識的にであれ——認めているということである。つまり、彼は、「第一の論争」神話の相対化というまさにその目的のために、現実主義に対する理想主義の先駆性という当初のテーゼを捨て去っているのである。実際、彼の議論は、トゥキディデス以降の伝統が脚光を浴びた第二次世界大戦後の時期に先立つ大戦間期において、国際政治学の世界ではいかなる形の現実主義が存在していたのか、という問いを始点に、マッキンダーの再評価を通じて現実主義史の欠落を埋めるという構成をとっている。ハンス・モーゲンソーを扱う近年の研究の多くが、彼のワイマール時代の知的遍歴に焦点を当ててきたことなどからしても、このような問いの立て方はそもそも奇妙であるが、少なくともアシュワースの議論枠組みの中で、彼の結論は自身の初期の主張との間に齟齬を来していると言えよう。Lucian M. Ashworth, "Realism and the Spirit of 1919: Halford Mackinder, Geopolitics and the Reality of the League of Nations," *European Journal of International Relations*, 17 (June, 2011), pp. 279-301.

(42) 特について、Robert Adcock and Mark Bevir, "The History of Political Science," *Political Studies Review*, 3 (January, 2005), pp. 1-16; Robert Adcock, Mark Bevir, and Shannon C. Stimson, "A History of Political Science: How? What? Why?" in Robert Adcock, Mark Bevir, and Shannon C. Stimson (eds.), *Modern Political Science: Anglo-American Exchanges since 1880* (Princeton University Press, 2007), pp. 1-17.

(43) Barry Buzan and Lene Hansen, *The Evolution of International Security Studies* (Cambridge University Press, 2009).

(44) TYC (ix:11-12).

(45) 『危機の二〇年』という題は、出版社の意向で採択された。Michael Cox, "Introduction," in Carr, *The Twenty Years' Crisis*, p. xi.

(46) Jones, *Carr and International Relations*, pp. 46-47.

(47) 草創期国際政治学の検討にあたって個別学問史の枠を出る重要性については、モーゲンソー研究の文脈でも指摘されている。宮下豊「モーゲンソー「現実主義」思想の再解釈――その課題と方法」『六甲台論集』四六(二〇〇〇年三月)、一八九頁～二四三頁。

(48) 国際政治学史研究における現代中心主義の問題については、次のやり取りも参照。Emmanuel Navon, "The 'Third Debate' Revisited," *Review of International Studies*, 27 (October, 2001), pp. 611-25; Duncan Bell, "Political Theory and the Functions of Intellectual History: A Response to Emmanuel Navon," *Review of International Studies*, 29 (January,

2003), pp. 151-60.

第二章

（1）この点に関する指摘は、例えば、Daniel H. Deudney, *Bounding Power: Republican Security Theory from the Polis to the Global Village*（Princeton University Press, 2007）, p. 6. 一九世紀のイデオロギー附置を国際政治との関係から俯瞰した研究としては、Alan Cassels, *Ideology and International Relations in the Modern World*（Routledge, 1996）.

（2）Jones, *Carr and International Relations*, p. 161.

（3）Fred Halliday, "Reason and Romance: The Place of Revolution in the Works of E. H. Carr," in Cox, *E. H. Carr*, p. 268; Jean Bethke Elshtain, "On Never Reaching the Coast of Utopia," *International Relations*, 22（June, 2008）, pp. 147-72.

（4）Haslam, *op. cit.*, p. 46（邦訳、七二頁）.

（5）Cox, "Introduction," p. xviii.

（6）Duncan Bell, "Writing the World: Disciplinary History and beyond," *International Affairs*, 85（January, 2009）, p. 17.

（7）例えば、イシュトファン・ホント『貿易の嫉妬——国際競争と国民国家の歴史的展望』（田中秀夫監訳、昭和堂、二〇〇九年）。

（8）Harold Perkin, *The Rise of Professional Society: England since 1880*（Routledge, 2002）, p. 9, p. 28, p. 40.

（9）イギリスの大学の変遷を俯瞰したものとして、ヴィヴィアン・H・H・グリーン『イギリスの大学——その歴史と生態』（安原義仁／成定薫訳、法政大学出版局、一九九四年）。

（10）A・J・P・テイラー『イギリス現代史一九一四〜一九四五（一）』（都築忠七訳、みすず書房、一九六八年）、一五五頁、Martin Pugh, *We Danced All Night: A Social History of Britain between the Wars*（Vintage, 2009）, p. 91.

（11） *Ibid.*, p. 213.

（12） Reba N. Soffer, *Discipline and Power: The University, History, and the Making of an English Elite, 1870-1930* (Stanford University Press, 1994), p. 44.

（13） ステファン・コリーニ／ドナルド・ウィンチ／ジョン・バロウ『かの高貴なる政治の科学――一九世紀知性史研究』（永井義雄／坂本達哉／井上義朗訳、ミネルヴァ書房、二〇〇五年）、三一一頁。

（14） Jack Hayward, "British Approaches to Politics: The Dawn of a Self-Depreciating Discipline," in Jack Hayward, Brian Barry, and Archie Brown (eds.), *The British Study of Politics in the Twentieth Century* (Oxford University Press, 1999), pp. 8-9.

（15） コリーニほか、前掲書、三一二頁。大戦間期イギリスの政治学を俯瞰したものとして、Dennis Kavanagh, "British Political Science in the Inter-war Years: The Emergence of the Founding Fathers," *British Journal of Politics and International Relations*, 5 (November, 2003), pp. 594-613.

（16） Thomas William Heyck, *The Transformation of Intellectual Life in Victorian England* (Lyceum, 1982). なお、ヘイックの議論において、以下の論述の全体は宗教的権威の退潮と関連づけられている。この世俗化の問題は、言うまでもなく一九世紀の思想史をめぐる主要な論点の一つであるものの、目下の議論においては重要でないため省略した。

（17） Stefan Collini, *Public Moralists: Political Thought and Intellectual Life in Britain, 1850-1930* (Clarendon Press, 1991), p. 21.

（18） *Ibid.*, pp. 24-26.

（19） マーティン・J・ウィーナ『英国産業精神の衰退――文化史的接近』（原剛訳、勁草書房、一九八四年）、特に、二二頁～二三頁。

（20） Collini, *Public Moralists*, p. 207.

（21） Leonard Schwarz, "Professions, Elites, and Universities in England, 1870-1970," *The Historical Journal*, 47

(December, 2004), pp. 941-62.

(22) John Stevenson, *British Society, 1914-45* (Penguin, 1984), p. 254.

(23) Stefan Collini, *Absent Minds: Intellectuals in Britain* (Oxford University Press, 2006), pp. 57-59.

(24) Philip Dodd, "Englishness and the National Culture," in Robert Collis and Philip Dodd (eds.), *Englishness: Politics and Culture, 1880-1920* (Croom Helm, 1987), p. 4.

(25) この点、大学がともあれ門戸を広げたことには、自身の議論をより広い層へ伝達する方途について、研究者に思案させるという面もあった。Collini, *Public Moralists*, p. 225.

(26) しかも彼らは、通常、一生を通じて、そうした職分を複数得ることとなった。Soffer, *Discipline and Power*, chap. 8. 植民地エリートたちがジェネラリストであった点については、次も参照。木村雅昭「イギリスのインド支配とその遺産——統治構造を中心として」『産大法学』四三（二〇一〇年二月）、五六九頁～六三四頁。

(27) Peter Allen, "The Meanings of 'An Intellectual': Nineteenth- and Twentieth-Century English Usage," *University of Toronto Quarterly*, 55 (Fall, 1986), pp. 342-58.

(28) ヘイック自身、後にはこの見解を受容している。Thomas William Heyck, "Myths and Meanings of Intellectuals in Twentieth-Century British National Identity," *Journal of British Studies*, 37 (April, 1998), p. 203ff.

(29) アンテレクチュエルやインテリゲンツィアとの類比が、インテレクチュアルという名詞の語義形成に決定的な影響を与えた旨は、コリーニも指摘している。Collini, *Absent Minds*, pp. 20-28. また、以上の諸点については、政治的知識人の変遷を俯瞰した次の研究も参照。Stephen T. Leonard, "Introduction: A Genealogy of the Politicized Intellectual," in Leon Fink, Stephen T. Leonard, and Donald M. Reid (eds.), *Intellectuals and Public Life: Between Radicalism and Reform* (Cornell University Press, 1996), pp. 1-25.

(30) この審査の過程については、Brian Porter, "Lord Davies, E. H. Carr and the Spirit Ironic: A Comedy of Errors," *International Relations*, 16 (April, 2002), pp. 80-85. 同論文では、この講座が設立されなければ、カーが国際政治研究へ

進むこともなかったのではないかとまで述べられている。*Ibid.*, p. 94.

（31）次も参照。Casper Sylvest, "Interwar Internationalism, the British Labour Party, and the Historiography of International Relations," *International Studies Quarterly*, 48（June, 2004）, pp. 412-13.

（32）次も参照。Chong, *op. cit.*

（33）Julia Stapleton, *Political Intellectuals and Public Identities in Britain since 1850*（Manchester University Press, 2001）, chap. 5. 次も参照。Paul Rich, "Reinventing Peace: David Davies, Alfred Zimmern and Liberal Internationalism in Interwar Britain," *International Relations*, 16（April, 2002）, pp. 117-33.

（34）Collini, *Absent Minds*, p. 113. また、Stevenson, *op. cit.*, pp. 436-41. なお、この時期のＢＢＣは、公衆の在り方をめぐって知識人階層と中・下流階層の間の文化的な対立が顕現する場の一つであった。津田正太郎「国民統合とＢＢＣ——戦間期イギリスにおけるナショナリズムの諸相」原麻里子／柴山哲也（編）『公共放送ＢＢＣの研究』（ミネルヴァ書房、二〇一一年）、八七頁〜一〇七頁。

（35）イギリスにおいて知識人の不在が言われてきたのも、このことを背景としている。Collini, *Absent Minds*, p. 51.

（36）Lesley Johnson, *The Cultural Critics: From Matthew Arnold to Raymond Williams*（Routledge, 1979）, p. 69.

（37）Collini, *Absent Minds*, p. 33.

（38）*Ibid.*, pp. 86-87.

（39）Collini, *Public Moralists*, p. 370. 次も参照。John Carey, *Intellectuals and the Masses: The Pride and Prejudice among the Literary Intellectuals, 1880-1939*（St. Martin's, 1993）.

（40）Robert Wohl, *The Generation of 1914*（Harvard University Press, 1979）, pp. 109-11; Rosa Maria Bracco, *Merchants of Hope: British Middlebrow Writers and the First World War, 1919-1939*（Berg, 1993）, p. 54.

（41）Soffer, *Discipline and Power*, pp. 49-50.

（42）Noel Annan, *Our Age: English Intellectuals between the World Wars——A Group Portrait*（Random House, 1990）, p.

23.

(43) この事実自体、自然科学の応用分野が当時のイギリスの大学において重視されていなかったことを明かし立てていると言えよう。第一次世界大戦頃までのイギリスにおいて、応用自然科学の発展がいかに滞っていたかについては、D・S・L・カードウェル『科学の社会史――イギリスにおける科学の組織化』（宮下晋吉／和田武編訳、昭和堂、一九八九年）。

(44) オックスブリッジの教育課程における古典学の位置づけをめぐって戦われた争いの詳細については、Christopher Stray, *Classics Transformed: Schools, Universities, and Society in England, 1830-1960* (Clarendon Press, 1998), chap. 9. なお、ここでの論点が教育であったということは、それ自体、当時のイギリスの大学が持った意味を示唆している。つまり、何が教えられているかの方が、どの分野が研究されているか、よりも重要だったのである。コリーニの言葉を借りるならば、「「教員（tutor）」であること、つまり特定の学寮（college）の同輩（Fellow）であることが第一であり、「哲学者」や「歴史家」であることは二義的であった」。Collini, *Public Moralists*, p. 209. 大戦間期に差し掛かる頃であっても、職業としての専門家という身分はやはり確立されていなかったのである。

(45) Soffer, *Discipline and Power*, pp. 206-7.

(46) 近年の研究において、マンハイムのカーへの影響が注目されていることは上の通りであるが、このドイツ人社会学者の営為の一面も、古い諸階級を退け業績に基づく新しいエリートを生み出すことへと向けられていた。レイモンド・ウィリアムズ『文化と社会一七八〇～一九五〇』（若林繁信／長谷川光昭訳、ミネルヴァ書房、一九六八年）、二〇八頁。

(47) Stefan Collini, *Common Reading: Critics, Historians, Publics* (Oxford University Press, 2008), p. 160.

(48) *Ibid.*, p. 159.

(49) John Hallett, "What France Thinks," *Fortnightly Review*, 128 (July, 1930), p. 78.

(50) *Ibid.*, p. 79. カーは明言していないが、ここで過去二年間に現れた書物というのは、ロバート・グレイヴスの『さらば古きものよ』（一九二九年）、ジークフリート・サスーンの『将校の自伝』（一九三〇年）、エーリヒ・マリア・レマルクの『西部戦線異状なし』（一九二九年）などを指しているものと思われる。

(51) *Ibid.*, p. 82.

(52) *Ibid.*, p. 83.

(53) John Hallett, "Book Review: *The Spirit of British Policy* and *England's Crisis,*" *Fortnightly Review*, 130 (July, 1931), p. 123.

(54) より簡潔な形では、次も参照。John Hallett, "Book Review: *The Civilisation of France,*" *Fortnightly Review*, 131 (April, 1932), pp. 526-27.

(55) John Hallett, "England Adrift," *Fortnightly Review*, 128 (September, 1930), p. 354.

(56) *Ibid.*, p. 356.

(57) *Ibid.*, p. 356.

(58) *Ibid.*, p. 359.

(59) *Ibid.*, p. 360.

(60) Herbert Butterfield, *The Origins of History* (Basic Books, 1981).

(61) Michael McKeon, *The Origins of the English Novel, 1600-1740* (Johns Hopkins University Press, 2002).

(62) 例えば、エルンスト・カッシーラー『認識問題――近代の哲学と科学における（四）ヘーゲルの死から現代まで』（山本義孝／村岡晋一訳、みすず書房、一九九六年）。

(63) 堀田新五郎「アンガージュマンの文学再考――「政治と文学」をめぐる一考察」『奈良県立大学研究季報』一九（二〇〇八年一一月）、三頁。

(64) Robert Graves and Alan Hodge, *The Long Week-End: A Social History of Great Britain, 1918-1939* (Faber and Faber, 1941), pp. 298-99.

(65) リットン・ストレイチー『ヴィクトリア朝偉人伝』（中野康司訳、みすず書房、二〇〇八年）、二頁～三頁。

(66) この点については、例えば、Heyck, *Transformation of Intellectual Life*, chap. 5.

（67）例えば、John Keegan, *The Face of Battle*（Viking Press, 1976）.

（68）Hallett, "England Adrift," p. 360. なお、事実関係についての広範な理解を要するこの手法は、知識人が大衆から自らを区別するにあたって有用でもあった。伝記文学史上、ストレイチーの作品に比肩する役割を果たした『英国伝記発展史』の著者ハロルド・ニコルソンは、大衆民主主義の時代にあって人的関係に基づく専門家間の外交を擁護した『外交』の著者でもあったが、松永典子によると、この二つの著作は、知を一部の人間に占有させようとする性向において連続しているという。松永典子「外交評論家ハロルド・ニコルソンの伝記技術——自／伝記文学からのモダニズム再考」『人間文化論叢』八（二〇〇五年）、九五頁～一〇二頁。国際政治学において、『外交』と『危機の二〇年』が共に政治的現実主義の古典として並べ論じられてきたことを考えると、この点はカーの知識人的性格に注目する現下の議論において示唆的である。関連するところでは、一九世紀的な進歩史観を批判したハーバート・バターフィールドが、政治的にはやはり（キリスト教）現実主義者とされてきた点も注目される。バターフィールドの歴史作法とモダニズムとの関連については、Julia Stapleton, "Modernism, the English Past, and Christianity: Herbert Butterfield and the Study of History," *The Historical Journal*, 51（June, 2008）, pp. 547-57.

（69）一九五〇年代以降に心理学を通じて広められることとなったアイデンティティの語も、元はこうした個の分裂を契機として現れてきたものである。Gerald Izenberg, "Identity Becomes an Issue: European Literature in the 1920s," *Modern Intellectual History*, 5（August, 2008）, pp. 279-307.

（70）ライオネル・トリリング『〈誠実〉と〈ほんもの〉——近代自我の確立と崩壊』（野島秀勝訳、法政大学出版局、一九八九年）、一七頁。

（71）E. H. Carr, "Book Review: *King Charles the Second* and *King, Queen, Jack*," *Fortnightly Review*, 130（November, 1931）, p. 664.

（72）例えば、Paul Fussell, *The Great War and Modern Memory*（Oxford University Press, 2000）, p. 30.

（73）実際、自身で伝記を著し始めた後も、カーは偶像破壊的な手法を賛美し続けていた。例えば、一九三三年、新しく刊行されたレーニンについての伝記研究を評したカーは、その作品に多くの新事実が正確に記述されていることを称賛しつつ、なお、「レーニンを半神とも怪物とも扱わない伝記作家が見出されるまで、長い間待たねばならないかもしれない」と、伝記からの偶像崇拝的要素の排除を強く求めている。John Hallett, "Book Review: *Lenin* and *Soviet Literature*," *Fortnightly Review*, 134 (October, 1933), p. 496.

(74) DO (n/a:2). 同書の邦訳者である松村達雄の評もこれに近い。「このドストエフスキーの評伝には、世界的大作家に対するなんの神秘化もなければ、なんの偶像崇拝もない。熱狂的な肯定も否定も一切みとめられない。それがまさにこの評伝の特徴である」。DO (:309).

(75) E. H. Carr, "The Age of Unreason," *Spectator* (26 April, 1930), p. 698.

第三章

(1) 特に、ポール・リクール『時間と物語(三)——物語られる時間』(久米博訳、新曜社、二〇〇四年)、第三章。

(2) Hayden White, *The Content of the Form: Narrative Discourse and Historical Representation* (Johns Hopkins University Press, 1987), p. 173.

(3) 伝記を焦点に同様の議論を展開したより近年の研究として、例えば、Norman K. Denzin, *Interpretive Biography* (Sage, 1989), esp. p. 26

(4) 一つ付言しておくと、この際、カーの伝記叙述がイデオロギー的か否かといった点は、規範的な評価の対象とはしない。つまり、以下ではカーの西欧(ないし自国)中心的な側面を指摘したりもするが、そういったことは、彼を批判するために行われるのではなく、あくまで彼の立ち位置を明らかにするために行われる。一般的に言って、完全に主観的な言説というものが存在しえないのと同様、完全に客観的な言説というものもまた存在しえまい。私的言語の不可能性という形でよく知られているように、特定の間主観的な了解に依拠することなく何かを有意味に論ずることはできないであろう。客観と主観とが相互に対照される形でのみ概念されうるとすれば、どちらか一方を取り払ってしまった時にはもう一方も消え去ってしまうことになる。あらゆる言説は、ある間主観的な了解の下において、より一般的かより個別的かという形でしか所在を見出しえない。他の時間・他の空間でも受け容れられやすい言説は、それだけ普遍的とされるかもしれないが、だからといって、その言説が完全に恒久的な真理を体現しているということにはならない。以上の点に関しては、次も参照。リチャード・J・バーンスタイン『科学・解釈学・実践――客観主義と相対主義を超えて（一）・（二）』（丸山高司ほか訳、岩波書店、一九九〇年）。

（5）DO（37:36）.

（6）DO（48:46）.

（7）DO（48:46-47）.

（8）DO（41:41）.

（9）DO（55-58:53-56）.

（10）DO（70:67）.

（11）DO（47:46）.

（12）Edward Wasiolek, "Review of *Dostoevsky: The Seeds of Revolt, 1821-1849*," *Comparative Literature*, 30（Winter, 1978）, p. 92.

（13）Helen Muchnic, *Dostoevsky's English Reputation, 1881-1936*（Octagon Books, 1939）, p. 118.

（14）DO（n/a:1）. この点、売り上げに注目してのことであろうが、「『ドストエフスキー』はほとんど誰からの注目も惹かず現れ、そして、消えていった」というハスラムの言葉は、やや誇張が過ぎるように思われる。Haslam, *op. cit.*, p. 44（邦訳、七〇頁）。

（15）ジークムント・フロイト（中山元訳）「ドストエフスキーと父親殺し」『ドストエフスキーと父親殺し／不気味なもの』（光文社古典新訳文庫、二〇一一年）、二三三頁～二八〇頁。

（16）DO（38-39:37-38）.

（17）DO（24:25）.

（18）Muchnic, *op. cit.*, p. 111.

（19）E. H. Carr, "Dostoevsky and a Russian Minx," *Fortnightly Review*, 126（October, 1929）, pp. 525-33; "Turgenev and Dostoyevsky," *Slavonic Review*, 8（December, 1929）, pp. 156-63; "Was Dostoyevsky an Epileptic?" *Slavonic Review*, 9（December, 1930）, pp. 424-31.

（20）例えば、Joseph Frank, *Through the Russian Prism: Essays on Literature and Culture*（Princeton University Press, 1990）, pp. 109-21.

（21）実際、ドストエフスキーの病状と作品世界との関係をめぐっては、長い論争の歴史がある。この流れに関する行き届いた整理としては、岩本和久『フロイトとドストエフスキイ――精神分析とロシア文化』（東洋書店、二〇一〇年）、第四章。

（22）当時既に、心理学（psychology）がユング流の、精神分析（psychoanalysis）がフロイト流の議論を指すという区別は見られたが、カー自身は必ずしも両者を分け隔ててはいない。そのため、本書でも、二つの言葉を互換可能な形で用いている。

（23）Noreen Branson and Margot Heinemann, *Britain in the Nineteen Thirties*（Weidenfeld and Nicolson, 1971）, p. 258.

（24）Luisa Passerini, *Europe in Love, Love in Europe: Imagination and Politics in Britain between the Wars*（I. B. Tauris, 1999）, pp. 82-83; Richard Overy, *The Twilight Years: The Paradox of Britain between the Wars*（Viking, 2010）, pp. 162-63.

（25）*Ibid.*, p. 166.

（26）例えば、丹治愛『ドラキュラの世紀末――ヴィクトリア朝外国恐怖症の文化研究』（東京大学出版会、一九九七年）。

（27）Pugh, *op. cit.*, p. 393.

(28) Graves and Hodge, *op. cit.*, p. 192.

(29) *Ibid.*, p. 102.

(30) Pugh, *op. cit.*, p. 40, p. 150. なお、一九世紀末以降、イギリスの専門医師らは利益団体活動とでも呼ぶべき運動を政府に対して繰り広げており、精神衛生の向上を争点化することに成功していた。したがって、精神分析が世に受け容れられる素地自体が、当時のイギリスになかったわけではない。この点については、高林陽展「精神衛生思想の構築――二〇世紀初頭イングランドにおける早期治療言説と専門家利害」『史学雑誌』一二〇（二〇一一年四月）、一頁～三五頁。

(31) ジョージ・リヒトハイム『ヨーロッパ文明一九〇〇～一九七〇（一）』（塚本明子訳、みすず書房、一九七九年）、二三〇頁。

(32) Muchnic, *op. cit.*, p. 1.

(33) Hynes, *Edwardian Turn*, p. 345.

(34) Peter Kaye, *Dostoevsky and English Modernism, 1900-1930* (Cambridge University Press, 1999).

(35) Muchnic, *op. cit.*, p. 111.

(36) DO (n/a:1).

(37) Haslam, *op. cit.*, p. 44（邦訳、七〇頁）.

(38) DO (323-24:307).

(39) DO (102:97).

(40) DO (70:67).

(41) 当時既に、ニーチェとドストエフスキーを並列的に論じるのは珍しいことではなく、よく知られたルカーチの議論が現れたのも、一九二〇年のことであった。ジェルジ・ルカーチ『小説の理論』（原田義人／佐々木基一訳、ちくま学芸文庫、一九九四年）。一九三〇年代初頭のカーがルカーチの議論に親しんでいたかは不明である。ただ、『危機の二〇年』では、ルカーチの『歴史と階級意識』が引用されている。TYC (86:135). また、同書においてカーがルカーチの（離反した）弟子にあたるマンハイムに影響を受けていたことは、近年の研究が論じている点として既に指摘した通りである。

（42）DO（70:67）.

（43）DO（120:116）. そして、カーの見るところ、こうした心理学的な発想の現れは、やはり思想史上の転換を示すものであった。彼は続けて次のように論じている。「楽観主義の時代、科学と理性によって打ち立てられた道徳性への信頼の時代は、今やとうに過ぎ去っていた。人間の本性が非合理で混沌としたものであることは自明の理となっていて、我々はもはや、そのことを信じ込ませるために、地下の哲人を煩わせて舌を出させる必要などない。これは、ドストエフスキーが現代心理学の先駆を成している最も重要な点の一つである」。

（44）DO（11:14）.

（45）DO（162:156）.

（46）DO（165:159）.

（47）ドストエフスキーの病状について論じた論文で、カーは、「ドストエフスキーがてんかんの発作に先立つ瞬間を神秘的な高揚と啓示の時と思い込むようになっていったのは確かである」としている。Carr, "Was Dostoyevsky an Epileptic?" p. 430. 作家の疾患をシベリア以前に見出すフロイト主義者らの見解は、この点からしても退けられる必要があったのである。

（48）DO（160:154）.

（49）DO（104:98）.

（50）DO（110:105）.

（51）DO（111:106）.

（52）DO（188:181）.

（53）DO（190:183）.

（54）DO（40-42:39-40）.

（55）DO（191:184）.

(56) DO (191:184).
(57) Samuel Hynes, *The Auden Generation: Literature and Politics in England in the 1930s* (Princeton University Press, 1972), p. 127.
(58) DO (193:185).
(59) DO (192:184).
(60) DO (208-9:200).
(61) DO (210:202).
(62) DO (218:209).
(63) DO (224:214).
(64) DO (188:181).
(65) DO (255:243). ただ、カーは、一つの心理研究と捉え、各登場人物の内面に目を向けてみた場合には、同作品にも一定の価値があるとつけ加えている。カーがドストエフスキーの心理学者的な側面を重視していたことの、今一つの傍証と言えよう。
(66) DO (229:219).
(67) DO (288:273).
(68) DO (289:274).
(69) DO (286:270).
(70) DO (292:277).
(71) 但し、カーがヘーゲルの思想に初めて触れたのは、ケンブリッジにおける学生時代のことであった。AU (xiv:53). その意味で、『ドストエフスキー』がカーに弁証法を教えたということにはならない。ただ、同書の執筆を通じて、彼が弁証法的な思考を深めていった可能性は考えられてよい。

(72) Carr, "Turgenev and Dostoyevsky," pp. 161-62. また、『ドストエフスキー』本文中においてこうした理解が表れている箇所としては、DO（169-72:163-66）.

(73) Muchnic, *op. cit.*, p. 169.

(74) 特に、Alex De Jonge, *Dostoevsky and the Age of Intensity*（St. Martin's, 1975）.

(75) DO（162:156）.

(76) DO（64:61）.

(77) DO（297:282）.

(78) DO（n/a:2）.

(79) DO（58:56）.

(80) DO（83:77）.

(81) DO（88:83）.

(82) DO（87:82）.

(83) 例えば、勝田吉太郎『近代ロシヤ政治思想史——スラブ主義と西欧主義』（創文社、一九六一年）。

(84) DO（67:64-65）.

(85) DO（273:259）.

(86) DO（199:191-92）.

(87) DO（205:197）.

(88) DO（208:199-200）.

(89) DO（228:218, 298:283）.

(90) Haslam, *op. cit.*, p. 44（邦訳、七〇頁）.

(91) E. H. Carr, "Chekhov: Twenty-Five Years After," *Spectator*（20 July, 1929）, p. 73.

(92) E. H. Carr, "The Novels of Turgenev," *Times Literary Supplement* (14 December, 1933), p. 885.
(93) E. H. Carr, "Two Russians," *Fortnightly Review*, 126 (December, 1929), pp. 823-26; John Hallett, "Book Review: *The Tragedy of Tolstoy*," *Fortnightly Review*, 134 (September, 1933), pp. 373-74.
(94) DO (n/a:3).
(95) エドワード・サイード『オリエンタリズム』(今沢紀子訳、平凡社、一九八六年)。
(96) 特に国際政治学の視点からこの問題を論じたものとしては、Iver B. Neumann, *Russia and the Idea of Europe* (Routledge, 1996).
(97) Muchnic, *op. cit.*, p. 175.
(98) 本章の冒頭の注の一つで述べたように、あらゆる言説は、間主観的な意味空間のどこかに所在を有する。カーの中でも、客観性を志向する態度と、そこから現在という特定の時空間に対する知見を導き出そうとする意識とは、かなりの程度まで併存しているのである。この点との関連では、カーの第二次世界大戦後のソヴィエト研究についても、その客観性と論争性とはしばしば同時に述べ立てられてきたことが指摘されてよい。例えば、R. W. Davies, "Carr's Changing Views of the Soviet Union," in Cox, *E. H. Carr*, esp. p. 91.
(99) DO (319:303).
(100) DO (261:248).
(101) DO (211:202).
(102) DO (291:276).
(103) DO (15:17).
(104) DO (n/a:3).
(105) "The Life of Dostoevsky," *Times Literary Supplement* (3 October, 1931), p. 773.
(106) E. H. Carr, "The Philosophy of Dostoievsky," *Spectator* (2 November, 1934), p. 684.

(107) John Hallett, "The Poets of Soviet Russia," *Fortnightly Review*, 127 (February, 1930), pp. 246-47. より不明瞭な形ではあるが、同様の認識が表れているものとして、次も参照。E. H. Carr, "Russian Writers," *Times Literary Supplement* (1 May, 1930), p. 364.

(108) John Hallett, "The Tiger: Two Studies of Clemenceau," *Fortnightly Review*, 127 (March, 1930), pp. 419-20.

(109) John Hallett, "Portrait of a Dictator," *Fortnightly Review,* 129 (May, 1931), p. 693.

(110) DO (251:239).

(111) John Hallett, "Contemporary Russian Literature," *Spectator* (2 May, 1931), p. 695.

(112) Hallett, "England Adrift," p. 362.

(113) Muchnic, *op. cit.*, p. 176.

(114) Hallett, "England Adrift," p. 361.

(115) Fussell, *op. cit.*

(116) Jay Winter, *Sites of Memory, Sites of Mourning: The Great War in European Cultural History* (Cambridge University Press, 1995), esp. p. 197.

(117) Barry Spurr, "Camp Mandarin: The Prose Style of Lytton Strachey," *English Literature in Transition, 1880-1920,* 33 (1990), pp. 31-45.

(118) E. H. Carr, "Book Review: *Characters and Commentaries,*" *Fortnightly*, 137 (January, 1935), p. 119.

(119) DO (322:305).

(120) Carr, "Philosophy of Dostoievsky," p. 684.

第四章

(1) RE (28:23).

(2)『ロマン的亡命者たち』邦訳者の酒井只男は、「訳者の序」において次のように記している。「いかにも本書は悉くが史実に基づいたもので、一片の空想的産物もない筈だが、語られている挿話の多くは、きっとドストエフスキーの小説を読むような感興を、読者に与えずにはおかないだろう。というのも、実際、ドストエフスキー自身の生涯と作品とが、この時代の風土から深刻な影響を受けたからである」。RE (:2). この他、飯田鼎「E・H・カー『浪漫的亡命者たち』」『三田学会雑誌』四七(一九五四年六月)、一〇六頁。

(3) RE (363:407).

(4) RE (63:64).

(5) RE (55:54). 強調は原文。

(6) RE (56:54).

(7) ジョージ・スタイナー『悲劇の死』(喜志哲雄/蜂谷昭雄訳、筑摩書房、一九七九年)、九頁。

(8) RE (57:56).

(9) RE (21:15).

(10) RE (77-79:81-83).

(11) RE (33:29).

(12) RE (38:34).

(13) RE (44-45:42).

(14) RE (45:42).

(15) RE (136:150).

(16) Carr to Harold Macmillan, 9 May, 1946, Carr Papers.

(17) RE (80:84).

(18) RE (19:12, 116:128).

(19) RE (120-21:132-33).

(20) RE (64:64). なお、これに続く一文では、「そして心優しく多感なナタリア・ゲルツェンほどに、この影響に屈する宿命をはっきりと負っていた人はほとんどいなかった」と記されている。

(21) RE (209:235).

(22) RE (210:236).

(23) RE (199:225).

(24) Collini, *Public Moralists*, p. 80.

(25) RE (8:6).

(26) RE (32:27).

(27) RE (32:28).

(28) RE (221:247).

(29) RE (225:252).

(30) カーのテクスト中に見られるゲルツェンとバクーニンとのこうした差異は、これまで十分に把握されてこなかった。例えば、一九三〇年代のカーについて比較的詳しく扱っているハスラムも、ゲルツェンとバクーニンとがカーにとって等しくロマン主義的であったかのように論じている。『ロマン的亡命者たち』のテクストを引用しつつ、ハスラムは言う。「したがって、バクーニンは、ゲルツェン同様、「自分をロマン主義者だと確信していたばかりでなく、気質から言ってもロマン主義者だったのである (not merely…a Romantic by conviction; he was a Romantic by temperament)」」。Haslam, *op. cit.*, p. 51 (邦訳、八〇頁). しかし、ハスラムがここに引用している一文は、実際のカーのテクストでは、ゲルツェンとバクーニンとの違いを強調するものである。というのも、この一文は、両者の違いをヨーロッパの思想的な転換点として描く中に現れているからである。カーはまず、「ゲルツェンとバクーニンの間の裂け目は、ロシアの、さらにはヨーロッパの政治思想における転換点を示すものとして重要であった」と述べている。その上で、五〇年代におけるゲルツェンの変遷を描き出した後、連なる節の冒頭で次のように記している。「バクーニンの物語は異なっているが、同様に特徴的である。彼は、ゲルツェンのように自分をロマン主義者だと確信していたばかりでなく、気質からしてロマン主義者だったのである（He was not merely, like Herzen, a Romantic by conviction; he was a Romantic by temperament）」。RE（224-25:251-52）. このカーの言葉を引用した際、「ゲルツェンのように（like Herzen）」という二語の修飾箇所を変更したハスラムのテクストにおいては、その元々の意味内容はほぼ正反対のものへと転換されてしまっているのである。大戦間期に現れた『ロマン的亡命者たち』や『バクーニン』の書評の中には、この点に関するカーの解釈に否を突きつけるものも見られたことに鑑みると、この問題を正確に理解しておくことは重要である。つまり、カーは、こうした性格づけの次元において、二人のロシア人革命家の関係を自分なりの歴史理解に沿う形で過度に図式化していたとも考えられるのである。この詳細については、以下で『バクーニン』のテクストを検討する際に見ていくこととしたい。

（31）RE（362:408）. ロマン主義者からマルクスへという図式は、『ロマン的亡命者たち』の半ばあたりで既に提示されている。自然を賛美するロマン主義が、社会以前の状態を目指す無政府主義へ辿りつく必然性を説きつつ、カーは次のように記している。「人間の創意をもってしては、それ以上その道を進むことはできなかった。あとは、政治理論における新しい出発を開始し、政治的ロマン主義の最後で最も首尾一貫したバクーニンという名の主導者を打倒することが、マルクスに残されていただけであった」。RE（226:252）.

（32）RE（364-65:408-09）.

（33）R・W・デイヴィスは次のように述べている。「カーにとって、マルクスとバクーニンとは、資本主義に抗する運動において、相対する現実主義的な要素と理想主義的な要素とを体現していた」。R. W. Davies, "Edward Hallett Carr, 1892-1982," *Proceedings of the British Academy*, 69（1983）, pp. 479-80. ただ、この対応関係は完全なものではなく、カーの言う理想主義と現実主義との間に見られる緊張関係は、より多層的な次元で展開されるものであることに注意が必要である。この点に関する議論は、次章に譲る。

（34）Haslam, *op. cit.*, pp. 43-56（邦訳、六九頁〜八八頁）.

（35）カーのその後の人生に友人かつ論敵として繰り返し現れてくることとなるアイザイア・バーリンも、一九三九年にマルクス伝を一つ出しているが、この執筆を依頼したH・A・L・フィッシャーは、当初、ラスキを初めとする複数の著名な研究者に申し出を行い、彼らのいずれからも断られていた。アイザィア・バーリン／ラミン・ジャハンベグロー『ある思想史家の回想――アイザィア・バーリンとの対話』（河合秀和訳、みすず書房、一九九三年）、二四頁、マイケル・イグナティエフ『アイザイア・バーリン』（石塚雅彦／藤田雄二訳、みすず書房、二〇〇四年）、七七頁〜七九頁。

（36）AU（xviii:56）.

（37）MB（12:20）.

（38）MB（14:22, 67:96）.

（39）MB（14:23）.

（40）MB（16:25）.

（41）MB（21:32）.

（42）MB（24:37）.

（43）MB（21:32）.

（44）MB（39:58）.

（45）MB（44:65）.

（46）MB（59:86）.

（47）MB（61:88）.

（48）MB（62:90）.

（49）MB（75:108-9）.

（50）MB（111-12:157）.

(51) MB (125:175).

(52) MB (106:150).

(53) C. D. B., "Review of *Michael Bakunin*," International Affairs, 17 (September-October, 1938), p. 738. 後に、バート・ホースリッツも、マルクスとバクーニンとの間の論争を理解する上での「カーの作品の有用性は、バクーニンの考えよりも彼の人生に事実起こった出来事ばかりをひたすら扱っているがために、酷く限られている」と述べている。Bert F. Hoselitz, "Publisher's Preface," in G. P. Maximoff (ed.), *The Political Philosophy of Bakunin: Scientific Anarchism* (Free Press, 1953), p. 15.

(54) MB (452:611).

(55) MB (456:616).

(56) MB (460-61:622).

(57) MB (488:660).

(58) MB (129:180-81).

(59) MB (146:203).

(60) MB (172:238).

(61) MB (306:419).

(62) MB (307:421).

(63) Samuel Bernstein, "Review of *Michael Bakunin*," *Political Science Quarterly*, 54 (June, 1939), p. 290.

(64) *Ibid.*, p. 291.

(65) C. D. B., *op. cit.*, p. 738. やや時代がずれるとはいえ、一九六〇年代に『バクーニン』を邦訳した大沢正道も、やはり同様の結論に至っている。曰く、政治の季節を迎え、マルクス主義が史上最大の勢いを誇った一九三〇年代の英国において、無政府主義に関するイデオロギー的な史料を忌避したカーは、思想の分析よりも性格や文脈の記述に焦点を当てる方策を採った。しかし、その結果、「バクーニンの真実の姿が時にはカリカチュアライズされ、時には通俗化され、良識ある市民が安心して読むことのできる卑小な像に歪められてしまったのである」。MB（-:689）. 実際、一九三〇年代の『バクーニン』の評者の一人は、同時代の英語圏における無政府主義の再燃を肯定的に捉え、そうした背景の下で同書を高く評価している。Michael Sheler, “Review of *Michael Bakunin,*” *Annals of the American Academy of Political and Social Science*, 199（September, 1938）, p. 268.

（66）MB（240-41:329-30）.

（67）Michael Karpovich, “Review of *Michael Bakunin,*” *American Historical Review,* 44（January, 1939）, pp. 381-82.

（68）では、こうした論争的な解釈はどのような史料解釈から生まれたか、という点はここでは問わないが、『ロマン的亡命者たち』及び『バクーニン』を執筆するにあたってカーが連絡を取っていた、無政府主義者マックス・ネットラウからの影響は考えられてよいかもしれない。一九三三年にネットラウがカーへ宛てた手紙の中では、英語でもバクーニンについての伝記が書かれるべきことと共に、バクーニンがいつまでも若々しい情熱を持ち続けていたことが強調されている。Max Nettlau to Carr, 3 October, 1933, Carr Papers.

（69）MB（176:243-44）.

（70）MB（286:391）.

（71）MB（320:437）.

（72）MB（368:499）.

（73）MB（434:587）.

（74）MB（435:588）.

（75）MB（436:590）.

（76）MB（365:494）.

（77）『バクーニン』公刊に先立つ一九三六年にも、フランツ・メーリングの当時としては標準的なマルクス伝の英訳に評を与えたカーは、バクーニンのやり口の汚さばかりが指摘されている点に疑義を呈し、マルクスの手法が少なくとも同じ程度に悪辣であったことは史料から裏づけられると主張している。カーにとって、バクーニンとマルクスの違いが方法の面での差異であったことは、やや間接的な形においてではあるが、ここでも改めて確認できる。E. H. Carr, "Marx, Engels and Bakunin: 'Capital' and the First International," *Times Literary Supplement* (6 June, 1936), p. 467.

(78) MB (139:194).

(79) MB (176-77:244).

(80) MB (440:595).

(81) 『ロマン的亡命者たち』訳者の酒井も、次のように記している。「カーもどこかで、「ゲルツェンは二流どころの人物である」と書いている。だが、とりわけ私生活の面から、このようなゲルツェンの限界と悲劇を描くカーの筆致には、温かい思い遣りがある。カーはゲルツェンに興味を持ち、きっとゲルツェンに愛着を感じているのであろう」。RE (:3).

(82) MB (440:595).

(83) バーリンの見解は、これに真っ向から反対するものである。彼が一九五五年に記した論文によれば、ゲルツェンこそが個人主義の極北であり、バクーニンはむしろマルクス的な歴史決定論者に近いという。「ゲルツェンとバクーニンの間の深い断絶には橋の架けようもない。……ゲルツェン（あるいはミル）のように個人の自由をその社会的、政治的教理の中心に置き、それが彼にとって至聖所であり、防衛にせよ攻撃にせよその放棄は他のすべての行為を無価値にするという見解と、それらに反対して、そのような自由は自分たちの活動の唯一の目的である社会的変革の望ましい副産物にすぎないか、さもなければ歴史によって不可避とされた発展の一時的段階であるとする人物の見解とは対立している」。アイザイア・バーリン（今井義夫訳）「ゲルツェンとバクーニン——個人の自由をめぐって」福田歓一／河合秀和（編）『思想と思想家——バーリン選集（一）』（岩波書店、一九八三年）、二三七頁。ゲルツェンの個人主義思想を際立たせる上で、バクーニンを非個人主義的な思想家とするバーリンの解釈は、やや特殊なものではある。この点は、バーリンの著作に関する日本版の選集を編んだ福田歓一も指摘している通りである。福田歓一「アイザイア・バーリンの人と業績――日本版選集の刊行にあたって」福田歓一／河合秀和（編）『時代と回想――バーリン選集（二）』（岩波書店、一九八三年）、三五三頁～三五四頁。ただ、バクーニンを際立たせるためにゲルツェンをより低い次元に追いやっていたカーの解釈もまた、反対の極に触れていたという意味では独特なものを持っていたと言えよう。バクーニンが無政府主義者と呼ばれてきたことを考えれば、彼を個人主義の思想家と捉える解釈の方がより一般的かもしれないが、カーはその点を独自のやり方で強調していたように思われる。

（84）AU（xvii:56）.

（85）一九三〇年代前半には、バクーニンに関する一次史料もいくらかが公刊されたが、それらをまとめ上げた編著への書評を記したカーは、マルクス関連史料の大半が公開されているのに比して、バクーニンの史料がなお一部信奉者らの手で宝蔵されていることを非難している。E. H. Carr, "Review of *M. A. Bakunin*," *Times Literary Supplement* (6 December, 1934), p. 874. なお、この前年、カーは、こうしたバクーニン主義者の代表格ネットラウに史料の公開を要請しており、この非難の背景には、その反応が芳しくなかったことへの不満もあったと思われる。Carr to Max Nettlau, 7 October, 1933, Carr Papers.

（86）KM（9:22）.

（87）KM（62:90）.

（88）John Hallett, "Karl Marx: Fifty Years After," *Fortnightly Review*, 133（March, 1933）, p. 312.

（89）KM（18:33）.

（90）KM（60:87-88）.

（91）KM（67:97-98）.

（92）KM（224:312）.

（93）KM（190:266）.

（94）Halliday, *op. cit.*, p. 266. 一九三一年、オガリョフ家に関する一次史料を編纂した書を取り上げて、カーは次のように述べている。「この家族の文書をまとめた書に対するやや弁解がましい序論において、ソヴィエトの批評家ポロンスキーが説明しているところ、同文書が一般に公開されるのは、それらの持つ「純粋に伝記的な」重要性ではなく、「社会的・歴史的」重要性と「現代的意義」のためである。海外の読者は、それらがマルクス主義の問題に投げかけるかもしれない光についてわざわざ考えることをせずに、これらの未だ遠くない過去の悲劇的な人々に一時間を費やして満足することができよう」。ここで直接は関係のないマルクス主義に敢えて言及しているカーが、そうすることによってロマン主義の持つ意義を遠回しに述べ立てていると見るのは、深読みが過ぎるであろうか。E. H. Carr, "Natalia Ogareva," *Times Literary Supplement* (16 July, 1931), p. 560.

(95) KM (71-73:102-5).

(96) KM (74:106).

(97) KM (80:114).

(98) KM (80:114-15).

(99) KM (74:107).

(100) KM (81:116-117).

(101) KM (75:107).

(102) KM (75:108).

(103) KM (81-82:116).

(104) KM (80:114).

(105) KM (78:112).

(106) KM (78:112).

(107) KM (83:118).

(108) KM (264:364).

(109) KM（264-65:365）.

(110) この判断は、マルクスの思考体系が一八四八年までに出来上がっていたというカーの解釈から直接に導き出されるものである。実際、自身のマルクス解釈全般にわたって労働党員のジョン・ストレイチーから批判を受けたカーは、反論の際、「マルクスの預言の最も決定的なものは……一八四八年までに全て創り上げられており、一八五〇年より後には本質的なものは何もつけ加えられなかった」という主張を繰り返している。E. H. Carr, “Marx and Mr. Strachey,” *Fortnightly*, 136（July, 1934）, p. 128.

(111) KM（269:370）.

(112) KM（276-77:379）.

(113) KM（277:380）.

(114) KM（283:388）.

(115) KM（301:411-12）.

(116) E. H. Carr, “Karl Marx as Fighter: A Quarrelsome Lover of Mankind,” *Times Literary Supplement*（31 October, 1936）, p. 878.

(117) E. H. Carr, “More about Marx,” *Spectator*（20 November, 1936）, pp. 18-19.

(118) KM（302:413）.

(119) 一九二九年の時点で、カーは、一八世紀後半のホフマン以降におけるドイツのロマン主義文学に「異様なものへの嗜好（the taste for the fantastic）」を認め、それが「ビスマルクの鉄血時代を生き残ることはほとんどなかった」としている。その上で、曰く、カーの同時代においてこうした伝統を新たな形で復活させたのは「ホフマンの実の息子のように異様なものを我々の眼前に突きつける」ヘルマン・ヘッセであったが、ただ、彼の作品に見られる幻想性は、「ホフマンがロシア人たちから借りてきた心理的な要素を試している」結果なのであった。ここからは、ロシア的な原初性の時代にマルクスが未だ属していたことを改めて確認できる。なお、ここで使われている異様な（fantastic）という言葉が、プルーストを扱った評論の中でも用いられていたことも想起されたい。E. H. Carr, "The Fantastic Teuton," *Spectator* (16 November, 1929), p. 711.

(120) KM (303:414).

(121) KM (303:414).

(122) John Hallett, "The Prussian Complex," *Fortnightly Review*, 133 (January, 1933), p. 43, p. 45.

(123) E. H. Carr, "Marx—and All That," *Spectator* (22 September, 1939), p. 414.

(124) 実際、マルクスの思想を貶す上で、カーは独特の修辞的な方法を用いていたように思われる。というのも、『バクーニン』に対する同時代の見解を上で検討した際、評者の一人は、マルクスを理論と実践の統合に失敗した思想家とするカーの解釈に批判を投げかけていたが、カーの『マルクス』においては、この論争的な見方こそ、マルクスを預言者とする理解の基礎を成しているからである。また、このテーゼは、『資本論』の実際の読者は限られているという推測によって補強されていたが、カーの『マルクス』に共感的な評者ですら、この推測の妥当性については疑問を呈している。例えば、次を参照。E. L. Woodward, "Review of *Karl Marx*," *International Affairs*, 13 (September-October, 1934), p. 721.

(125) Hallett, "Karl Marx," p. 321.

第五章

(1) Randall Germain, "E. H. Carr and the Historical Mode of Thought," in Cox, *E. H. Carr*, p. 325. また、Joseph M. Parent and Joshua M. Baron, "Elder Abuse: How the Moderns Mistreat Classical Realism," *International Studies Review*, 13 (June, 2011), p. 202. この他、カーにおける理論と歴史の関係を扱った研究としては、有泉貞夫「E・H・カーにおける歴史認識の展開」『歴史学研究』二九六（一九六五年一月）、三五頁～四九頁、Thomas W. Smith, *History and International Relations* (Routledge, 1999), pp. 50-60; 山中仁美「国際政治をめぐる「理論」と「歴史」——E・H・カー

を手がかりとして」『国際法外交雑誌』一〇八（二〇〇九年五月）、六六頁〜八二頁。

（2）ここで近代と訳している語の原語は modern である。一般的には、科学革命と前後する一六世紀後半から一七世紀前半をその始点とする時期を指示する語であろうが、以下で見るように、カーがこの語で指しているのは、一八世紀後半から二〇世紀初頭に至る時期である。本章の議論において、近代という語は、特に断りの無い限りこの意味で用いている。

（3）ただ、正確に言うと、この両概念にしても、「概して、「官僚」と「知識人」のそれぞれに特徴的な思考様式がある」との理解に立った上で持ち出される理念型である。TYC（19fn.1:54-55fn.7）.

（4）TYC（20-21:43-45）.

（5）次も参照。三輪、前掲論文、二五頁〜三〇頁。

（6）TYC（23:47）.

（7）TYC（83:132）.

（8）TYC（32:58）.

（9）Dunne, "Theories as Weapons," p. 222.

（10）TYC（56:94）.

（11）TYC（57:95）.

（12）TYC（32:60）.

（13）TYC（34:62）.

（14）TYC（37:66）.

（15）TYC（62:101）.

（16）TYC（64:103）.

（17）TYC（37:65）.

（18）次も参照。Evans, *op. cit.*, p. 87.

(19) TYC (38:67).

(20) TYC (37-38:66).

(21) TYC (287:406).

(22) TYC (36:65).

(23) カーにおける実践志向の強さについては、例えば、Ido Oren, "The Unrealism of Contemporary Realism: The Tension between Realist Theory and Realists' Practice," *Perspectives on Politics*, 7 (June, 2009), pp. 283-301.

(24) 掲げられているエピグラフは次の通りである。「哲学者は、その構想する国家のための構想上の法を立てる。したがって、かれらの説くところはたいそう高度のものだから、天空の星のように高いだけ与える光はかよわい」。「人の力が進む道と人の知がたどる道とは接していて同じ道ともなる。そうであるのに、抽象的な事柄にこだわり考えこむ根深い悪習があることを考慮すると、より確実な学問への道は、実際にかかわる基礎から始め、そこで掘り起こした実地の面を刻印として思考に捺し構想を立ててゆく道程である」。TYC (n/a:n/a).

(25) 信夫隆司も次のように述べている。「カーの理論の中には、アイデアリストを批判する点における明快性とリアリストの理論を提示する段階での曖昧性が混在しており、これが、カーの理論を分かりにくくしているように思われる」。信夫隆司「国際政治理論におけるリアリズムの擡頭（一）」『政経研究』二四（一九八八年二月）、二三二頁。

(26) 三輪、前掲論文、篠田英朗「国際関係論における国家主権概念の再検討——両大戦間期の法の支配の思潮と政治的現実主義の登場」『思想』九四五（二〇〇三年一月）、八六頁～一〇三頁、Molloy, *Hidden History of Realism*, chap. 3.

(27) TYC (84:132).

(28) アシュワースによると、理想主義者らは唯物論者であり、対する現実主義者らは観念論者であったという。Ashworth, "Where Are Idealists?," p. 293. しかし、このような見方も、単純化のための図式としてのみ受け容れることができよう。実際、理想主義の行き詰まりが諸帝国の地理的拡大の限界と共に到来するというカーの上記の見解などは、観念論的な思考から出てくるものと言い難い。『危機の二〇年』中、理想と現実との二分法は、合理主義・経験主義、

理知主義 - 感傷主義、観念論 - 唯物論というウィリアム・ジェームズの区分に対応させられてもいるが、これについても、カーは、あくまでアナロジーの次元での議論と断っている。TYC（17fn.1:54fn.2）.

（29）カール・マンハイム『歴史主義』（徳永恂訳、未来社、一九七〇年）、六頁。

（30）二つの書を連続したものと読むことはかなり一般的と思われるので、ここでその妥当性を改めて論じることは控える。差しあたって、高橋徹「マンハイムとオルテガ」『世界の名著（五六）マンハイム／オルテガ』（中央公論社、一九七一年）、三四頁〜三五頁。

（31）Jones, *op. cit.*, p. 130.

（32）TYC（83:132）.

（33）TYC（84:132）.

（34）理想主義と現実主義の違いの一つが、各々の包含している歴史哲学の差異に認められるという点については、次も参照。Osiander, *op. cit.*, p. 418ff.

（35）国際政治学においてマイネッケが占めてきた位置については、例えば、構造的現実主義で知られるケネス・ウォルツも次のように述べている。「私がしばしば言ってきたように、モーゲンソーが行ったのは、マイネッケをドイツ語から英語に翻訳することであったが、彼の索引を見ればマイネッケが言及されていないのがわかるであろう。その後は、マイネッケの言ったことのいくらかを、モーゲンソーが『諸国民間の政治』で用いたのと同じ語へと私が翻訳することになる。それから、モートン・カプランが、英語から彼の書いていた何某かの言語にモーゲンソーを翻訳した」。Fred Halliday and Justin Rosenberg, "Interview with Ken Waltz," *Review of International Studies*, 24 (July, 1998), p. 386.

（36）フリードリヒ・マイネッケ『歴史主義の成立（上）』（菊盛英夫／麻生建訳、筑摩書房、一九六八年）、四頁、五頁、七頁。

（37）フリードリヒ・マイネッケ『近代史における国家理性の理念』（菊盛英夫／生松敬三訳、みすず書房、一九六〇年）、二頁。

（38）同、二五頁。

（39）TYC（112:167）.『危機の二〇年』中でマイネッケの議論が参照されている箇所は別にもう一つあるが、そこでは、『国家と人格性（Staat und Persönlichkeit）』からの引用を通じて、やはり理想主義の観念論的な性格に批判が投げかけられている。TYC（20-21:44）.

（40）次も参照。Molloy, "Dialectics and Transformation," p. 284; Gismondi, *op. cit.*, p. 437.

（41）TYC（87:136）.

（42）TYC（90:141）.

（43）TYC（91:141）.

（44）TYC（36:64）.

（45）『危機の二〇年』中に見られるドストエフスキーへの唯一の言及も、理想主義に対する批判と関連している。「七〇年代、イギリス人や経済学者の偏見を一つも持っていなかったドストエフスキーは、「永劫的な調和」を認める代償は、それが罪のない人々の苦悩を伴うものであるならあまりにも高いと、イワン・カラマーゾフに宣言させた」。TYC（64:104）.

（46）TYC（6:24）.

（47）TYC（111:166）.

（48）TYC（108:162-63）.

（49）TYC（59:98）.

（50）TYC（58:96）.

（51）この点、理想と現実の二律背反が、「常に、均衡に向かったかと思えばそこから離れていき、決して完全に均衡を達成することがない」以上、そもそも完全に理想主義的な思想や完全に現実主義的な思想といったものは存在しないことに注意が必要である。TYC（16:38）. その上で、国際政治の科学が登場したのが二〇世紀に入ってからのことであったとすれば、マルクスやダーウィンとて、同時代の地点から見れば未だそれぞれに一個の理想主義者だったであろう。『危機の二〇年』でも、紀元前五世紀のプラトンから一九世紀の社会主義者たちまでは、ともあれ目的を分析に優先させていたことが明記されている。TYC（9-11:28-30）. 願望を優先させる中で分析を重視しない態度がカーの言う理想主義の特徴であった点は、以下でも触れていくところであるが、マルクスが労働者の現実の貧困状況に目を向けていなかったことは、『マルクス』で強調されていた通りである。実に、その結果として、マルクスの理論は狂信に止まり、実践的な思想足りえなかったのであった。

(52) 次も参照。Elshtain, *op. cit.*, p. 158.

(53) John Hallett, "Nationalism the World's Bane," *Fortnightly Review*, 133 (June, 1933), p. 699.

(54) TYC (135:203).

(55) TYC (111:166).

(56) カーとクーンの近さを指摘したものとしては、Molloy, "Dialectics and Transformation," p. 282; Gismondi, *op. cit.*, p. 444; Elshtain, *op. cit.*, p. 154. クーンの新科学哲学がカール・ポパーへの批判と共に現れてきたこと、そのポパーが歴史主義の批判者であったことを考えれば、この共通性も単なる偶然の産物ではないように思われる。ただ、この問題については、ここで十分に議論する余裕がないため、別稿を期すこととしたい。

(57) トーマス・クーン『科学革命の構造』(中山茂訳、みすず書房、一九七一年)。

(58) TYC (14:34).

(59) John Hallett, "The Prose Fiction of Soviet Russia," *Fortnightly Review*, 127 (March, 1930), p. 362.

(60) G・H・ミード『西洋近代思想史(下)』(魚津郁夫/小柳正弘訳、講談社学術文庫、一九九四年)、一三二頁〜一三三頁。

(61) 同、一四六頁。

(62) TYC (41:70).

(63) TYC (87:136).

(64) ミード、前掲書、一七七頁。

(65) 三輪、前掲論文。

(66) David Thomson, *Europe since Napoleon* (Penguin, 1967), p. 284.

(67) マンハイム、前掲書、九頁、強調は引用者。ただし、マンハイムによれば、「真の歴史主義とは、実は自然主義――自然科学的つまり個別科学的な諸前提の徹底的考究を事とする哲学――と並べて考えられるようなものではない」(同、九四頁)。この点、歴史主義が形而上学への批判であったとしても、他の自然主義的な思潮とどこまで整合的かはやはり問題となると言えよう。しかし、繰り返すように、ここでは、複数の思潮からひとまとまりの傾向を取り出してきたものを現実主義と見るべきであるという指針を採ることから、マンハイムが主張するところの歴史主義とそれが実際に意味したところとの整合性や、カーがマンハイムの議論をどこまで正確に理解していたかという点について、検討を敢えて捨象している。その上で、マンハイム自身の「実は」という言葉からも窺えるように、歴史主義と自然主義とが、少なくとも前者の批判者らによって、互いに接近するものと考えられていた点は心に留めておく価値があるように思われる。また、カーとマンハイムの間の齟齬については、ジョーンズの研究でも指摘されている他、以下で適宜触れる通り、本書の議論も、二人が根本的なところで対照的な思想をとるに至っていたとの理解に立っていることを書き添えておく。Jones, *Carr and International Relations*, chap. 6.

(68) AU (xviii-xix:58).

(69) TYC (77:120).

(70) TYC (86:135).

(71) 歴史主義を受容していなかった近代以前の思想家の幾人かが、なお現実主義者と呼ばれているのも、彼らの科学志向ゆえである。一九四〇年、バターフィールドの『マキァヴェリの国政術』への書評の中で、カーは、「マキァヴェリが最も独自で最も近代的だったのは、政治を倫理の一部門としてではなく倫理的に中立的な科学と捉えたことにある」とした上で、「マキァヴェリの偉大さは、政治の真実の、全体を、ではなかったとしても部分を、比類するもののない徹底ぶりで眺めたことにある」と述べている。E. H. Carr, "Is Machiavelli a Modern?" *Spectator* (28 June, 1940), p. 868.

(72) この点に関する特に優れた議論を含んだ研究としては、吉川『英国の平和論』、Casper Sylvest, *British Liberal Internationalism, 1880-1930: Making Progress?* (Manchester University Press, 2009).

（73）そして、カーは、理想主義者たちが道徳ばかりを掲げていたわけではない点に気づいていた。一九三〇年にマキァヴェリに関する研究書を評した彼は、国家の安全の問題に正・不正の判断が入れられるべきではないという考えを、「国際連盟の構成員たちですら同じことを述べていると理解されてきた」ところのものとしている。John Hallett, “A Political Allegory,” *Fortnightly Review*, 128（August, 1930）, p. 285. 関連して、カーが必ずしも国際連盟自体を批判していたわけではない点には注意が必要である。例えば、同時期のある書評において、カーは次のように述べている。「連盟は、国々が信を置き、上手くいくよう心を固めた場合にだけ上手くいくであろう。平和への意志を強いることはできないのである」。John Hallett, “Book Review: *The Concert of Europe* and *The United States of Europe*,” *Fortnightly Review* 130（December, 1931）, p. 852. カーにとって問題の核心にあったのは、やはり人間諸活動の規範的な土台だったのである。

（74）Inderjeet Parmar, “Anglo-American Elites in the Interwar Years: Idealism and Power in the Intellectual Roots of Chatham House and the Council on Foreign Relations,” *International Relations*, 16（April, 2002）, pp. 53-75; Paul Williams, “A Commonwealth of Knowledge: Empire, Intellectuals and the Chatham House Project, 1919-1939,” *International Relations*, 17（March, 2003）, pp. 35-58.

（75）近年の帝国研究に関する行き届いた整理として、Jennifer Pitts, “Political Theory of Empire and Imperialism,” *Annual Review of Political Science*, 13（2010）, pp. 211-35. また、一九世紀の帝国主義が国際連盟の論理に残存していたことの指摘として、Mark Mazower, “An International Civilization? Empire, Internationalism and the Crisis of the Mid-Twentieth Century,” *International Affairs*, 82（May, 2006）, pp. 553-66.

（76）TYC（95:146）.

（77）この区分については、次を参照。Timothy M. Shaw and Lucian M. Ashworth, “Commonwealth Perspectives on International Relations,” *International Affairs*, 86（September, 2010）, p. 1158.

（78）本書序論でも簡単に触れたように、カーの槍玉に挙げられた理想主義者としては、エンジェルの名が持ち出されることが多い。しかし、『危機の二〇年』の索引だけを見ても、セシルとジンマーンのそれぞれに対するカーの言及回数は、エンジェルへのそれに比べて倍近くに及んでいることがわかるであろう。この内、ジンマーンへの言及には、政治史上の事実に関する中立的な視点からのものも認められるが、それらを差し引いても、『危機の二〇年』の全体を通じて、ジンマーンへの言及の方がエンジェルへの言及よりなお多い。

(79) Jeanne Morefield, *Covenants without Swords: Idealist Liberalism and the Spirit of Empire* (Princeton University Press, 2005). この点、諸問題に関する事実認識の次元では、ジンマーンも常に誤っていたわけではないと言えるが、彼の分析能力自体は、カーも批判していない。既述の通り、『危機の二〇年』の中では、国際問題の事実関係を確かめる上で、ジンマーンの著作が数回にわたって引用されている。また、一九三六年に記した書評で、カーは、ジンマーンの著作を「連盟に関する明晰で独自な分析」と評しており、ここに何らかの皮肉が込められているといった様子もない。E. H. Carr, "Review of *The League of Nations and the Rule of Law, 1918-1935,*" *Public Administration,* 14 (April, 1936), p. 212. この点からしても、カーの理想主義批判を修辞的なものと単純化すべきではなく、その個々の実態が重要と言える。

(80) E. H. Carr, "Honour among Nations: A Critique of International Cant," *Fortnightly,* 145 (May, 1939), p. 489, p. 490, p. 491, p. 494. なお、同論文での議論は、わずか一段落に縮小されるという形においてではあるが、『危機の二〇年』においてもその輪郭を維持している。TYC (93-94:144-45).

(81) ミルが多数の専制を憂えていたことは、カーもごく簡単に言及している。TYC (36:64).

(82) Miles Kahler, "Rationality in International Relations," *International Organization,* 52 (Autumn, 1998), p. 919.

(83) BR (14-15:13).

(84) BR (9:9).

(85) TYC (177: 253).

(86) 特に、David Long and Brian C. Schmidt (eds.), *Imperialism and Internationalism in the Discipline of International Relations* (SUNY Press, 2005).

(87) 『危機の二〇年』は、その題名にも拘わらず、大戦間期全体を危機が顕在化した時期として描き出しているわけではない。ピーター・ウィルソンも指摘しているように、カーの記述において、大戦間期は、一九三〇年ないし一九三三年を境とする二つの時期に分けられている。ピーター・ウィルソン（関静雄訳）「序論――危機の二〇年と国際関係における「理想主義」の範疇」ロング／ウィルソン、前掲書、九頁。ただ、理想主義の蔓延した前半をカーの言う危機とするウィルソンの見解に反して、具体的に危機を彩る諸現象が巻き起こり、テクスト上でもそれらが描かれていたのは、むしろ後半である。『危機の二〇年』結論部においても、大戦間期の危機は、「戦後最初の十年の空想的な希望から次の十年の恐るべき絶望への急激な転落」であったとされている。TYC（287:406）.

（88）この点については、葛谷彩『二〇世紀ドイツの国際政治思想――文明論・リアリズム・グローバリゼーション』（南窓社、二〇〇五年）、特に序章と第一章。

（89）マイネッケ『近代史における国家理性の理念』、五七八頁。

（90）ヴァルター・ホーファー「刊行者の序言」マイネッケ『近代史における国家理性の理念』、一二頁。

（91）TYC（85:134）.

（92）TYC（16:39）.

（93）TYC（14:34, 113:174）.

（94）Murielle Cozette, "What Lies Ahead: Classical Realism on the Future of International Relations," *International Studies Review*, 10（December, 2008）, p. 668.

（95）古典的現実主義における人間性の前提をフロイト的な非合理性との関係から論じたものとして、Robert Schuett, *Political Realism, Freud, and Human Nature in International Relations: The Resurrection of the Realist Man*（Palgrave, 2010）.

（96）TYC（x:12）.

（97）Reinhold Niebuhr, *Europe's Catastrophe and the Christian Faith*（Nisbet, 1940）, pp. 7-8.

（98）TYC（x:12）. カーとドラッカーの関係を論じた研究は現在までほぼ皆無であるが、両者の比較が持つ潜在的意義についての例外的な指摘として、遠藤、前掲論文、六二頁。また、カーとドラッカーの違いに関する若干の言及として、酒井、前掲書、三七頁。

(99) ピーター・ドラッカー『経済人の終わり――新全体主義の研究』（岩根忠訳、東洋経済新報社、一九六三年）、一〇頁、二〇八頁。

(100) John Vasquez, *The Power of Power Politics: From Classical Realism to Neotraditionalism* (Cambridge University Press, 1998), p. 202. また、Ian Hall, "The Triumph of Anti-Liberalism? Reconciling Radicalism to Realism in International Relations Theory," *Political Studies Review*, 9 (January, 2011), p. 49.

(101) モードリス・エクスタインズ『春の祭典――第一次世界大戦とモダン・エイジの登場』（金利光訳、ＴＢＳブリタニカ、一九九一年）、二一六頁。

(102) Ｊ・Ｂ・ビュアリ『進歩の観念』（高里良恭訳、創元文庫、一九五三年）、三四三頁。この引用が現れているのと異なる箇所についてではあるが、『危機の二〇年』の中でも『進歩の概念』への言及は認められ、カーも同書を読んでいたことは確かである。TYC (34:62). なお、ロバート・ニスベットは、後に『進歩の観念』を批判して、古代から初期近代までの進歩思想を過小評価していると述べている。この点は、やはり進歩を近代以降に現れてきた概念と捉えていたカーの議論の時代性を見る上で、興味深いものを含んでいる。Robert Nisbet, *History of the Idea of Progress* (Basic Books, 1980), p. x.

(103) ダーウィン以降の進化論の流れについては、ピーター・Ｊ・ボウラー『進化思想の歴史（上）・（下）』（鈴木善次ほか訳、朝日選書、一九八七年）。

(104) イギリスでは比較的影響力の弱かったニーチェが、とりわけ第一次世界大戦後に、しばしば優生学と結びつけられる形である程度受容されたのも、こうした思想状況においてのことであった。Dan Stone, *Breeding Superman: Nietzsche, Race and Eugenics in Edwardian and Interwar Britain* (Liverpool University Press, 2002). より長期的な受容の前提を為した文脈については、次も参照。David S. Thatcher, *Nietzsche in England, 1890-1914: The Growth of a*

Reputation (University of Toronto Press, 1970).

(105) 俯瞰的な議論としては、ステーヴン・カーン『時間の文化史――時間と空間の文化一八八〇～一九一八（上）』（浅野敏夫／久郷丈夫訳、法政大学出版局、一九九三年）。

(106) Hynes, *Auden Generation*, p. 227, p. 341.

(107) リヒトハイム、前掲書、一九二頁。

(108) Winter, *op. cit.*, chap. 3.

(109) ドラッカー、前掲書、一九頁。

(110) TYC (113:174).

(111) TYC (118:182).

(112) TYC (284:399).

(113) BR (177: 130).

(114) そもそもカーの言う宥和政策は、持てる国と持たざる国との間に一般的に成立すべき相互扶助の関係を指したものであって、同時代のイギリス外交に見られた具体的政策ばかりを指すものではなかった。この点については、Wilson, "Carr and His Early Critics," pp. 184-85. 関連して、古典的現実主義者の漸進主義的志向については、William E. Scheuerman, "The (Classical) Realist Vision of Global Reform," *International Theory*, 2 (July, 2010), pp. 246-82.

(115) TYC (113:175, 116:178-79).

(116) TYC (117:180).

(117) E. H. Carr, "Public Opinion as a Safeguard of Peace," *International Affairs*, 15 (November, 1936), p. 847.

(118) BR (14:13, 16:14).

(119) TYC (181:257).

(120) Jones, *Carr and International Relations*, chap. 5; Charles Jones, "'An Active Danger': E. H. Carr at *The Times*,

1940-46," in Cox, *E. H. Carr*, pp. 68-87.

(121) Collini, *Absent Minds*, p. 36.

(122) TYC (21:45).

(123) TYC (33:61).

(124) TYC (183:259).

(125) TYC (184-85:261).

(126) TYC (199:287).

(127) TYC (187:272).

(128) TYC (189:275).

(129) TYC (123:186).

(130) フリードリヒ・A・ハイエク『隷従への道』(西山千秋訳、春秋社、一九九二年)、二五三頁〜二五八頁。

(131) TYC (127-28:191-92).

(132) TYC (129:193-94).

(133) 同様の指摘は、Evans, *op. cit.*, p. 94.

(134) TYC (231:330).

(135) TYC (230:329).

(136) パーキンソン、前掲書、一六九頁〜一七〇頁。

(137) 岡安、前掲論文、一五頁。

(138) 三牧、前掲論文、三〇七頁。

(139) Booth, "Security in Anarchy," p. 539.

(140) 例えば、Rosemary E. Shinko, "Agonistic Peace: A Postmodern Reading," *Millennium: Journal of International*

Studies, 36 (May, 2008), pp. 473-91.

(141) TYC (302:425).

(142) 『マルクス』ではヒトラーとマルクスとが思想的に同系統のものを有しているとされていたが、同様の理解は『危機の二〇年』でも維持されており、カーによれば、力の支配を道徳的な言説で正当化するやり方へのヒトラーの批判は、マルクスの資本主義批判への「真正の共鳴」を含んでいるのであった。TYC (106:161).

(143) TYC (114:176).

(144) TYC (117:179-80).

(145) TYC (113:174).

(146) Stefano Guzzini, *Realism in International Relations and International Political Economy: The Continuing Story of a Death Foretold* (Routledge, 1998), p. 22.

(147) TYC (8:27). 強調は引用者。

(148) TYC (14-15:34-35).

(149) TYC (288:408).

(150) Whittle Johnston, "The Relevance of E. H. Carr's Realism in the Post-Cold War World," in David Clinton (ed.), *The Realist Tradition and Contemporary International Relations* (Louisiana State University Press, 2007), p. 172.

(151) デイヴィッド・ケットラー／フォルカー・メージャ／ニコ・シュテール『カール・マンハイム——ポストモダンの社会思想家』(石塚省二監訳、御茶の水書房、一九九六年)。

(152) Dorothy Ross, "Grand Narrative in American Historical Writing: From Romance to Uncertainty," *American Historical Review*, 100 (June, 1995), pp. 656-57.

(153) 『危機の二〇年』中、『アメリカ文明の台頭』は、一九一七年のバルフォアの発言を孫引きするという本論とは直接に関係のない目的のためにではあれ、言及されており、そこからカーが同書を読んでいたという事実を確認することができる。TYC（98:150）.

（154）Gertrude Himmelfarb, *Darwin and Darwinian Revolution*（Norton, 1968）, p. 420.

（155）Molloy, *Hidden History of Realism*, chap. 3.

（156）イギリスにおける進歩主義の継続については、例えば、リチャード・D・オールティック『ヴィクトリア朝の人と思想』（要田圭治／大嶋浩／田中孝信訳、音羽書房鶴見書店、一九九八年）。フランス革命がヘーゲルの歴史哲学に与えた影響については、ヨアヒム・リッター『ヘーゲルとフランス革命』（出口純夫訳、理想社、一九六六年）。

（157）この点、カーの理想主義と現実主義とがどの程度正確に英独各々の思想的伝統を反映しているかではなく、それぞれが有している政治的含意こそが重要であるという篠田英朗の指摘は、一定の示唆を含んでいる。篠田、前掲論文、九二頁～九三頁。ただ、以下で見るように、各伝統に対してカーの示している理解は、それ自体として彼の思考体系に独特の影響を及ぼしている面もあると言うべきであろう。

（158）Annan, *op. cit.*, p. 10.

（159）Reba Soffer, *Ethics and Society in England: The Revolution in the Social Sciences, 1870-1914*（University of California Press, 1978）, pp. 1-2.

（160）Michael Freeden, *The New Liberalism: An Ideology of Social Reform*（Clarendon Press, 1978）, esp. epilogue.

（161）『危機の二〇年』でもしばしば好意的に言及されているラスキが、晩年は共産主義者との疑いを掛けられがちであった一方、冷戦後には多元主義者として再評価されてきたのは、この点において示唆的である。Isaac Kramnick and Barry Sheerman, *Harold Laski: A Life on the Left*（Allen Lane, 1993）; Michael Newman, *Harold Laski: A Political Biography*（Palgrave, 1993）. 他方、冷戦後でも、ロバート・カウフマンなどは、カーの相対主義は全体主義をも容認するとしている。しかし、この解釈は、以上で繰り返し見てきたようなカーのヒトラー批判を説明できない。Robert Kaufman, "E. H. Carr, Winston Churchill, Reinhold Niebuhr, and Us: The Case for Principled, Prudential, Democratic Realism," in Benjamin Frankel（ed.）, *Roots of Realism*（Frank Cass, 1996）, pp. 314-53.

(162) E. H. Carr, "Lenin: Stalin, II. A Retreat from Utopia," *The Times* (6 July, 1937), p. 17; "Lenin: Stalin, III. Soviet Policy Abroad," *The Times* (7 July, 1937), p. 18.

(163) E. H. Carr, "The Search for Utopia," *Spectator* (24 December, 1937), p. 1151. なお、同じ『目撃者』の翌号には、これと対になる形の書評が掲載されており、そこでは共産主義の支持者からその批判者へと転向したアメリカ人ユージーン・ライオンズの半自伝的著作が好意的に取り上げられている。E. H. Carr, "Retreat from Utopia," *Spectator* (7 January, 1938), p. 22.

(164) Overy, *op. cit.*, p. 91.

(165) *Ibid.*, p. 77.

(166) John Hallett, "Book Review: *Moscow Has a Plan,*" *Fortnightly Review*, 130 (September, 1931), p. 400.

(167) G・M・ヤング『ある時代の肖像――ヴィクトリア朝イングランド』(松村昌家/村岡健次訳、ミネルヴァ書房、二〇〇六年)、二二七頁。

(168) マンハイム、前掲書、九五頁~九六頁。

(169) Carr, "Honour among Nations," pp. 499-500.

(170) TYC (282:398).

(171) TYC (279:395).

(172) BR (122-23: 89-90).

(173) Jones, *Carr and International Relations*, p. 126.

結論

(1) Maja Zehfuss, *Constructivism in International Relations: The Politics of Reality* (Cambridge University Press, 2002).

（2） Michael C. Williams, *The Realist Tradition and the Limits of International Relations*（Cambridge University Press, 2005）. 次も参照。Richard Ned Lebow, *The Tragic Vision of Politics: Ethics, Interests and Orders*（Cambridge University Press, 2003）.

（3） Christoph Frei, *Hans J. Morgenthau: An Intellectual Biography*（Louisiana State University Press, 2001）, p. 113.

（4） Hans J. Morgenthau, "The Political Science of E. H. Carr," *World Politics,* 1（October, 1948）, p 128, pp. 129-30, p. 131, p. 134.

（5） Bull, *op. cit.*, p. 628.

（6） E. H. Carr, "Propaganda and Power," *Yale Review*, 42（September, 1952）, pp. 7-8.

（7） Hans J. Morgenthau, "The Surrender to the Immanence of Power: E. H. Carr," in *Dilemmas of Politics*（University of Chicago Press, 1958）, pp. 350-57.

（8） カーの擁護した道徳が政治に内在するものであり、モーゲンソーの擁護した道徳が政治を超越するものであったというモロイの理解は、以上の点からしても図式的に過ぎる。カーが相対主義的であったというのはその通りであろうが、既に述べてきたように、それは彼の思考の形而上学的な残滓がもたらす逆説的な帰結であった。Seán Molloy, "Hans Morgenthau versus E. H. Carr: Conflicting Conceptions of Ethics in Realism," in Duncan Bell（ed.）, *Political Thought and International Relations: Variations on a Realist Theme*（Oxford University Press, 2009）, pp. 83-104.

（9） 政治理論の疎外という表現の出所は、John G. Gunnell, *Between Philosophy and Politics: The Alienation of Political Theory*（University of Massachusetts Press, 1986）. なお、第二の論争がいかに「記憶」されているかが国際政治学史の理解に重要であると論じた研究として、Friedrich Kratochwil, "History, Action and Identity: Revisiting the 'Second' Great Debate and Assessing Its Importance for Social Theory," *European Journal of International Relations*, 12（March, 2006）, pp. 5-29.

（10） モーゲンソーがカール・シュミットとの間に有していた近さは今日の研究でしばしば指摘されるが、ニコラス・ギルホットの優れた論稿によると、古典的現実主義に見られた決断主義の要素は、行動論革命を通じてサイバネティックス理論が浸透していく中で、合理的選択論に見られる「決定」へすり替えられていったという。Nicolas Guilhot, "Cyborg Pantocrator: International Relations Theory from Decisionism to Rational Choice," *Journal of the History of the Behavioral Sciences*, 47（Summer, 2011）, pp. 279-301.

（11）この点は、近年の批判的国際政治理論において、繰り返し指摘されてきた。例えば、R. B. J. Walker, *Inside/Outside: International Relations as Political Theory*（Cambridge University Press, 1993）, p. 22.

（12）Carr to Stanley Hoffmann, 30 September, 1977, quoted in Davies, "Edward Hallett Carr," pp. 486-87.

（13）ラインハルト・コゼレック『批判と危機——市民的社会の病因論のための一研究』（村上隆夫訳、未来社、一九八九年）。

（14）Zaki Laïdi, *A World without Meaning: The Crisis of Meaning in International Politics*, trans. June Burnham and Jenny Coulton（Routledge, 1998）.

（15）ジョン・グレイ『ユートピア政治の終焉——グローバル・デモクラシーという神話』（松野弘監訳、岩波書店、二〇一一年）。

（16）Tim Dunne, Michael Cox, and Ken Booth（eds.）, *The Eighty Years' Crisis: International Relations, 1919-1999*（Cambridge University Press, 1999）. 同号の編者の一人であったブースは、より最近になって、冷戦後の時代を「新しい危機の二〇年」と呼ぶに至っている。Ken Booth, *Theory of World Security*（Cambridge University Press, 2007）. 日本における同様の議論として、大沼保昭「国際法と力、国際法の力」大沼保昭（編）『国際社会における法と力』（日本評論社、二〇〇八年）、一九頁～二二頁、田中明彦『ポスト・クライシスの世界——新多極時代を動かすパワー原理』（日本経済新聞出版社、二〇〇九年）、序章。この他、カーの議論に現代的な響きを認める向きとして、次も参照。「特集Ｅ・Ｈ・カー——現代への地平」『外交フォーラム』二四七（二〇〇九年二月）、一三頁～四二頁。

（17）Duncan Bell, "Anarchy, Power and Death: Contemporary Political Realism as Ideology," *Journal of Political Ideologies*, 7（June, 2002）, pp. 221-39.

（18）ただ、カー自身がポスト実証主義者でなかったことは上に指摘した通りであって、ポスト実証主義者らがその彼から現代世界の分析に向けた示唆を引き出そうとする時、そこでは彼ら自身の無意識な前提や土台に対する反省も促されていると言える。例えば、イアン・ホールが指摘しているように、古典的現実主義者らの自由主義批判を選択的に受容する現在の理論家らは、そうした現実主義者たちが究極的には自由主義的であった点を忘却しがちである。この点、カーからある種の普遍的な知見を掘り起こそうとする現代の理論家たちは、彼の危惧を現実のものとするかのように、普遍主義の道具的な利用を繰り返しているのかもしれない。Hall, *op. cit.*, p. 50.

(19) Vendulka Kubálková, "Reconstructing the Discipline: Scholars as Agents," in Vendulka Kubálková, Nicholas Onuf, and Paul Kowert (eds.), *International Relations in a Constructed World* (M. E. Sharpe, 1998), pp. 193-201.

(20) Steve Smith, "The Forty Years' Detour: The Resurgence of Normative Theory in International Relations," *Millennium: Journal of International Studies*, 21 (December, 1992), pp. 489-506.

あとがき

本書は、二〇〇九年五月に米国フロリダ大学へ提出した博士論文 "Politics at Its Demise: E. H. Carr, 1931-1939" を翻訳の上、加筆・修正したものである。これまで著者が公刊してきた論文との関係から言うと、書き下ろしに近い。ただ、以下の四ないし五篇は、本書と特に繋がりが深いものと言える。

① 「知識人としてのE・H・カー——初期伝記群と『危機の二〇年』の連続性」『国際政治』一六〇(二〇一〇年三月)、三四頁~四七頁。

② 「E・H・カーにおけるヨーロッパ的なものの擁護——理論、歴史、ロシア(一)・(二)」『法学論叢』一六六(二〇一〇年二月)、八四頁~九九頁および一六七(二〇一〇年六月)、一一八頁~一三九頁。

③ "E. H. Carr, Dostoevsky, and the Problem of Irrationality in Modern Europe," *International Relations*, 25 (March 2011), pp. 45-64.

④ "The Age of the Lonely Crowd: E. H. Carr and Peter F. Drucker on the Fragility of Modern Life," *Global Society*, 25 (July, 2011), pp. 429-46.

①・③においては、本書で提示した議論の概略が各々異なる形で現れている。既に本書に目を通された方には改めてこれらの論文を手に取っていただく必要は薄い。他方、②は『平和の条件』以降のカーの著作の連続性を、

④はカーとドラッカーの知的類縁性を、それぞれ単独のテーマとして取り上げており、本書の議論をいくらかは補強するものになっている。文章の生硬さを中心に今となっては拙さばかりが目につくものの、本書と併せてお読みいただければ幸いである。

元となった博士論文の完成が『危機の二〇年』公刊から七〇年の二〇〇九年、本書の刊行される今年がカーの生後一二〇年にして死後三〇年と、本研究は何かと切りのいい数字と縁があった。また、長らく絶版になっていた同書の邦訳も、昨年になって新訳が刊行された。ただ、そうした好機にあって、本書の完成度がどの程度のものかというと、著者として甚だ心もとない限りである。身の丈に合わない形で様々な学術領域に手を伸ばしたため、思わぬ誤解を含んだ箇所もあるかもしれない。射程を限定する上では、時に思い切って議論を単純化し、カーが記した書評・評論も網羅的に取り上げるのは避けたが、そのことでかえって説得力が損なわれた面も存在しうる。各種用語の定義の曖昧さなどを考えても、とりわけ思想史研究と捉えた場合、本書が極めて不十分なものであることは疑いのないところであって、ご叱正を請いたいと願う次第である。

ただ、今は、これまでの研究をともあれ一つの形にできたことを喜ぶと共に、その過程で手を差し伸べて下さった方々に御礼を述べたい。まずは、博士論文の共同主査お二人に感謝したい。唐突に研究室を訪ねてはちょっとした着想を拙い英語で披露する著者に対し、関連文献を挙げつつ情熱的な後押しを提供してくださるのがイド・オーレン(Ido Oren)先生であったとすれば、独特のユーモアと共に冷静な分析的意見を返してくださるのがサミュエル・バーキン(J. Samuel Barkin)先生であった。廊下を挟んで概ね斜向かいにあった二つの研究室を行き来しつつ、計画を進めては立ち止まり立ち止まっては進める中でこそ、著者が自身の平衡を保つことも可能であった。そうして土台が創り上げられた本書である上に、当初からお二人は英語での出版を勧めてくださっていたこともあって、今回本書を日本語で刊行するにあたっては、ある種の罪悪感を覚えずにはいられなかった。この著者のわがままにもいつも通りの励ましで応えてくださったお二人には、今後も研究を通じてその恩義に報いていくことを誓いたい。

博士論文の副査を担当していただいた先生方にも御礼を述べたい。政治理論研究者のダニエル・オニール（Daniel O'Neill）先生からは、留学中の全期間を通じ、思想史研究の方法や近代政治思想をめぐる諸論点について、数えきれないほどの示唆を授かった。国際政治理論研究者のバドレダイン・アルフィ（Badredine Arfi）先生には、ヘーゲルからラカンにまで及ぶ思想書の輪読を通じ、現代思想に関する種々の知見を教授していただいた。歴史学者のピーター・バーグマン（Peter Bergmann）先生からは、モダニズム関連の事実・文献からアメリカにおける歴史学研究の流れまで、多くのご教示を賜った。

日本では、二〇〇三年以降、京都大学大学院法学研究科に在籍し続けている。この間、二〇一一年に同研究科博士後期課程を退学するまで、留学中の休学期間を除いて指導教授をご担当いただいたのは鈴木基史先生である。ご自身のご専門とは毛色の違う著者の研究にも常に真摯に向き合ってくださり、感謝の言葉もない。また、修士論文で副査を務めていただいた中西寛先生は、大学院進学当初から足場の定まらない著者に対しても、鷹揚な姿勢で研究の進展を促してくださった。その教えを胸に、今後も研鑽に努めたい。同じく修士論文の副査を務めてくださったのは、小野紀明先生である。京都大学法学部での先生との出会いは、著者が研究者を志す一つのきっかけとなっ（てしまっ）たが、当時の著者が大学院進学の相談を最初にお願いしたのも小野先生であった。さらに、本年度、研究員を務めるにあたっては、新川敏光先生に受け入れ教員を担当していただいた。幅広いご見識を基に示唆に富むご意見を数多くくださり、感謝している。

研究を進める上では、日米の両大学院において仲間にも恵まれた。逐一お名前を挙げることは控えさせていただくが、非実学的な研究にはとりわけ風当たりの強い昨今、たわいのない会話から専門的な相談までを行える相手がいる有難味に改めて気づかされている。

出版にあたっては、昭和堂の鈴木了市氏と吉川紳也氏にお世話になった。名も知れぬ研究者が唐突に持ち込んだ原稿にも快く目を通してくださった上、相当に厳しいスケジュールの中でも終始丁寧に対応していただき、非常に感謝している。

本書で引用したカーの未公開文書は、英国バーミンガム大学キャドバリー学術図書館特別所蔵部から利用の便宜を授かった。また、日本学術振興会（学術創成研究19GS0103および研究活動スタート支援23830035）、松下幸之助記念財団、村田学術振興財団の各団体からは、それぞれ隣接する研究課題に対して助成をご提供いただいた。加えて、本書の刊行にあたっては、平成二三年度京都大学総長裁量経費として採択された法学研究科若手研究者出版助成事業による補助を賜った。

最後に、本書を父と母に捧ぐ。

二〇一二年三月

西村邦行

二九，一三九頁～一四七頁．

山中，仁美．2007.「「新しいヨーロッパ」の歴史的地平――E・H・カーの戦後構想の再検討」，『国際政治』一四八（三月），一頁～一四頁．

山中，仁美．2009.「国際政治をめぐる「理論」と「歴史」――E・H・カーを手がかりとして」，『国際法外交雑誌』一〇八（五月），六六頁～八二頁．

吉川，宏．1989.『一九三〇年代英国の平和論――レナード・ウルフと国際連盟体制』，北海道大学図書刊行会．

吉川，宏．1993.「相互依存的世界における国民国家（二）――理論史的一考察」，『法学研究』二九（七月），三一頁～五八頁．

ヤング，G・M. 2006.『ある時代の肖像――ヴィクトリア朝イングランド』，松村昌家／村岡健次訳，ミネルヴァ書房．

Zehfuss, Maja. 2002. *Constructivism in International Relations: The Politics of Reality*, Cambridge University Press.

相」, 原麻里子／柴山哲也（編）『公共放送BBCの研究』, ミネルヴァ書房 , 八七頁～一〇七頁 .
Vasquez, John. 1998. *The Power of Power Politics: From Classical Realism to Neotraditionalism*, Cambridge University Press.
Vigneswaran, Darshan, and Quirk, Joel. 2010. "Past Masters and Modern Inventions: Intellectual History as Critical Theory," *International Relations* 24 (June), pp. 107-31.
Walker, R. B. J. 1993. *Inside/Outside: International Relations as Political Theory*, Cambridge University Press.
Wasiolek, Edward. 1978. "Review of *Dostoevsky: The Seeds of Revolt, 1821-1849*," *Comparative Literature* 30 (Winter), pp. 92-94.
White, Hayden. 1987. *The Content of the Form: Narrative Discourse and Historical Representation*, Johns Hopkins University Press.
ウィーナ , マーティン・J. 1984.『英国産業精神の衰退――文化史的接近』, 原剛訳 , 勁草書房 .
Williams, Michael C. 2005. *The Realist Tradition and the Limits of International Relations*, Cambridge University Press.
Williams, Paul. 2003. "A Commonwealth of Knowledge: Empire, Intellectuals and the Chatham House Project, 1919-1939," *International Relations* 17 (March), pp. 35-58.
ウィリアムズ , レイモンド . 1968.『文化と社会 一七八〇～一九五〇』, 若林繁信／長谷川光昭訳 , ミネルヴァ書房 .
Wilson, Peter. 1998. "The Myth of the 'First Great Debate,'" *Review of International Studies* 24 (December), pp. 1-16.
Wilson, Peter. 2000. "Carr and His Early Critics: Responses to *The Twenty Years' Crisis*," in Michael Cox (ed.), *E. H. Carr: A Critical Appraisal*, Palgrave, pp. 165-97.
Wilson, Peter. 2001. "Radicalism for a Conservative Purpose: The Peculiar Realism of E. H. Carr," *Millennium: Journal of International Studies* 30 (January), pp. 123-36.
ウィルソン , ピーター . 2002. 関静雄訳「序論――危機の二〇年と国際関係における「理想主義」の範疇」, ロング／ウィルソン 2002, 一頁～二九頁 .
Wilson, Peter. 2003. *The International Theory of Leonard Woolf: A Study in Twentieth-Century Idealism*, Palgrave.
Winter, Jay. 1995. *Sites of Memory, Sites of Mourning: The Great War in European Cultural History*, Cambridge University Press.
Wohl, Robert. 1979. *The Generation of 1914*, Harvard University Press.
Wohl, Robert. 2002. "Heart of Darkness: Modernism and Its Historians," *Journal of Modern History* 74 (September), pp. 573-621.
Woodward, E. L. 1934. "Review of *Karl Marx*," *International Affairs* 13 (September-October), p. 721.
山中 , 仁美 . 2003.「「E・H・カー研究」の現今の状況をめぐって」,『国際関係学研究』

English Elite, 1870-1930, Stanford University Press.
Spurr, Barry. 1990. "Camp Mandarin: The Prose Style of Lytton Strachey," *English Literature in Transition, 1880-1920* 33, pp. 31-45.
Stapleton, Julia. 2001. *Political Intellectuals and Public Identities in Britain since 1850,* Manchester University Press.
Stapleton, Julia. 2008. "Modernism, the English Past, and Christianity: Herbert Butterfield and the Study of History," *The Historical Journal* 51 (June), pp. 547-57.
スタイナー, ジョージ. 1979.『悲劇の死』, 喜志哲雄／蜂谷昭雄訳, 筑摩書房.
Stevenson, John. 1984. *British Society, 1914-45*, Penguin.
Stone, Dan. 2002. *Breeding Superman: Nietzsche, Race and Eugenics in Edwardian and Interwar Britain*, Liverpool University Press.
Stray, Christopher. 1998. *Classics Transformed: Schools, Universities, and Society in England, 1830-1960*, Clarendon Press.
ストレイチー, リットン. 2008.『ヴィクトリア朝偉人伝』, 中野康司訳, みすず書房.
Sylvest, Casper. 2004. "Interwar Internationalism, the British Labour Party, and the Historiography of International Relations," *International Studies Quarterly* 48 (June), pp. 409-32.
Sylvest, Casper. 2009. *British Liberal Internationalism, 1880-1930: Making Progress?* Manchester University Press.
高林, 陽展. 2011.「精神衛生思想の構築――二〇世紀初頭イングランドにおける早期治療言説と専門家利害」,『史学雑誌』一二〇（四月）, 一頁～三五頁.
高橋, 徹. 1971.「マンハイムとオルテガ」,『世界の名著（五六）マンハイム／オルテガ』, 中央公論社, 七頁～九二頁.
田中, 明彦. 2009.『ポスト・クライシスの世界――新多極時代を動かすパワー原理』, 日本経済新聞出版社.
丹治, 愛. 1997.『ドラキュラの世紀末――ヴィクトリア朝外国恐怖症の文化研究』, 東京大学出版会.
テイラー, A・J・P. 1968.『イギリス現代史 一九一四～一九四五（一）』, 都築忠七訳, みすず書房.
Thatcher, David S. 1970. *Nietzsche in England, 1890-1914: The Growth of a Reputation,* University of Toronto Press.
Thies, Cameron. 2002. "Progress, History and Identity in International Relations Theory: The Case of the Idealist-Realist Debate," *European Journal of International Relations* 8 (June), pp. 147-85.
Thompson, Kenneth W. 1980. *Masters of International Thought: Major Twentieth-Century Theorists and the World Crisis*, Louisiana State University Press.
Thomson, David. 1967. *Europe since Napoleon,* Penguin.
トリリング, ライオネル. 1989.『〈誠実〉と〈ほんもの〉――近代自我の確立と崩壊』, 野島秀勝訳, 法政大学出版局.
津田, 正太郎. 2011.「国民統合とBBC――戦間期イギリスにおけるナショナリズムの諸

Ross, Dorothy. 1995. "Grand Narrative in American Historical Writing: From Romance to Uncertainty," *American Historical Review* 100 (June), pp. 651-77.
サイード, エドワード. 1986.『オリエンタリズム』, 今沢紀子訳, 平凡社.
酒井, 哲哉. 2007.『近代日本の国際秩序論』, 岩波書店.
Scheuerman, William E. 2010. "The (Classical) Realist Vision of Global Reform," *International Theory* 2 (July), pp. 246-82.
Schmidt, Brian C. 1998. "Lessons from the Past: Reassessing the Interwar Disciplinary History of International Relations," *International Studies Quarterly* 42 (September), pp. 433-59.
Schmidt, Brian C. 1998. *The Political Discourse of Anarchy: A Disciplinary History of International Relations*, SUNY Press.
Schmidt, Brian C. 2002. "Anarchy, World Politics and the Birth of a Discipline: American International Relations, Pluralist Theory and the Myth of Interwar Idealism," *International Relations* 16 (April), pp. 9-31.
Schmidt, Brian C. 2002. "On the History and Historiography of International Relations," in Walter Carlsnaes, Thomas Risse, and Beth A. Simmons (eds.), *Handbook of International Relations*, Sage, pp. 3-22.
Schuett, Robert. 2010. *Political Realism, Freud, and Human Nature in International Relations: The Resurrection of the Realist Man*, Palgrave.
Schwarz, Leonard. 2004. "Professions, Elites, and Universities in England, 1870-1970," *The Historical Journal* 47 (December), pp. 941-62.
Shaw, Timothy M., and Ashworth, Lucian M. 2010. "Commonwealth Perspectives on International Relations," *International Affairs* 86 (September), pp. 1149-65.
Sheler, Michael. 1938. "Review of *Michael Bakunin*," *Annals of the American Academy of Political and Social Science* 199 (September), p. 268.
Shinko, Rosemary E. 2008. "Agonistic Peace: A Postmodern Reading," *Millennium: Journal of International Studies* 36 (May), pp. 473-91.
信夫, 隆司. 1988.「国際政治理論におけるリアリズムの擡頭(一)」,『政経研究』二四(二月), 二一一頁〜二三九頁.
篠田, 英朗. 2003.「国際関係論における国家主権概念の再検討——両大戦間期の法の支配の思潮と政治的現実主義の登場」,『思想』九四五 (一月), 八六頁〜一〇三頁.
塩川, 伸明. 2011.『民族浄化・人道的介入・新しい冷戦——冷戦後の国際政治』, 有志舎.
スミス, マイケル・J. 1997.『現実主義の国際政治思想——M・ウェーバーからH・キッシンジャーまで』, 押村高ほか訳, 垣内出版.
Smith, Steve. 1992. "The Forty Years' Detour: The Resurgence of Normative Theory in International Relations," *Millennium: Journal of International Studies* 21 (December), pp. 489-506.
Smith, Thomas W. 1999. *History and International Relations*, Routledge.
Soffer, Reba. 1978. *Ethics and Society in England: The Revolution in the Social Sciences, 1870-1914*, University of California Press.
Soffer, Reba. 1994. *Discipline and Power: The University, History, and the Making of an*

Niebuhr, Reinhold. 1940. *Europe's Catastrophe and the Christian Faith*, Nisbet.
Nisbet, Robert. 1980. *History of the Idea of Progress*, Basic Books.
岡安，聰．2000．「利益の「自然調和」から「創り出す調和」へ――E・H・カーのユートピア」，『青山国際政経大学院紀要』一二（一二月），一頁～二五頁．
大沼，保昭．2008．「国際法と力、国際法の力」，大沼保昭（編）『国際社会における法と力』，日本評論社，一五頁～一〇二頁．
Oren, Ido. 2009. "The Unrealism of Contemporary Realism: The Tension between Realist Theory and Realists' Practice," *Perspectives on Politics* 7 (June), pp. 283-301.
Osiander, Andreas. 1998. "Rereading Early Twentieth-Century IR Theory: Idealism Revisited," *International Studies Quarterly* 42 (September), pp. 409-32.
Overy, Richard. 2010. *The Twilight Years: The Paradox of Britain between the Wars*, Viking.
Parent, Joseph M., and Baron, Joshua M. 2011. "Elder Abuse: How the Moderns Mistreat Classical Realism," *International Studies Review* 13 (June), pp. 193-213.
パーキンソン，フランク．1991．『国際関係の思想』，初瀬龍平／松尾雅嗣訳，岩波書店．
Parmar, Inderjeet. 2002. "Anglo-American Elites in the Interwar Years: Idealism and Power in the Intellectual Roots of Chatham House and the Council on Foreign Relations," *International Relations* 16 (April), pp. 53-75.
Passerini, Luisa. 1999. *Europe in Love, Love in Europe: Imagination and Politics in Britain between the Wars*, I. B. Tauris.
Perkin, Harold. 2002. *The Rise of Professional Society: England since 1880*, Routledge.
ピック，ダニエル．1998．『戦争の機械――近代における殺戮の合理化』，小澤正人訳，法政大学出版局．
Pitts, Jennifer. 2010. "Political Theory of Empire and Imperialism," *Annual Review of Political Science* 13, pp. 211-35.
Porter, Brian. 2002. "Lord Davies, E. H. Carr and the Spirit Ironic: A Comedy of Errors," *International Relations* 16 (April), pp. 77-96.
Pugh, Martin. 2009. *We Danced All Night: A Social History of Britain between the Wars*, Vintage.
Quirk, Joel, and Vigneswaran, Darshan. 2005. "The Construction of an Edifice: The Story of a First Great Debate," *Review of International Studies* 31 (January), pp. 89-107.
Rich, Paul. 2000. "E. H. Carr and the Quest for Moral Revolution in International Relations," in Michael Cox (ed.), *E. H. Carr: A Critical Appraisal*, Palgrave, pp. 198-216.
Rich, Paul. 2002. "Reinventing Peace: David Davies, Alfred Zimmern and Liberal Internationalism in Interwar Britain," *International Relations* 16 (April), pp. 117-33.
リクール，ポール．2004．『時間と物語（三）――物語られる時間』，久米博訳，新曜社．
リッター，ヨアヒム．1966．『ヘーゲルとフランス革命』，出口純夫訳，理想社．

McKeon, Michael. 2002. *The Origins of the English Novel, 1600-1740*, Johns Hopkins University Press.
ミード, G・H. 1994.『西洋近代思想史（下）』, 魚津郁夫／小柳正弘訳, 講談社学術文庫.
Mearsheimer, John. J. 2005. "E. H. Carr vs. Idealism: The Battle Rages On," *International Relations* 19 (June), pp. 139-52.
マイネッケ, フリードリヒ. 1960.『近代史における国家理性の理念』, 菊盛英夫／生松敬三訳, みすず書房.
マイネッケ, フリードリヒ. 1968.『歴史主義の成立（上）』, 菊盛英夫／麻生建訳, 筑摩書房.
三牧, 聖子. 2008.「『危機の二〇年』（一九三九）の国際政治観――パシフィズムとの共鳴」,『年報政治学』二〇〇八（六月）, 三〇六頁～三二三頁.
三輪, 宗弘. 1988.「E・H・カーの国際政治観の再検討――その「リアリズム」と「ユートピアニズム」について」,『軍事史学』二四（六月）, 二四頁～四〇頁.
宮下, 豊. 2000.「モーゲンソー「現実主義」思想の再解釈――その課題と方法」,『六甲台論集』四六（三月）, 一八九頁～二四三頁.
Molloy, Seán. 2003. "Dialectics and Transformation: Exploring the International Theory of E. H. Carr," *International Journal of Politics, Culture and Society* 17 (Winter), pp. 279-306.
Molloy, Seán. 2006. *The Hidden History of Realism: A Genealogy of Power Politics*, Palgrave.
Molloy, Seán. 2009. "Hans Morgenthau versus E. H. Carr: Conflicting Conceptions of Ethics in Realism," Duncan Bell (ed.), *Political Thought and International Relations: Variations on a Realist Theme*, Oxford University Press, pp. 83-104.
Morefield, Jeanne. 2005. *Covenants without Swords: Idealist Liberalism and the Spirit of Empire*, Princeton University Press.
Morgan, Roger. 1974. "E. H. Carr and the Study of International Relations," in Chimen Abramsky and Beryl J. Williams (eds.), *Essays in Honour of E. H. Carr*, Macmillan, pp. 171-80.
Morgenthau, Hans J. 1948. "The Political Science of E. H. Carr," *World Politics* 1 (October), pp. 127-34.
Morgenthau, Hans J. 1958. "The Surrender to the Immanence of Power: E. H. Carr," in *Dilemmas of Politics*, University of Chicago Press, pp. 350-57.
Muchnic, Helen. 1939. *Dostoevsky's English Reputation, 1881-1936*, Octagon Books.
Murray, Alistair J. H. 1997. *Reconstructing Realism: Between Power Politics and Cosmopolitan Ethics*, Keele University Press.
中村, 研一. 2004.「ポスト軍事主権の平和構想――E・H・カー安全保障論の再検討」, 磯村早苗／山田康博（編）『いま戦争を問う――平和学の安全保障論』, 法律文化社, 二七二頁～二九八頁.
Navon, Emmanuel. 2001. "The 'Third Debate' Revisited," *Review of International Studies* 27 (October), pp. 611-25.
Neumann, Iver B. 1996. *Russia and the Idea of Europe*, Routledge.
Newman, Michael. 1993. *Harold Laski: A Political Biography*, Palgrave.

Knutsen, Torbjørn L. 2008. "A Lost Generation? IR Scholarship before World War I," *International Politics* 45 (November), pp. 650-74.

コゼレック，ラインハルト．1989.『批判と危機—市民的社会の病因論のための一研究』, 村上隆夫訳，未来社．

Kramnick, Isaac, and Sheerman, Barry. 1993. *Harold Laski: A Life on the Left,* Allen Lane.

Kratochwil, Friedrich. 2006. "History, Action and Identity: Revisiting the 'Second' Great Debate and Assessing Its Importance for Social Theory," *European Journal of International Relations* 12 (March), pp. 5-29.

Kubálková, Vendulka. 1998. "Reconstructing the Discipline: Scholars as Agents," in Vendulka Kubálková, Nicholas Onuf, and Paul Kowert (eds.), *International Relations in a Constructed World,* M. E. Sharpe, pp. 193-201.

クーン，トーマス．1971.『科学革命の構造』, 中山茂訳，みすず書房．

葛谷，彩．2005.『二〇世紀ドイツの国際政治思想——文明論・リアリズム・グローバリゼーション』, 南窓社．

Laïdi, Zaki. 1998. *A World without Meaning: The Crisis of Meaning in International Politics,* trans. June Burnham and Jenny Coulton, Routledge.

Lebow. Richard Ned. 2003. *The Tragic Vision of Politics: Ethics, Interests and Orders,* Cambridge University Press.

Leonard, Stephen T. 1996. "Introduction: A Genealogy of the Politicized Intellectual," in Leon Fink, Stephen T. Leonard, and Donald M. Reid (eds.), *Intellectuals and Public Life: Between Radicalism and Reform,* Cornell University Press, pp. 1-25.

リヒトハイム，ジョージ．1979.『ヨーロッパ文明 一九〇〇～一九七〇（一）』, 塚本明子訳，みすず書房．

Linklater, Andrew. 1997. "The Transformation of Political Community: E. H. Carr, Critical Theory and International Relations," *Review of International Studies* 23 (July), pp. 321-38.

リンクレイター，アンドリュー．2002. 松井康浩訳「E・H・カー、ナショナリズム、主権国家の未来」,『思想』九四四（一二月）, 六七頁～九一頁．

Long, David, and Schmidt, Brian C., eds. 2005. *Imperialism and Internationalism in the Discipline of International Relations,* SUNY Press.

ロング，デイヴィッド／ウィルソン，ピーター，編．2002.『危機の二〇年と思想家たち——戦間期理想主義の再評価』, 宮本盛太郎／関静雄訳，ミネルヴァ書房．

ルカーチ，ジェルジ．1994.『小説の理論』, 原田義人／佐々木基一訳，ちくま学芸文庫．

Lynch, Cecelia. 1999. *Beyond Appeasement: Interpreting Interwar Peace Movements in World Politics,* Cornell University Press.

マンハイム，カール．1970.『歴史主義』, 徳永恂訳，未来社．

松永，典子．2005.「外交評論家ハロルド・ニコルソンの伝記技術——自／伝記文学からのモダニズム再考」,『人間文化論叢』八，九五頁～一〇二頁．

Mazower, Mark. 2006. "An International Civilization? Empire, Internationalism and the Crisis of the Mid-Twentieth Century," *International Affairs* 82 (May), pp. 553-66.

頁～一〇六頁．
岩本，和久．2010.『フロイトとドストエフスキイ――精神分析とロシア文化』，東洋書店．
Izenberg, Gerald. 2008. "Identity Becomes an Issue: European Literature in the 1920s," *Modern Intellectual History* 5 (August), pp. 279-307.
Johnson, Lesley. 1979. *The Cultural Critics: From Matthew Arnold to Raymond Williams*, Routledge.
Johnston, Whittle. 1967. "E. H. Carr's Theory of International Relations: A Critique," *Journal of Politics* 29 (November), pp. 861-84.
Johnston, Whittle. 2007. "The Relevance of E. H. Carr's Realism in the Post-Cold War World," in David Clinton (ed.), *The Realist Tradition and Contemporary International Relations*, Louisiana State University Press, pp. 161-90.
Jones, Charles. 1998. *E. H. Carr and International Relations: A Duty to Lie*, Cambridge University Press.
Jones, Charles. 2000. "'An Active Danger': E. H. Carr at *The Times*, 1940-46," in Michael Cox (ed.), *E. H. Carr: A Critical Appraisal*, Palgrave, pp. 68-87.
角田，和広．2008.「戦間期における E･H･カーの国益認識――独伊政策を焦点として」，『政治学研究論集』二八，一頁～一七頁．
Kahler, Miles. 1998. "Rationality in International Relations," *International Organization* 52 (Autumn), pp. 919-41.
カーン，スティーヴン．1993.『時間の文化史――時間と空間の文化 一八八〇～一九一八（上）』，浅野敏夫／久郷丈夫訳，法政大学出版局．
Karpovich, Michael. 1939. "Review of Michael Bakunin," *American Historical Review* 44 (January), pp. 380-82.
勝田，吉太郎．1961.『近代ロシヤ政治思想史――スラブ主義と西欧主義』，創文社．
Kaufman, Robert. 1996. "E. H. Carr, Winston Churchill, Reinhold Niebuhr, and Us: The Case for Principled, Prudential, Democratic Realism," in Benjamin Frankel (ed.), *Roots of Realism*, Frank Cass, pp. 314-53.
Kavanagh, Dennis. 2003. "British Political Science in the Inter-war Years: The Emergence of the Founding Fathers," *British Journal of Politics and International Relations* 5 (November), pp. 594-613.
川端，末人．1951.「国際政治の構造と変革――E・H・カーの国際政治学の紹介」，『同志社法学』九（七月），一一四頁～一二二頁．
Kaye, Peter. 1999. *Dostoevsky and English Modernism, 1900-1930*, Cambridge University Press.
Keegan, John. 1976. *The Face of Battle*, Viking Press.
ケットラー，デイヴィッド／メージャ，フォルカー／シュテール，ニコ．1996.『カール・マンハイム――ポストモダンの社会思想家』，石塚省二監訳，御茶の水書房．
木村，雅昭．2010.「イギリスのインド支配とその遺産――統治構造を中心として」，『産大法学』四三（二月），五六九頁～六三四頁．
喜多村，浩．1954.「E・H・カーの思想――とくに政治の視角を中心として」，『あるびよん』二二（一月），二三頁～二八頁．

Hall, Ian. 2011. "The Triumph of Anti-Liberalism? Reconciling Radicalism to Realism in International Relations Theory," *Political Studies Review* 9 (January), pp. 42-52.
Halliday, Fred. 2000. "Reason and Romance: The Place of Revolution in the Works of E. H. Carr," in Michael Cox (ed.), *E. H. Carr: A Critical Appraisal,* Palgrave, pp. 258-79.
Halliday, Fred, and Rosenberg, Justin. 1998. "Interview with Ken Waltz," *Review of International Studies* 24 (July), pp. 371-86.
原, 彬久. 1968.「国際政治学の生成基盤――E・H・カーにおけるユートピアニズムとリアリズムの諸問題」,『国際商科大学論叢』二（七月）, 五九頁～七三頁.
Haslam, Jonathan. 1999. *The Vices of Integrity: E. H. Carr, 1892-1982,* Verso（角田史幸／川口良／中島理暁訳『誠実という悪徳――E・H・カー 一八九二～一九八二』, 現代思潮新社, 2007）.
ハイエク, フリードリヒ・A. 1992.『隷従への道』, 西山千秋訳, 春秋社.
Hayward, Jack. 1999. "British Approaches to Politics: The Dawn of a Self-Depreciating Discipline," in Jack Hayward, Brian Barry, and Archie Brown (eds.), *The British Study of Politics in the Twentieth Century,* Oxford University Press, pp. 1-35.
Heyck, Thomas William. 1982. *The Transformation of Intellectual Life in Victorian England,* Lyceum.
Heyck, Thomas William. 1998. "Myths and Meanings of Intellectuals in Twentieth-Century British National Identity," *Journal of British Studies* 37 (April), pp. 192-221.
Himmelfarb, Gertrude. 1968. *Darwin and Darwinian Revolution,* Norton.
ホブズボーム, エリック. 1996.『二〇世紀の歴史――極端な時代（上）・（下）』, 河合秀和訳, 三省堂.
ホーファー, ヴァルター. 1960.「刊行者の序文」, フリードリヒ・マイネッケ『近代史における国家理性の理念』, 菊盛英夫／麻生建訳, 筑摩書房, 一頁～二七頁.
ホント, イシュトファン. 2009.『貿易の嫉妬――国際競争と国民国家の歴史的展望』, 田中秀夫監訳, 昭和堂.
Hoselitz, Bert F. 1953. "Publisher's Preface," in G. P. Maximoff (ed.), *The Political Philosophy of Bakunin: Scientific Anarchism,* Free Press, pp. 9-16
細谷, 雄一. 2005.『大英帝国の外交官』, 筑摩書房.
堀田, 新五郎. 2008.「アンガージュマンの文学再考――「政治と文学」をめぐる一考察」,『奈良県立大学研究季報』一九（一一月）, 一頁～一六頁.
Howe, Paul. 1994. "The Utopian Realism of E. H. Carr," *Review of International Studies* 20 (July), pp. 277-97.
Hynes, Samuel. 1968. *The Edwardian Turn of Mind,* Princeton University Press.
Hynes, Samuel. 1972. *The Auden Generation: Literature and Politics in England in the 1930s,* Princeton University Press.
イグナティエフ, マイケル. 2004.『アイザイア・バーリン』, 石塚雅彦／藤田雄二訳, みすず書房.
飯田, 鼎. 1954.「E・H・カー『浪漫的亡命者たち』」,『三田学会雑誌』四七（六月）, 一〇四遠藤，誠治．2003.「『危機の二〇年』から国際秩序の再建へ——E・H・カーの国際政治理論の再検討」，『思想』九四五（一月），四七頁〜六六頁．

Evans, Graham. 1975. "E. H. Carr and International Relations," *British Journal of International Studies* 1 (July), pp. 77-97.

フーコー，ミシェル．2006. 伊藤晃訳「ニーチェ、系譜学、歴史」，小林康夫／石田英敬／松浦寿輝（編）『フーコーコレクション（三）言説・表象』，ちくま学芸文庫，三四九頁〜三九〇頁．

Fox, William T. R. 1985. "E. H. Carr and Political Realism: Vision and Revision," *Review of International Studies* 11 (January), pp. 1-16.

Frank, Joseph. 1990. *Through the Russian Prism: Essays on Literature and Culture*, Princeton University Press.

Freeden, Michael. 1978. *The New Liberalism: An Ideology of Social Reform*, Clarendon Press.

Frei, Christoph. 2001. *Hans J. Morgenthau: An Intellectual Biography*, Louisiana State University Press.

フロイト，ジークムント．2011. 中山元訳「ドストエフスキーと父親殺し」，『ドストエフスキーと父親殺し／不気味なもの』，光文社古典新訳文庫，三三頁〜二八〇頁．

福田，歓一．1983.「アイザイア・バーリンの人と業績——日本版選集の刊行にあたって」，福田歓一／河合秀和（編）『時代と回想——バーリン選集（二）』，岩波書店，三三九頁〜三六三頁．

Fussell, Paul. 2000. *The Great War and Modern Memory*, Oxford University Press.

Germain, Randall. 2000. "E. H. Carr and the Historical Mode of Thought," in Michael Cox (ed.), *E. H. Carr: A Critical Appraisal,* Palgrave, p. 322-36.

Gismondi, Mark. 2004. "Tragedy, Realism, and Postmodernity: *Kulturpessimismus* in the Theories of Max Weber, E. H. Carr, Hans J. Morgenthau, and Henry Kissinger," *Diplomacy & Statecraft* 15 (September), pp. 435-64.

Goldfischer, David. 2002. "E. H. Carr: A Historical 'Realist' Approach for the Globalisation Era," *Review of International Studies* 28 (October), pp. 697-717.

Graves, Robert, and Hodge, Alan. 1941. *The Long Week-End: A Social History of Great Britain, 1918-1939*, Faber and Faber.

グレイ，ジョン．2011.『ユートピア政治の終焉——グローバル・デモクラシーという神話』，松野弘監訳，岩波書店．

グリーン，ヴィヴィアン・H・H. 1994.『イギリスの大学——その歴史と生態』，安原義仁／成定薫訳，法政大学出版局．

Guilhot, Nicolas. 2011. "Cyborg Pantocrator: International Relations Theory from Decisionism to Rational Choice," *Journal of the History of the Behavioral Sciences* 47 (Summer), pp. 279-301.

Gunnell, John G. 1986. *Between Philosophy and Politics: The Alienation of Political Theory*, University of Massachusetts Press.

Guzzini, Stefano. 1998. *Realism in International Relations and International Political Economy: The Continuing Story of a Death Foretold*, Routledge.

コリーニ，ステファン／ウィンチ，ドナルド／バロウ，ジョン．2005.『かの高貴なる政治の科学——一九世紀知性史研究』, 永井義雄／坂本達哉／井上義朗訳，ミネルヴァ書房．

Cox, Michael. 2001. "Introduction," in E. H. Carr, *The Twenty Years' Crisis: An Introduction to the Study of International Relations,* Palgrave, pp. ix-lviii.

Cox, Michael. 2001. "From the First to the Second Editions of *The Twenty Years' Crisis*: A Case of Self-Censorship?" in E. H. Carr, *The Twenty Years' Crisis: An Introduction to the Study of International Relations,* Palgrave, pp. lxxii-lxxxii.

Cox, Michael. 2010. "E. H. Carr and the Crisis of Twentieth-Century Liberalism: Reflections and Lessons," *Millennium: Journal of International Studies* 38 (May), pp. 523-33.

コックス，ロバート・W. 1995. 遠藤誠治訳「社会勢力、国家、世界秩序——国際関係論を超えて」, 坂本義和（編）『国家』, 岩波書店，二一一頁～二六八頁．

Cozette, Murielle. 2008. "What Lies Ahead: Classical Realism on the Future of International Relations," *International Studies Review* 10 (December), pp. 667-79.

Davies, R. W. 1983. "Edward Hallett Carr, 1892-1982," *Proceedings of the British Academy* 69, pp. 473-511.

Davies, R. W. 2000. "Carr's Changing Views of the Soviet Union," in Michael Cox (ed.), *E. H. Carr: A Critical Appraisal,* Palgrave, pp. 91-108.

De Jonge, Alex. 1975. *Dostoevsky and the Age of Intensity,* St. Martin's.

Denzin, Norman K. 1989. *Interpretive Biography,* Sage.

Deudney, Daniel H. 2007. *Bounding Power: Republican Security Theory from the Polis to the Global Village,* Princeton University Press.

Deutscher, Tamara. 1983. "E. H. Carr: A Personal Memoir," *New Left Review* 137 (January-February), pp. 78-86.

Dodd, Philip. 1987. "Englishness and the National Culture," in Robert Collis and Philip Dodd (eds.), *Englishness: Politics and Culture, 1880-1920,* Croom Helm, pp. 1-28.

ドラッカー，ピーター．1963.『経済人の終わり——新全体主義の研究』, 岩根忠訳，東洋経済新報社．

Dryzek, John S., and Leonard, Stephen T. 1988. "History and Discipline in Political Science," *American Political Science Review* 82 (December), pp. 1245-60.

Duke, David Freeland. 1993. "Edward Hallett Carr: Historical Realism and the Liberal Tradition," *Past Imperfect* 2, pp. 123-36.

Dunne, Tim. 1998. *Inventing International Society: A History of the English School,* Palgrave.

Dunne, Tim. 2000. "Theories as Weapons: E. H. Carr and International Relations," in Michael Cox (ed.), *E. H. Carr: A Critical Appraisal,* Palgrave, pp. 217-33.

エクスタインズ，モードリス．1991.『春の祭典——第一次世界大戦とモダン・エイジの登場』, 金利光訳，TBS ブリタニカ．

Elshtain, Jean Bethke. 2008. "On Never Reaching the Coast of Utopia," *International Relations* 22 (June), pp. 147-72.

店，二〇三頁～二六〇頁．
バーリン，アイザィア／ジャハンベグロー，ラミン．1993.『ある思想史家の回想——アイザィア・バーリンとの対話』，河合秀和訳，みすず書房．
バーンスタイン，リチャード・J. 1990.『科学・解釈学・実践——客観主義と相対主義を超えて（一）・（二）』，丸山高司ほか訳，岩波書店．
Bernstein, Samuel. 1939. "Review of *Michael Bakunin*," *Political Science Quarterly* 54 (June), pp. 289-91.
Booth, Ken. 1991. "Security in Anarchy: Utopian Realism in Theory and Practice," *International Affairs* 67 (July), pp. 527-45.
Booth, Ken. 2007. *Theory of World Security*, Cambridge University Press.
ボウラー，ピーター J. 1987.『進歩思想の歴史（上）・（下）』，鈴木善次ほか訳，朝日選書．
Bracco, Rosa Maria. 1993. *Merchants of Hope: British Middlebrow Writers and the First World War, 1919-1939*, Berg.
Branson, Noreen, and Heinemann, Margot. 1971. *Britain in the Nineteen Thirties*, Weidenfeld and Nicolson.
Brincat, Shannon. 2009. "Reclaiming the Utopian Imaginary in IR Theory," *Review of International Studies* 35 (July), pp. 581-609.
Bull, Hedley. 1969. "*The Twenty Years' Crisis* Thirty Years On," *International Journal* 24 (Autumn), pp. 625-38.
Burrow, John W. 2002. *The Crisis of Reason: European Thought, 1848-1914*, Yale University Press.
ビュアリ，J・B. 1953.『進歩の観念』，高里良恭訳，創元文庫．
Butterfield, Herbert. 1981. *The Origins of History*, Basic Books.
Buzan, Barry, and Hansen, Lene. 2009. *The Evolution of International Security Studies*, Cambridge University Press.
カードウェル，D・S・L. 1989.『科学の社会史——イギリスにおける科学の組織化』，宮下晋吉／和田武編訳，昭和堂．
Carey, John. 1993. *Intellectuals and the Masses: The Pride and Prejudice among the Literary Intellectuals, 1880-1939*, St. Martin's.
Cassels, Alan. 1996. *Ideology and International Relations in the Modern World*, Routledge.
カッシーラー，エルンスト．1996.『認識問題——近代の哲学と科学における（四）ヘーゲルの死から現代まで』，山本義孝／村岡晋一訳，みすず書房．
Chong, Alan. 2007. "Lessons in International Communication: Carr, Angell, and Lippmann on Human Nature, Public Opinion and Leadership," *Review of International Studies* 33 (October), pp. 615-35.
Collini, Stefan. 1991. *Public Moralists: Political Thought and Intellectual Life in Britain, 1850-1930*, Clarendon Press.
Collini, Stefan. 2006. *Absent Minds: Intellectuals in Britain*, Oxford University Press.
Collini, Stefan. 2008. *Common Reading: Critics, Historians, Publics*, Oxford University Press.

その他の文献

1931. "The Life of Dostoevsky," *Times Literary Supplement* (3 October), p. 773.
2009.「特集 E・H・カー――現代への地平」,『外交フォーラム』二四七（二月）, 一三頁～四二頁 .
Adcock, Robert, and Bevir, Mark. 2005. "The History of Political Science," *Political Studies Review* 3 (January), pp. 1-16.
Adcock, Robert, Bevir, Mark, and Stimson, Shannon C. 2007. "A History of Political Science: How? What? Why?" in Robert Adcock, Mark Bevir, and Shannon C. Stimson (eds.), *Modern Political Science: Anglo-American Exchanges since 1880*, Princeton University Press, pp. 1-17.
Allen, Peter. 1986. "The Meanings of 'An Intellectual': Nineteenth- and Twentieth-Century English Usage," *University of Toronto Quarterly* 55 (Fall), pp. 342-58.
オールティック , リチャード・D. 1998.『ヴィクトリア朝の人と思想』, 要田圭治／大嶋浩／田中孝信訳 , 音羽書房鶴見書店 .
Annan, Noel. 1990. *Our Age: English Intellectuals between the World Wars――A Group Portrait*, Random House.
有泉 , 貞夫 . 1965.「E・H・カーにおける歴史認識の展開」,『歴史学研究』二九六（一月）, 三五頁～四九頁 .
Ashworth, Lucian M. 1999. *Creating International Studies: Angell, Mitrany and the Liberal Tradition*, Ashgate.
Ashworth, Lucian M. 2002. "Did the Realist-Idealist Great Debate Really Happen? A Revisionist History of International Relations," *International Relations* 16 (April), pp. 33-51.
Ashworth, Lucian M. 2006. "Where Are the Idealists in Interwar International Relations?" *Review of International Studies* 32 (July), pp. 291-308.
Ashworth, Lucian M. 2011. "Realism and the Spirit of 1919: Halford Mackinder, Geopolitics and the Reality of the League of Nations," *European Journal of International Relations* 17 (June), pp. 279-301.
B., C. D. 1938. "Review of *Michael Bakunin*," *International Affairs* 17 (September-October), pp. 738-39.
Bell, Duncan. 2002. "Anarchy, Power and Death: Contemporary Political Realism as Ideology," *Journal of Political Ideologies* 7 (June), pp. 221-39.
Bell, Duncan. 2003. "Political Theory and the Functions of Intellectual History: A Response to Emmanuel Navon," *Review of International Studies* 29 (January), pp. 151-60.
Bell, Duncan. 2009. "Writing the World: Disciplinary History and beyond," *International Affairs* 85 (January), pp. 3-22.
バーリン , アイザイア . 1983. 今井義夫訳「ゲルツェンとバクーニン――個人の自由をめぐって」, 福田歓一／河合秀和（編）『思想と思想家――バーリン選集（一）』, 岩波書

17-18.
Carr, E. H. 1937. "Lenin: Stalin, III. Soviet Policy Abroad," *The Times* (7 July), pp. 17-18.
Carr, E. H. 1937. "The Search for Utopia," *Spectator* (24 December), p. 1151.
Carr, E. H. 1938. "Retreat from Utopia," *Spectator* (7 January), p. 22.
Carr, E. H. 1939. "Honour among Nations: A Critique of International Cant," *Fortnightly* 145 (May), pp. 489-500.
Carr, E. H. 1939. "Marx——and All That," *Spectator* (22 September), p. 414.
Carr, E. H. 1940. "Is Machiavelli a Modern?" *Spectator* (28 June), p. 868.
Carr, E. H. 1952. "Propaganda and Power," *Yale Review* 42 (September), pp. 1-9.
Hallett, John. 1930. "The Poets of Soviet Russia," *Fortnightly Review* 127 (February), pp. 241-50.
Hallett, John. 1930. "The Prose Fiction of Soviet Russia," *Fortnightly Review* 127 (March), pp. 362-72.
Hallett, John. 1930. "The Tiger: Two Studies of Clemenceau," *Fortnightly Review* 127 (March), pp. 419-20.
Hallett, John. 1930. "What France Thinks," *Fortnightly Review* 128 (July), pp. 78-83.
Hallett, John. 1930. "A Political Allegory," *Fortnightly Review* 128 (August), pp. 284-85.
Hallett, John. 1930. "England Adrift," *Fortnightly Review* 128 (September), pp. 354-62.
Hallett, John. 1931. "Contemporary Russian Literature," *Spectator* (2 May), pp. 695-96.
Hallett, John. 1931. "Portrait of a Dictator," *Fortnightly Review* 129 (May), pp. 693-94.
Hallett, John. 1931. "Book Review: *The Spirit of British Policy* and *England's Crisis*," *Fortnightly Review* 130 (July), pp. 122-23.
Hallett, John. 1931. "Book Review: *Moscow Has a Plan*," *Fortnightly Review* 130 (September), pp. 400-1.
Hallett, John. 1931. "Book Review: *The Concert of Europe* and *The United States of Europe*," *Fortnightly Review* 130 (December), pp. 851-52.
Hallett, John. 1932. "Book Review: *The Civilisation of France*," *Fortnightly Review* 131 (April), pp. 526-27.
Hallett, John. 1933. "The Prussian Complex," *Fortnightly Review* 133 (January), pp. 37-45.
Hallett, John. 1933. "Karl Marx: Fifty Years After," *Fortnightly Review* 133 (March), pp. 311-21.
Hallett, John. 1933. "Nationalism the World's Bane," *Fortnightly Review* 133 (June), pp. 694-702.
Hallett, John. 1933. "Book Review: *The Tragedy of Tolstoy*," *Fortnightly Review* 134 (September), pp. 373-74.
Hallett, John. 1933. "Book Review: *Lenin* and *Soviet Literature*," *Fortnightly Review* 134 (October), pp. 496-97.

文献一覧

カーの著作

Carr, E. H. 1929. "Chekhov: Twenty-Five Years After," *Spectator* (20 July), pp. 72-73.

Carr, E. H. 1929. "Dostoevsky and a Russian Minx," *Fortnightly Review* 126 (October), pp. 525-33.

Carr, E. H. 1929. "The Fantastic Teuton," *Spectator* (16 November), pp. 710-11.

Carr, E. H. 1929. "Two Russians," *Fortnightly Review* 126 (December), pp. 823-26.

Carr, E. H. 1929. "Turgenev and Dostoyevsky," *Slavonic Review* 8 (December), pp. 156-63.

Carr, E. H. 1930. "The Age of Unreason," *Spectator* (26 April), p. 698.

Carr, E. H. 1930. "Russian Writers," *Times Literary Supplement* (1 May), p. 364.

Carr, E. H. 1930. "Was Dostoyevsky an Epileptic?" *Slavonic Review* 9 (December), pp. 424-31.

Carr, E. H. 1931. "Natalia Ogareva," *Times Literary Supplement* (16 July), p. 560.

Carr, E. H. 1931. "Book Review: *King Charles the Second* and *King, Queen, Jack,*" *Fortnightly Review* 130 (November), pp. 664-65.

Carr, E. H. 1933. "The Novels of Turgenev," *Times Literary Supplement* (14 December), pp. 885-86

Carr, E. H. 1934. "Marx and Mr. Strachey," *Fortnightly* 136 (July), p. 128.

Carr, E. H. 1934. "The Philosophy of Dostoievsky," *Spectator* (2 November), p. 684.

Carr, E. H. 1934. "Review of *M. A. Bakunin,*" *Times Literary Supplement* (6 December), p. 874.

Carr, E. H. 1935. "Book Review: *Characters and Commentaries,*" *Fortnightly Review* 137 (January), pp. 119-20.

Carr, E. H. 1936. "Review of *The League of Nations and the Rule of Law, 1918-1935,*" *Public Administration* 14 (April), pp. 211-14.

Carr, E. H. 1936. "Marx, Engels and Bakunin: 'Capital' and the First International," *Times Literary Supplement* (6 June), p. 467.

Carr, E. H. 1936. "On the Rim of the Abyss: America and the League," *Times Literary Supplement* (8 August), p. 639.

Carr, E. H. 1936. "Karl Marx as Fighter: A Quarrelsome Lover of Mankind," *Times Literary Supplement* (31 October), p. 878.

Carr, E. H. 1936. "More about Marx," *Spectator* (20 November), pp. 18-19.

Carr, E. H. 1936. "Public Opinion as a Safeguard of Peace," *International Affairs* 15 (November), pp. 846-62.

Carr, E. H. 1937. "Lenin: Stalin, II. A Retreat from Utopia," *The Times* (6 July), pp.

◉ラ行

ライオンズ(Eugene Lyons)　229
ラスキ(Harold Laski)　23-24, 207, 228
ラッセル(Bertrand Russell)　134
理想主義　6-17, 29, 62-63, 87, 91, 105, 108, 117-25, 127-40, 143, 148, 150, 153-57, 159-60, 162-63, 169-70, 172-73, 177-78, 181, 184-86, 206, 216-18, 221-23, 228
リップマン(Walter Lippmann)　164-65
ルカーチ(Georg Lukács)　124, 198
ルソー(Jean-Jacques Rousseau)　46, 70, 108, 172
レアルポリティーク　→　現実主義(リアリズム)
レーニン(Vladimir Lenin)　119, 195
歴史主義(歴史学派)　123-27, 131-32, 134-36, 138, 143-44, 161, 166-67, 173, 217, 219-20
レマルク(Erich Maria Remarque)　192
ロイド・ジョージ(David Lloyd George)　31
ロシア正教　54, 60, 76
ロマン主義　20, 46, 57-58, 62-63, 67-70, 76-87, 89-93, 99-100, 102-6, 109, 113, 115, 117, 156, 171-72, 205-6, 212-13
ロレンス(D. H. Lawrence)　35
ロンドン・スクール・オブ・エコノミクス　23

◉ワ行

ワグナー(Wilhelm Richard Wagner)　82
ワット(James Watt)　130, 165

※本文中の人名・事項名から主要なものを選定し、五十音順に配列した。特に、二次文献の著者名は省略した。なお、人名は英語圏での表記法に従い、ミドルネームなどは一般的と思われる範囲で省略・略記した。

128, 134
ブラック(Georges Braque)　1
プラトン(Plato)　218
プランク(Max Planck)　1
ブリアン(Aristide Briand)　141
プルースト(Marcel Proust)　34, 41, 214
ブルームズベリー・グループ　29
フロイト(Sigmund Freud)　48-53, 128-29, 152, 163-64, 172, 196-97, 199, 223
プロパガンダ　→　世論
プロット　43-45, 77, 95, 162
ブロンテ(Emily Brontë)　68
文芸クラブ(Athenaeum)　25-26
ベイコン(Francis Bacon)　119, 123
平和的変更　150-51, 154, 168
ヘーゲル(G. W. F. Hegel)　18, 85, 92-93, 100, 106-9, 119, 121-24, 126, 138, 140, 145, 164, 193, 200, 228
青年――派　100
――左派　85, 92
ベリンスキー(Vissarion Belinsky)　92
ヘルヴェーク(Georg Herwegh)　78-82, 97
ベルクソン(Henri Bergson)　34-35
ベルジャーエフ(Nikolai Berdyaev)　71, 75
ベンサム(Jeremy Bentham)　114, 120, 141, 153
弁証法　61, 76, 107-9, 124, 200
ポスト構造主義　→　批判的国際政治理論
ポスト実証主義　→　批判的国際政治理論
ポスト・マルクス主義　→　批判的国際政治理論
ポストモダニスト　→　批判的国際政治理論
ホッジ(Alan Hodge)　37, 50
ホッブズ(Thomas Hobbes)　172
ポパー(Karl Popper)　219
ホフマン(E. T. A. Hoffmann)　65, 213
ホフマン(Stanley Hoffmann)　176
ホワイトヘッド(Alfred North Whitehead)　134

◉マ行

マイネッケ(Friedrich Meinecke)　126-27, 144, 217, 223
マキァヴェリ(Niccolò Machiavelli)　220-21
マッキンダー(Halford MacKinder)　186
マッチニック(Helen Muchnic)　48, 62
マヤコフスキー(Vladimir Mayakovsky)　71
マリタン(Jacques Maritain)　34
マルクス(Karl Marx)　2, 11, 20, 43, 76-77, 86-88, 94-98, 100-17, 119, 121, 123-24, 126-28, 130-31, 136-38, 152, 157-58, 163-64, 171-72, 206-14, 218-19, 227
――主義　11, 20, 86-87, 94, 96, 98, 105-7, 110, 112-15, 124, 128, 131, 136, 157, 164, 208, 212
マルサス(Thomas Robert Malthus)　152
マレイ(Gilbert Murray)　7, 29
マンハイム(Karl Mannheim)　9, 119, 124-25, 128, 136, 144, 147, 153, 161, 166, 192, 198, 217, 220, 227, 229
ミード(G. H. Mead)　133-34, 219
ミドルブラウ　→　モダニズム(モダニスト)
未来派　71-72
ミル(John Stuart Mill)　54, 140-41, 210, 222
ミルスキー(D. S. Milsky)　41, 48, 52, 64, 68, 70
民主主義　7, 54, 75, 85, 98-101, 121-22, 131, 140-41, 153, 156, 169, 194
無意識　→　非合理(主義)
無政府主義　86, 89, 91, 96, 99-100, 105, 155-56, 206, 208-9, 211
ムッソリーニ(Benito Mussolini)　73, 101, 103, 165
無抵抗主義(者)　155-56
メーリング(Franz Mehring)　209
メンデル(Gregor Mendel)　148
モーゲンソー(Hans J. Morgenthau)　172-75, 187, 217, 230
モダニズム(モダニスト)　1, 9, 18, 30-31, 39-40, 51, 63, 73-74, 135, 148, 170, 172, 194

◉ヤ行

ヤング(G. M. Young)　166, 229
唯物論　100, 106-8, 112, 124, 216-17
宥和政策　150, 162, 186, 225
ユング(C. G. Jung)　49, 53, 119, 197
世論　29, 142, 153-54, 158, 174

チェーホフ(Anton Chekhov)　67, 70
チェルヌイシェフスキー(Nikolai Chernyshevsky)　54
知識人　3, 7, 9, 14, 21, 24-25, 27-33, 41-43, 51, 68, 73-74, 83, 88, 119, 147, 153, 161, 163, 165, 190-91, 194, 215
チャーチル(Winston Churchill)　26
ツルゲーネフ (Ivan Turgenev)　49, 62, 68, 70
デイヴィス(R. W. Davies)　206
帝国主義　121, 129, 140, 143, 221
デュルケム(Émile Durkheim)　164
ドイチャー(Tamara Deutscher)　1
トインビー(Arnold Toynbee)　31
トゥキディデス(Thucydides)　186
道徳　8-11, 22, 50, 53, 55, 60, 66, 109-11, 118, 120, 126-27, 131, 136, 138-44, 146, 150, 154-56, 160-62, 165, 167-69, 173-74, 176, 199, 221, 227, 230
——科学　22, 118
——主義　8-10, 127, 139-40, 169
国際的——　154-55, 167-68
ドストエフスキー(Fyodor Dostoevsky)　2, 20, 41-43, 45-49, 51-77, 83-84, 87-88, 91, 93, 97, 105, 117-8, 128, 133, 136, 149, 163, 171, 195-201, 204, 218
ドッブ(Maurice Dobb)　165
ドラッカー(Peter Drucker)　147, 149, 223-25
トルストイ(Lev Tolstoy)　68, 70
ドレフュス事件　28
トレルチ(Ernst Troeltsch)　124, 126, 144

◉ナ行

ナショナリズム　9, 99-101, 114, 121, 130-31, 172, 183, 191
ニーチェ(Friedrich Nietzsche)　1, 39, 53, 54, 58, 71, 128, 185, 198, 224
ニーバー(Reinhold Niebuhr)　146-47, 149
ニコルソン(Harold Nicolson)　194
ニュー・リベラリズム　140, 164
ネチャーエフ(Sergei Nechaev)　59
ネットラウ(Max Nettlau)　209, 211

◉ハ行

バーカー(Ernest Barker)　23-24
ハーディ(Thomas Hardy)　35
バーリン(Isaiah Berlin)　207, 210-11
バーンスタイン(Samuel Bernstein)　98
ハイエク(Friedrich Hayek)　155, 164, 226
ハイブラウ　→　モダニズム(モダニスト)
バイロン(George Gordon Byron)　70, 81
バクーニン(Mikhail Bakunin)　2, 20, 43, 77, 84-103, 105-6, 108-9, 113, 116-17, 155-57, 171, 205-6, 208-11, 214
バターフィールド(Herbert Butterfield)　194, 220
パブリック・スクール　5, 23, 27, 29
バリー(John Bury)　148
ハリファックス伯(Earl of Halifax)　150
バルビュス(Henri Barbusse)　34
ビアード夫妻(Charles and Mary Beard)　161-62
ピウスツキ(Józef Piłsudski)　72
ピカソ(Pablo Picasso)　1
悲劇　44, 48, 67, 77-79, 81, 84, 87, 91, 96, 102, 105, 141, 144, 149, 156, 204, 210, 212
非合理(主義)　3, 7, 34, 41, 45, 47, 50, 52-61, 66, 68, 71, 75-77, 83-85, 111, 115, 117-18, 128-29, 140-43, 146-47, 153, 158, 163-64, 166, 171, 175, 186, 199, 223, 231
ビスマルク(Otto von Bismarck)　101, 127, 138, 140, 213
ヒトラー(Adolf Hitler)　101, 103, 114-15, 158, 165, 227-28
批判的国際政治理論　9-10, 18, 126, 157, 170, 172, 177, 182, 231
批判理論(フランクフルト学派)　→　批判的国際政治理論
フィッシャー(H. A. L. Fisher)　207
フィヒテ(Johann Gottlieb Fichte)　91- 92
フォイエルバッハ(Ludwig Feuerbach)　106-7
普遍　22, 41, 66, 71, 73, 81, 84, 91, 102, 108, 121-22, 126, 129-30, 132, 140, 142-45, 147, 152, 156-59, 166-71, 173-75, 196, 232
——主義　122, 140, 142-43, 147, 156-58, 167, 170, 232
ブライト(John Bright)　122
プラグマティズム(プラグマティック)　107,

構成主義　9-10, 172
行動論　6, 175, 230
功利主義　54, 114, 118, 120, 141, 171
合理主義　2, 34, 36, 56, 70-2, 75, 84, 117, 120, 122-23, 127, 147, 163, 216
ゴーゴリ(Nikolai Gogol)　46-47, 62, 65
国際主義　12-13, 101, 129, 139-40, 143, 173
国際連盟　34, 122, 140, 168, 184, 221
国民国家　9, 11, 28, 129, 142, 157, 184, 188
個人主義　57, 100, 102-3, 113, 155-57, 171, 210-11

◉サ行

サスーン(Siegfried Sassoon)　192
サンド(George Sand)　67, 77-83, 85, 90, 93
シートン＝ワトソン(R. W. Seton-Watson)　31
シェイクスピア(William Shakespeare)　67, 69
ジェイムズ(William James)　119
自然主義　46, 134, 161, 220
実在論　133-35, 137
実証主義　10, 172, 176-77, 231
実存　40, 53, 55, 70, 160
　——主義　53, 70
資本主義　7, 36, 80, 107, 111-12, 114, 130, 136, 147, 162, 164-65, 206, 227
社会主義　93, 97, 106-8, 112, 147, 155, 164-65, 218
社会民主主義　7, 169
写実主義(写実派)　62, 133, 135
シュー(Eugène Sue)　80
自由主義　2, 11, 14, 18, 20, 54, 122-23, 135, 139-40, 143, 147, 161-62, 164-65, 172, 232
自由放任　114, 120-21, 130, 153, 160, 171
修辞(レトリック)　65, 162, 168, 214, 222
修正史(家)　11-16, 138-39, 143, 186
シュティルナー(Max Stirner)　100
シュトラウス(David Strauss)　92
シュペングラー(Oswald Spengler)　1, 124, 144-45
シュミット(Carl Schmitt)　230
シュライヒャー(Kurt von Schleicher)　114
シュルレアリスム　148
ジョイス(James Joyce)　35
ジョージ五世(George V)　40
ショーペンハウアー(Arthur Schopenhauer)　152
ショットウェル(James Shotwell)　186
シラー(Friedrich von Schiller)　92
進歩　35, 38, 74, 108, 112, 118-19, 125, 127, 138, 148, 157, 159-63, 166, 169, 172-73, 176, 194, 224, 228
　——主義　108, 118, 160, 162-63, 166, 169, 228
ジンマーン(Alfred Zimmern)　7, 29, 139-40, 169, 221-22
心理学　22, 45, 48-52, 56, 75, 83, 110-11, 113-14, 128-29, 136, 141, 194, 197, 199-200
　精神分析　42, 49-52, 197-98
スクリーブ(Eugène Scribe)　80
ストレイチー(John Strachey)　213
ストレイチー(Lytton Strachey)　36-42, 44, 74, 160, 193-94
スペンサー(Herbert Spencer)　148
スミス(Adam Smith)　8, 22, 106, 120-21, 130, 138, 177, 182
スラブ主義(スラブ派)　64-66, 71, 100, 201
セシル(Robert Cecil)　139, 221
絶対平和主義　11
潜在意識　→　非合理(主義)
全体主義(ファシズム、ナチズム)　103, 130 145-47, 149, 156-57, 160, 164, 171, 224, 228
専門　3, 10, 17, 21-32, 51, 111, 130, 192, 194, 198
　——化　3, 21-22, 24-25, 27, 29-31, 130
　——家　10, 17, 24-29, 31, 51, 111, 192, 194, 198
相対主義　8, 127, 132, 143-44, 149, 159, 166-67, 170, 172, 174-75, 196, 228, 230

◉タ行

ダーウィン(Charles Darwin)　86, 112, 121, 130, 137, 148, 162, 172, 218, 224
第一次世界大戦　1-2, 5, 14, 22, 31, 33-34, 37-39, 43-44, 51, 122, 143-44, 147-48, 171, 179, 185-86, 192, 224
「大論争」史観　6, 14, 175, 180

索　引

◉ア行

アーノルド(Matthew Arnold)　25, 30
アイロニー　40, 162
アインシュタイン(Albert Einstein)　1
アナン(Noel Annan)　31, 163
アリストテレス(Aristotle)　155
イェイツ(Y. B. Yeats)　26
インターナショナル(第一)　94, 96, 98, 102, 105
インテリゲンツィア　→　知識人
ヴァレフスキ(Alexandre Walewski)　140
ヴィクトリア(期)　20, 24, 33, 35, 37-41, 67, 73-74, 84, 86-87, 109-10, 115, 139, 160, 166, 193, 197, 228-29
ウィルソン(Woodrow Wilson)　2, 29, 119, 122, 141, 152
ウェールズ大学　2, 5, 32
ヴェルサイユ体制(ヴェルサイユ条約)　122, 168
ウェルズ(H. G. Wells)　30, 35
ウルフ(Leonard Woolf)　15, 29, 184
ウルフ(Virginia Woolf)　29
英国学士院(British Academy)　25
英国放送協会(BBC)　29, 50, 191
英雄　36, 38-39, 57-58, 63, 86, 99
エドワード(期)　1-2, 40, 68, 202
エリオット(T. S. Eliot)　26, 73
エリザベス(期)　69
エンゲルス(Friedrich Engels)　99-101, 112
エンジェル(Norman Angell)　7, 11, 14-15, 29, 185, 221-22
王立国際問題研究所(Chatham House)　139
オガリョフ(Nikolai Ogarev)　81, 83, 86, 211
オックスフォード大学　23, 26-28, 32, 192

◉カ行

カーライル(Thomas Carlyle)　39
科学　5-6, 9, 21-22, 24-28, 31, 35-36, 39, 48, 62, 86, 97, 106, 109-10, 112-13, 115, 118, 128, 131-32, 135-37, 141, 148, 159, 161, 164, 177, 189, 192-93, 196, 199, 215, 218-20
──主義　6, 9, 113, 177
──的精神　109
カルポヴィッチ(Michael Karpovich)　99
カント(Immanuel Kant)　91, 139
観念論　90-92, 100, 106-9, 124-25, 133-34, 136, 140, 176, 216-18
ドイツ──　90, 92, 125
喜劇　44, 80, 162
キュビスム　1
共産主義　71, 108, 165, 228-29
教養　23-29, 31, 40, 43, 50
──主義(者)　24, 26-27
虚無　3, 35, 38, 59-60, 143-47, 149-51, 156, 158, 161, 167, 169, 171, 177
──主義(者)　59-60, 143-47, 149, 151, 161, 167, 169
クーン(Thomas Kuhn)　132, 219
グラッドストーン(William Gladstone)　122
グレイヴス(Robert Graves)　37, 50, 192
クレマンソー(Georges Clemenceau)　72
クローチェ(Benedetto Croce)　124, 164
計画経済　11, 165
経験主義　123, 166, 216
形而上学　1, 56, 107, 124, 127, 131, 134-35, 166, 220, 230
ケインズ(John Maynard Keynes)　165
ゲーテ(Johann Wolfgang von Goethe)　66
決定論　50, 119, 145, 161, 164, 175, 210
ケナン(George F. Kennan)　174
ゲルツェン(Alexander Herzen)　20, 43, 77-83, 85-86, 88, 91-93, 96, 98-100, 102, 104, 115-17, 171, 205-6, 210-11
原始キリスト教　36, 59, 69
現実主義(リアリズム)　6-9, 11-12, 14-17, 20, 62, 87, 117-19, 123-41, 143, 145-52, 155-63, 167, 169-77, 182-84, 186-87, 194, 206, 216-18, 220, 223, 225, 228, 230, 232
ケンブリッジ大学　5, 23, 26-28, 31-32, 200

▩著者紹介

西村　邦行（にしむら・くにゆき）

1980年生まれ。

2009年、University of Florida, Department of Political Science, Ph.D. Program 修了（Ph.D.（Political Science））。

現在、京都大学大学院法学研究科・研究員（科学研究）。専攻は国際政治思想。

国際政治学の誕生——E・H・カーと近代の隘路——

2012年3月25日　初版第1刷発行

著　者　西村邦行

発行者　齊藤万壽子

〒606-8224　京都市左京区北白川京大農学部前
発行所　株式会社　昭和堂
振替口座　01060-5-9347
TEL（075）706-8818／FAX（075）706-8878

印刷　亜細亜印刷

ISBN978-4-8122-1222-6

＊乱丁・落丁本はお取り替えいたします。

Printed in Japan